POR MARES NUNCA DANTES NAVEGADOS

A AVENTURA DOS DESCOBRIMENTOS

Proibida a reprodução total ou parcial em qualquer mídia
sem a autorização escrita da editora.
Os infratores estão sujeitos às penas da lei.

A Editora não é responsável pelo conteúdo deste livro.
O Autor conhece os fatos narrados, pelos quais é responsável,
assim como se responsabiliza pelos juízos emitidos.

Consulte nosso catálogo completo e últimos lançamentos em **www.editoracontexto.com.br**.

POR MARES NUNCA DANTES NAVEGADOS

A AVENTURA DOS DESCOBRIMENTOS

Fábio Pestana Ramos

Copyright © 2008 Fábio Pestana Ramos

Todos os direitos desta edição reservados à
Editora Contexto (Editora Pinsky Ltda.)

Imagem de capa
Biombo de Kano-Naizen, *c.* 1570-1616

Montagem de capa
Antonio Kehl

Coordenação de texto e consultoria histórica
Carla Bassanezi Pinsky

Diagramação
Gustavo S. Vilas Boas

Preparação de textos
Marconi Leal

Revisão
Daniela Marini Iwamoto

Dados Internacionais de Catalogação na Publicação (CIP)
(Câmara Brasileira do Livro, SP, Brasil)

Pestana, Fábio
Por mares nunca dantes navegados : a aventura dos
Descobrimentos / Fábio Pestana Ramos. – 2. ed. – São Paulo :
Contexto, 2025.

Bibliografia.
ISBN 978-85-7244-412-5

1. Comércio – Portugal – História 2. Portugal – História –
Período dos descobrimentos, 1385-1580 3. Portugal – História
naval I. Título

08-08793	CDD-946.902

Índices para catálogo sistemático:
1. Navegações : Portugal : História 946.902
2. Portugal : Navegações : História 946.902

2025

EDITORA CONTEXTO
Diretor editorial: *Jaime Pinsky*

Rua Dr. José Elias, 520 – Alto da Lapa
05083-030 – São Paulo – SP
PABX: (11) 3832 5838
contato@editoracontexto.com.br
www.editoracontexto.com.br

SUMÁRIO

APRESENTAÇÃO 9

NAVEGAR ERA PRECISO 11
   O Império Ultramarino Lusitano 11
   As ilhas atlânticas como trampolim...................................12
   No tempo das especiarias..14
   Tudo conspirava a favor de Portugal 16
   Quem sonha vai longe..19
   Um imenso Portugal...20
   Medos e obstáculos...21
   Navios e tripulantes 24
   O dia a dia nas embarcações 26
   Os temíveis naufrágios..27
   As atrações da vida no mar 28

A VIDA EM PORTUGAL 31
   O nascimento de Portugal e a centralização do poder 31
   Rei e nobreza unidos em nome do lucro 35
   O duro cotidiano dos camponeses 35
   Negócios de Estado 39
   A efervescente capital portuguesa.....................................41
   Judiarias 44
   Hospitais, igrejas e prostíbulos na capital.........................45
   Cotidiano das mulheres e sexualidade lisboeta 46
   As roupas e a estratificação social 48

Vestes para civis e vestes para soldados 52

A moda feminina...53

Abastecimento e alimentação em Lisboa..55

O problema da moradia...58

Higiene pessoal...59

A opção de fugir para o mar 61

Cidade do Porto, irmã e rival de Lisboa..61

As cidades portuguesas unidas em torno das navegações 62

OS PREPARATIVOS DA VIAGEM 65

As armadas do Oriente, do Brasil e da África 65

As festividades da partida...66

Construir e armar as naus 68

Prosperidade das rotas da África e do Brasil 71

Navios construídos no Brasil..72

Madeira para os navios 73

Controle e qualidade 76

Os profissionais que faziam os navios..77

A dinâmica dos estaleiros 79

A preservação da construção naval 81

Recrutando os tripulantes...83

Entre os franceses 85

A Escola de Sagres: mito ou realidade?...86

Finalmente, ao mar..89

O COTIDIANO NOS NAVIOS 91

As acomodações..91

Alimentação a bordo..94

O racionamento e o mercado negro...95

O preparo e a degustação dos víveres 96

Higiene e doenças...97

Fome e sede...97

Perdidos no mar?...99

Abrigo nas ilhas atlânticas...100

Piolhos e pulgas..101

Lidar com os enfermos 103

A sexualidade a bordo 104

As mulheres embarcadas 106

A disciplina e os motins 107

Festas religiosas 109

PERCALÇOS E PERIGOS 113

A tensão das calmarias 113

Violência dos piratas..114

Riscos de naufrágio..115

Conformismo e luta pela sobrevivência...............................115

Abandonar o navio! 117

A riqueza transformada em perdição...................................119

Salve-se quem puder! 119

Dramas e tragédias...121

Sobreviventes...122

Buscando socorro 123

Hostilidade dos nativos..124

Os relatos dos naufrágios 126

ENCONTROS E DESENCONTROS NA ÁFRICA E NA ÁSIA.............127

Europeus: deuses ou defuntos?...127

Novos cheiros e sabores 129

Pragas e mortandade na África...131

A chegada à Índia 132

Intolerância religiosa e diabolização do inimigo 134

O domínio através da religião 135

Temidos e odiados 138

Os portugueses na China..139

Contato e diplomacia 140

Dificuldades e compensações no mar da China....................143

A chegada dos portugueses ao Japão 147

Aproveitando as divisões internas.......................................149

Diferenças culturais 150

Introdução de armas de fogo no Japão................................151

Tentativas de estabelecimento 153

A expulsão dos portugueses 155

NO BRASIL 159

O achamento do Brasil por Pedro Álvares Cabral..............................160

Cabral não foi o primeiro 164

O Descobrimento do Brasil pelos chineses...165

O primeiro português no Brasil 167

Entre o inferno e o paraíso...169

Degredados e náufragos entre os nativos 174

Caramuru...179

Os ameríndios no imaginário português 180

A fixação lusitana no Brasil..182

A conquista da América pela força das armas 184

A política do terror e da terra arrasada 187

Resistência nativa 188

A fuga para a terra sem mal...191

Escravização dos ameríndios 192

Miscigenação: integração ou extermínio? 196

As primeiras vilas e cidades 197

O cotidiano nos centros urbanos 202

CRUZANDO MARES E FRONTEIRAS 207

BIBLIOGRAFIA..209

ICONOGRAFIA..213

O AUTOR...217

AGRADECIMENTOS...219

APRESENTAÇÃO

As ilhas atlânticas ali ao lado; a África e a Índia bem mais distantes; o Brasil do outro lado do mar Oceano; não importava qual o destino, a jornada por mares nunca dantes navegados (ou relativamente desconhecidos) iniciava-se quando homens e mulheres encontravam razões suficientes para trocar Portugal por terras distantes e exóticas.

O que os motivava? Quais as condições que permitiram tal aventura? Como era o cotidiano a bordo? O que encontraram no trajeto? Chegariam? Realizariam seus sonhos?

Acompanhar os dramas pessoais e coletivos da gente embarcada nos navios lusitanos, ao tempo dos Descobrimentos e das Grandes Navegações, é uma tarefa complexa. Ultrapassa a mera repetição de dados, contidos na bibliografia já escrita sobre o tema, envolve pesquisa em documentação manuscrita do período e conhecimento das mentalidades em voga, da economia, da política e da sociedade no passado, domínios do historiador. Este livro está construído sobre essa base toda, o que não significa que deixa de ser acessível e prazeroso, mas, sim, que procura guiar o leitor em uma aventura pelos mares, do século XV ao XVII, sem cometer anacronismos e erros, tão comuns em obras de autores menos aparelhados.

Aqui, conheceremos as ambições de Portugal e dos portugueses, explicadas dentro do contexto da época. Preparativos para as viagens de naus e caravelas aparecem com toda a movimentação humana e logística que a empreitada envolvia. Abastecido o navio, seguiremos rumo ao mar aberto, ao lado de passageiros e marujos, prostitutas e religiosos, oficiais e degredados, comerciantes e escravos. Veremos o dia a dia a bordo, retratado com todo o realismo: privações, perigos e invariáveis conflitos sociais.

O inferno podia se instalar durante tempestades, calmarias e naufrágios. Sendo assim, não deixaremos de conhecer a luta pela sobrevivência, entre os embarcados. E, se a travessia marítima não era fácil, o desembarque, na África, na Ásia ou na América, também podia reservar surpresas e situações perigosas.

Deparando-se com realidades totalmente diversas da vivida no Velho Mundo, marujos e colonos tornaram-se os principais protagonistas de encontros e desencontros culturais, violências e conflitos com os nativos, em cenários de destruição, exploração e extermínio.

Ao mesmo tempo, relações comerciais foram desenvolvidas. Povoados e cidades sugiram. A paisagem foi modificada. Um novo mundo começava a ser criado.

Paraíso ou inferno? É o que veremos em *Por mares nunca dantes navegados*. Todos a bordo! Levantar âncora!

Os editores

NAVEGAR ERA PRECISO

Há mais de quinhentos anos, os portugueses iniciaram um processo que mudaria a face do mundo: lançaram-se à empreitada marítima. Em busca do que o solo lusitano não poderia fornecer, encontraram a ilha da Madeira, em 1418, e o arquipélago dos Açores, em 1427. Destes postos avançados, partiram para a exploração da costa ocidental da África e, tentando alcançar por mar a terra das especiarias, acharam o Brasil.

Enquanto Portugal colhia os frutos de seu pioneirismo, os outros países europeus, envolvidos em conflitos internos, apenas assistiram ao progresso lusitano, enviando seus espiões para acompanhar as caravelas.

O IMPÉRIO ULTRAMARINO LUSITANO

Apesar de sua pequenez – um universo populacional não superior a dois milhões de pessoas –, Portugal foi capaz de estabelecer várias rotas marítimas e, por fim, um grande império colonial. Ao descobrir uma nova localidade, potencialmente lucrativa, tratava de firmar uma carreira regular, ligando-a a Lisboa.

E como surgiu e se desenvolveu o Império Ultramarino Português? Pela submissão de vários povos, ao longo das costas africana, brasileira e asiática, aos interesses de Portugal. Essa submissão foi obtida, em grande medida, pela força das armas e através do controle comercial, garantido pelo sistema de entrepostos – as conhecidas feitorias.

A feitoria reporta uma instituição com noção elástica, indo desde uma pequena choupana de pau a pique, coberta de palha, até edificações complexas, com armazéns, alfândegas, estaleiros e um poderoso aparato militar. Em muitos casos, a feitoria contava com um único funcionário, encarregado de defender os interesses lusitanos; em outros, possuía uma estrutura hierárquica e um imenso aparelho burocrático e administrativo. De um modo ou de outro, constituía a célula básica de uma estrutura econômica em escala mundial, um instrumento de interligação, voltado ao suporte comercial marítimo.

Também contribuiu para o sucesso do império a aliança com determinados grupos locais, baseada na perspectiva de trocas que beneficiavam alguns, em detrimento de outros. Os portugueses utilizavam a antiga máxima romana de "dividir para conquistar", escolhendo habilmente aliados, entre os nativos, e estimulando as rivalidades internas. Costuravam acordos, por meio de agentes infiltrados nas comunidades locais, tendo por base, na maioria das vezes, as feitorias.

Obviamente, ao longo dos séculos XVI e XVII, quando em terreno considerado hostil, muitas feitorias evoluíram, tornando-se fortalezas, que, no entanto, não deixaram de lado as características típicas da função de entreposto. A evolução foi acompanhada de uma mudança de orientação: em vez do simples controle do fluxo do comércio, o Império Ultramarino Lusitano tornou-se territorial, com a colonização de faixas de terra em torno das feitorias e fortalezas, que aos poucos ia se expandindo.

O caráter mercantil foi o principal estimulador da vocação naval portuguesa, complementado pela vontade de submeter infiéis e converter gentios. Não podemos esquecer que, quando começaram a cruzar os mares, os portugueses estavam em busca de especiarias e cristãos.

A expansão da fé cristã serviu de pretexto para que se usufruísse das riquezas do Oriente, onde fortalezas e entrepostos comerciais portugueses chegariam a render 24.000% sobre o capital investido. Enquanto armava, anualmente, esquadras destinadas ao Oriente, a Coroa entregava as rotas africanas para a iniciativa privada.

Ao Brasil, os portugueses reservavam ora uma atenção maior – devido à localização privilegiada para o reabastecimento das naus que se dirigiam à Índia –, ora uma posição secundária, por conta de outras prioridades. Isso até que aquela terra se tornasse a principal "vaca leiteira" de Portugal, quando da "falência da Índia", na metade do século XVII, momento em que a lucratividade com a intermediação da pimenta foi drasticamente reduzida, ao passo que se acumulavam crescentes prejuízos, gerados por desastres navais nas rotas do Oriente.

Por sua vez, as ilhas atlânticas – quase todas colônias rentáveis, em virtude de suas terras férteis e de sua localização estratégica para o fluxo naval –, mantiveram-se, entre os séculos XVI e XVIII, ligadas por rotas marítimas à metrópole portuguesa.

AS ILHAS ATLÂNTICAS COMO TRAMPOLIM

Já no século XV, estas ilhas despertam o interesse da economia portuguesa. O rico solo vulcânico, presente em várias delas, estimulou a experimentação de novas culturas, baseadas em mão de obra escrava, trazida da África.

A escravidão era uma constante entre europeus e africanos, desde a mais remota Antiguidade. Na Europa, propriamente dita, a escravidão fora substituída pela servidão – sistema feudal que fixava o camponês na terra, como parte

Igreja de São Salvador, na ilha da Madeira, construída durante o reinado de D. Manuel em 1502.

integrante da propriedade de um nobre –, mas estava ainda em uso, praticamente, em todo o continente africano, no início da Idade Moderna. Em suas colônias, os portugueses utilizavam mão de obra africana cativa, obtida junto a tribos locais, que tinham por hábito cultural escravizar pessoas para vendê-las a outras tribos e a mercadores muçulmanos e europeus. Assim, aos portugueses, não era necessário capturar negros africanos, bastava comprá-los e transportá-los até suas colônias.

Com a exploração do trabalho escravo, a ilha da Madeira tornou-se notória produtora de trigo, que era quase todo exportado para o continente europeu.

Além de ser ponto de escala para os navios portugueses, essa ilha possuía uma variedade de madeiras tidas como excelentes para construção de embarcações, tornando-se, por isso, a principal fornecedora dos estaleiros da Coroa.

A partir de mudas originárias da Sicília e do norte da África, os portugueses introduziram na ilha da Madeira, também, a cana-de-açúcar, utilizando escravos africanos para tocar as lavouras e os engenhos. Satisfeitos com a experiência, repetiram-na em São Tomé e, posteriormente, em escala mais ampla, no Brasil.

À esquerda, gravura do século XIX, mostrando o potencial pecuário da ilha do Porto Santo.
À direita, engenho de açúcar nas Antilhas Francesas no século XVII,
semelhante àqueles instalados nas ilhas atlânticas lusitanas.

O arquipélago dos Açores não foi receptivo ao açúcar. Em compensação, provou ser ideal para a criação de gado e o cultivo da cevada e do trigo, matéria-prima para o fabrico de pastéis e biscoitos, famosos em todo o reino. Os Açores foram escolhidos para sediar uma armada permanente, cuja função era proteger, contra ataques de piratas, as naus que rumavam para Lisboa, carregadas de riquezas obtidas nos domínios portugueses.

Em Ano Bom e Fernão do Pó – chamadas, hoje, São Tomé e Príncipe –, criou-se um autêntico laboratório humano, com o objetivo de testar novas formas de colonização e multiplicação populacional. Lá, Portugal lançava degredados e homens livres; crianças judias, arrancadas dos pais; e escravos negros, trazidos do continente. Todos eram jogados ao relento e entregues à própria sorte, de posse apenas, de algumas poucas ferramentas e equipamentos, úteis para a produção de açúcar, mas não de gêneros de primeira necessidade que os ajudassem a sobreviver.

Entretanto, o interesse primordial lusitano não era colonizar as ilhas atlânticas, mas, tão só, supri-las de pessoas que as tornassem autossuficientes, do ponto de vista econômico. Sua função principal era a de servir de trampolim para as navegações, que permitiriam a Portugal enriquecer através do comércio de especiarias mais cobiçadas do que o açúcar.

NO TEMPO DAS ESPECIARIAS

Em sua constante busca por riquezas, Portugal investiu também na aquisição de pimenta, especiaria extremamente valorizada na época. De fato, entre todas, a mais importante era a pimenta, usada, sobretudo, como conservante de alimentos.

Iluminura do século XV, retratando o desembarque de mercadorias em uma cidade medieval. A demanda por pimenta sempre foi usual na Europa, mas, depois de aproximadamente 1.000 anos de ostracismo, marcado pela queda do Império Romano, voltou a tornar-se crescente no final da Idade Média.

Iluminura datada de 1410, que retrata a colheita de pimenta na Índia, ilustrando o *Livro das maravilhas*, de Marco Polo.

Chegado o outono na Europa, por falta de forragem, fazia-se necessário matar grande parte do gado. A carne bovina, mesmo conservada, salgada ou defumada, apodrecia facilmente. As populações costeiras e ribeirinhas podiam optar pelo consumo de peixe fresco. Porém, os habitantes de outras partes do continente não tinham escolha além das carnes fortemente temperadas com condimentos picantes e odoríferos – em especial, a pimenta –, única maneira de torná-las consumíveis. Contra a escassez constante de alimentos, em meio ao mau cheiro e adiantado estado de putrefação, a saída era pimenta farta.

Desde a Antiguidade, a pimenta se prestava a essa função. No entanto, o esfacelamento do Império Romano encarecera o transporte terrestre e impossibilitara o trânsito regular pelo mar Mediterrâneo – de resto, sempre infestado de piratas. As navegações dos séculos XVI e XVII repovoaram o cenário, por todos os lados, com enormes naus, apinhadas de gente e carregadas com caixas de pimenta, verdadeiro gênero de primeira necessidade.

A partir da viagem do navegador Vasco da Gama, em 1499, a especiaria que ficaria conhecida como pimenta-do-reino, pouco a pouco, assumiu a supremacia sobre as outras, nos usos e gostos populares europeus. Foi naquela data que, finalmente, abriu-se uma rota marítima para a Índia, pelo Atlântico, ligando Lisboa, diretamente, à terra que produzia o cobiçado tipo de pimenta, aquela tida como de qualidade mais elevada, eliminando a necessidade de comercializar com atravessadores mouros e italianos. A pimenta-do-reino sobrepujou, inclusive, a malagueta que era importada da África pelos portugueses e vendida, alternativamente, como concorrente direta da pimenta indiana, comercializada pelas cidades italianas. Tornou-se mais uma fonte de renda para Portugal, já em nítida vantagem, com relação a outras nações, na conquista dos mares.

TUDO CONSPIRAVA A FAVOR DE PORTUGAL

A dianteira portuguesa na aventura marítima foi favorecida pela posição geográfica de Portugal. Considerado "a cabeça da Europa", o país está instalado em uma península que convidava a navegar, tanto pelo Mediterrâneo e mar do Norte como pelo Atlântico. A península era definida por um litoral com excelentes ancoradouros naturais, correntes marítimas e ventos favoráveis à navegação, em qualquer direção, e que variavam conforme a época do ano. Abrigava, também, rios – em grande parte navegáveis – que permitiam um transporte de mercadorias mais rápido e seguro que o terrestre.

O fator geográfico aliou-se à centralização precoce do Estado nas mãos do primeiro monarca absolutista europeu genuíno, D. Afonso Henriques, ocorrida em meio a um cenário que exigia uma coordenação organizada de esforços e um ambiente de paz interna, com uma burguesia mercantil forte, disposta a investir.

Na mesma época em que Portugal contava com um rei poderoso e um potencial econômico e geográfico que poderia ser canalizado em prol de um objetivo grandioso, sem entraves internos a atrapalhar os planos de desbravar os mares e explorar territórios distantes, os outros países europeus estavam entregues a disputas feudais, não tendo ainda uma unidade política ou administrativa relevante. As cidades comerciais italianas de Gênova, Veneza e Florença, entre outras, que poderiam fazer-lhe frente por conta de sua burguesia fortalecida, não estavam à altura de Portugal. Tomadas isoladamente, careciam de autossuficiência em recursos naturais e humanos, e não possuíam um aparelho burocrático suficientemente desenvolvido.

Depois de alguns séculos de dominação muçulmana na península ibérica e após o fim da Guerra de Reconquista, restava, na região, o ideal de cruzada contra os infiéis. Este foi rapidamente canalizado pelos monarcas portugueses, para estimular o desenvolvimento econômico, através da guerra de corso pelo Mediterrâneo.

De fato, os ataques marítimos às embarcações muçulmanas, carregadas com especiarias, que costeavam o norte da África, acabaram rendendo excelentes lucros ao Estado português. Por outro lado, serviram para encaminhar a belicosidade da nobreza e dissipar tentativas de contestação ao rei, substituídas, agora, pelo combate à figura de um inimigo externo por excelência, que, ainda por cima, era também odiado por sua fé. Esse contexto seria, mais tarde, transposto para a conquista de novas terras, em além-mar.

Entre os fatores decisivos para o desenvolvimento da vocação marítima lusitana, não se poderia deixar de listar, ainda, a contribuição da indústria pesqueira. Os portugueses foram buscar, na pesca em águas salgadas, uma fonte de alimentos alternativa, em função da pobreza peculiar das terras do sul do país, voltadas para a produção de azeite e vinho, produtos destinados à exportação.

O norte de Portugal tinha terras férteis e propícias à produção de cereais, mas sua superpopulação inviabilizava uma cultura otimizada. Tal fato é explicitado em uma anedota da época, que dizia: "Quando um homem coloca a vaca a pastar no seu prado, o excremento do animal cai no campo do vizinho". Diante disso, o mar foi a solução.

Entretanto, embora a indústria da pesca tenha servido de laboratório de ensaio para o desenvolvimento de embarcações e técnicas de navegação mais aprimoradas, o potencial naval lusitano só foi, verdadeiramente, canalizado em prol do comércio de especiarias graças à inserção de mercadores e do próprio Estado português na intermediação de pimenta – até então importada pelas cidades italianas, via Mediterrâneo e atravessadores muçulmanos – para o mar do Norte e Inglaterra.

Breviário da condessa de Bertiandos, do século XV. A iluminura ressalta a importância da pesca para a população portuguesa.

Desde o século XIII, Guimarães, primeira capital portuguesa, e, mais tarde, Lisboa constituíam pontos-chave para o transporte de especiarias ao norte da Europa. Serviam também de ligação com a Inglaterra e com importantes feiras comerciais na França, como, por exemplo, Champagne. Isso porque, a partir de Portugal, transportar a pimenta por mar era mais rápido e econômico, pois os navios utilizados pertenciam aos lusitanos.

O gosto pelo comércio da pimenta nasceu aí, mas a ideia de buscar especiarias diretamente na fonte, eliminando tanto os atravessadores italianos como muçulmanos, foi fruto do efeito de relatos míticos sobre o imaginário português.

A despeito da baixa repercussão, em Portugal, das aventuras de Marco Polo, as *Atas de Tomé* e os relatos orais sobre o Prestes João influíram, decisivamente, na busca de uma rota marítima para a Índia através do mar Tenebroso.

QUEM SONHA VAI LONGE

Um tratado gnóstico, escrito em siríaco (um dialeto aramaico), dava conta de que, após a crucificação de Cristo, o apóstolo Tomé teria rumado ao Oriente, onde foi capaz de converter um poderoso monarca local, dando origem a um reino cristão rico e poderoso. Os lusos enxergavam tal reino como um potencial aliado, ansioso por encontrar seus pares ocidentais para dividir, irmãmente, as riquezas conquistadas.

Os relatos orais de cruzados retornados do Oriente, mesclados aos informes de peregrinos, por sua vez, pareciam confirmar as crenças no mito do Prestes João. Conforme a lenda, este teria sido um eclesiástico que governava um reino poderoso na África – ou no Oriente Médio, não se sabe bem onde – e que teria viajado a Constantinopla para receber, de um patriarca ortodoxo grego, o pálio de soberano, com o qual se legitimaria como representante do Céu no continente Africano. Pálio era um manto que simbolizava o poder de Deus.

Em seu périplo, Prestes João teria sido acompanhado por embaixadores ortodoxos até Constantinopla. Na volta para seu reino, teria passado um tempo na

Frontispício de obra do século XVI, que dá conta dos relatos sobre o Prestes João. Compilado pelo padre Francisco Álvares, supostamente descreve os acontecimentos verídicos do primeiro contato diplomático da embaixada portuguesa na Etiópia.

corte do papa Calisto II, em Roma, pela altura do ano de 1122, onde seu poder sobre os cristãos africanos teria sido referendado pela Igreja ocidental.

As versões mais extravagantes da lenda diziam que, no reino de Prestes João, 30 mil pessoas comiam à mesa de esmeraldas do soberano. A seu lado direito, sentavam-se nada menos que 30 arcebispos; ao esquerdo, 20 bispos. Prestes seria um imperador poderosíssimo, servido por 1 patriarca, 12 metropolitas, 20 bispos, 7 reis, 60 duques e 365 condes, com 10 mil cavaleiros e 100 mil infantes em seu exército.

A confluência da fantasia com a necessidade e a ganância terminou gerando, nos homens comuns, a esperança de enriquecer, como marujo, em meio à aventura marítima, em direção ao Oriente e suas promessas fantásticas. Nobres e clérigos, por sua vez, desejavam encontrar, em Prestes João, um aliado contra os infiéis. Na mentalidade ibérica, enraizou-se uma imagem paradisíaca de um reino vasto e rico que, se encontrado, poderia tornar Portugal uma grande nação.

Porém, a realidade estava distante da lenda. Existia, realmente, um reino cristão, fora da Europa, localizado na África, porém, infinitamente mais pobre que Portugal. Havia cristãos na Índia, mas se encontravam em número reduzido, no seio de comunidades segregadas, isoladas nas montanhas. Estas últimas, a despeito de mostrarem-se úteis à fixação de entrepostos comerciais portugueses no litoral indiano, não cumpririam, nem de longe, o papel que lhes tinha sido reservado pelo imaginário português.

Mesmo assim, esse imaginário levou longe.

UM IMENSO PORTUGAL

No século XV, Portugal sonhava ser um império marítimo. Nesse sonho mercantilista, o império seria fruto do controle do fluxo comercial dos produtos das colônias, em favor da metrópole, obtido graças à posse de pontos estratégicos fortificados, espalhados por diversos territórios.

Obstáculos se interpunham, no entanto, ao sonho português. A começar pela situação precária da economia lusitana a dificultar a armação dos navios e o aprimoramento de modelos tipológicos mais adequados às viagens de longo curso. O duro cotidiano das pessoas miúdas as impulsionava para o mar e restringia os estaleiros e navios a uma mão de obra pouco qualificada.

A necessidade de gente nas viagens e representando o país nas novas terras esvaziava Portugal – que já era pouco populoso –, agravando alguns dos problemas econômicos, enraizados na falta de trabalhadores aptos, e criando crescentes dificuldades sociais no país.

Enquanto a pequena nobreza mostrava-se ansiosa com a possibilidade de buscar riqueza e glória no desconhecido, a alta nobreza opunha-se, fortemente, à centralização dos esforços do Estado em prol da aventura. Os grandes nobres

Pormenor da *Veneração de São Vicente*, da segunda metade do século xv. Retrata o infante D. Henrique, o Navegador, ao lado do futuro rei, D. João ii, ainda criança.

sentiam-se prejudicados pelos empreendimentos marítimos, que arrancavam mão de obra de suas terras.

Esse obstáculo só seria superado com a inserção da casta nos projetos da Coroa, depois da ascensão da dinastia de Avis ao trono, graças à hábil manipulação dos objetivos da empreitada pelo famoso infante, D. Henrique. Ele soube, como ninguém, colocar a nobreza a favor de seus propósitos, entre outras manobras, reavivando o projeto de promover uma cruzada contra infiéis que poderia ser lucrativa para seus participantes.

MEDOS E OBSTÁCULOS

Muitos eram, portanto, os motivos para se aventurar. Porém, monstros e medos povoavam o imaginário europeu. Enfrentar os mares desconhecidos, por exemplo, não era tarefa fácil. Os marinheiros se recusavam a passar além do Bojador, não porque achassem que a terra fosse plana e que poderiam cair, como se acreditava em outras partes da Europa, mas por não conseguirem desvencilhar-se da antiga má fama das zonas por desbravar.

Ao longo de gerações, mesmo os marinheiros mais experientes descartaram a aventura, por terem em mente que ir além dos termos impostos pelos padres poderia significar a perdição das almas, juntamente com os corpos. Acreditavam,

Fernão de Magalhães enfrenta os monstros que povoavam o mar Tenebroso para desbravar os oceanos.

os mareantes, que, depois do cabo, não haveria gente nem povoação alguma. A terra seria arenosa, como nos desertos da Líbia, não havendo água nem árvores, nem nada verde que permitisse o reabastecimento. E, pior, a experiência demonstrava que correntes marítimas e ventos contrários poderiam impedir o retorno ao lar.

Tais fantasias só seriam expurgadas depois que Gil Eanes, um escudeiro a serviço do infante D. Henrique, ultrapassou o Bojador, em 1434. Coragem e capacidade de liderança se impuseram, então, sobre o mito. Entretanto, nada eliminou o medo do desconhecido, expresso pelos relatos de avistamentos de monstros e demônios marinhos.

Não bastassem os impedimentos gerados pela imaginação, tão logo foram iniciadas as expedições de exploração quatrocentistas, os portugueses travaram contato com os africanos, o que suscitou estranhamentos. Desentendimentos culturais e conflitos de interesses desembocaram em confrontos sangrentos, anunciando um fenômeno que se repetiria, na Ásia e na América.

No atual território de Luanda, a chegada dos portugueses teve um forte impacto psicológico entre os africanos. Os nativos, aterrorizados, tomaram os estranhos por cadáveres vivos, zumbis, pois, segundo sua cosmologia, os defuntos situavam-se nas águas e os espíritos dos antepassados encarnavam no outro mundo, em corpos brancos e vermelhos. Provindos do mar, os portugueses foram inseridos no universo do sagrado, aos olhos dos africanos, passando a ser reverenciados como deuses na terra. Responderam a seus anfitriões com raptos e chacinas.

Pelo lado lusitano, a intolerância religiosa gerou a indiferença e o desprezo para com a cultura do outro. O termo *etíope*, cujo significado é "face queimada", passou a ser associado à negritude do demônio, por conta do calor da zona tórrida do inferno. Desde muito cedo, os portugueses procuraram inferiorizar os negros, reduzindo sua "raça" à expressão do mal, como uma das formas de justificar sua dominação sobre eles. O processo de diabolização do inimigo civilizacional, na África, guardadas certas proporções, foi semelhante ao que havia ocorrido com relação ao elemento muçulmano, na época da Reconquista da península ibérica. E, igualmente, afligiria os ameríndios, no Brasil.

Em 1428, o próprio infante D. Henrique organizou, sob o pretexto de combater os infiéis e propagar o cristianismo, uma expedição corsária ao norte da África, com o intuito de saquear as populações costeiras e raptar africanos, para depois exigir resgate de seus familiares. Em 1441, quando Antão Gonçalves foi encarregado, pela Coroa, de ir ao continente africano, para buscar cativos negros

Gravura de *História geral angolana*, de 1681. A chegada dos europeus ao continente africano causou consequências funestas até hoje sentidas pelas populações nativas.

que serviriam de mão de obra para os portugueses, o rapto de africanos ganhou novos contornos e se converteu em escravidão.

A resistência nativa tendeu ao acirramento, assumindo várias formas. Primeiro, a aparente aceitação passiva do domínio lusitano, servindo de verniz para, através da colaboração no aprisionamento de tribos rivais ou da venda de cativos, obterem-se informações e armas. Mais tarde, a aliança junto aos inimigos de Portugal funcionou como uma forma de repelir as tentativas lusitanas de fixação na África. E, em qualquer tempo, o massacre de várias expedições e tripulações que, obrigadas pela necessidade, inadvertidamente, aportavam para reabastecer.

Não obstante, embora todos sofressem as consequências dos confrontos civilizacionais, diferentes tipos de navios cruzaram os mares – e, cada vez, com maior frequência –, levando distintas tripulações.

NAVIOS E TRIPULANTES

Na Antiguidade, a tecnologia naval tinha sido dominada, sobretudo, pelos fenícios, egípcios, gregos, romanos e cartagineses. No entanto, desde que os homens tinham começado a navegar, a aerodinâmica das embarcações pouco havia evoluído: estava baseada na impulsão por remos, mesclada ao auxílio do vento. Todo o aporte dos antigos tinha passado aos povos do Mediterrâneo, ao longo dos séculos, através de incursões e invasões. Um longo caminho seria percorrido, desde então, até que surgisse uma embarcação capaz de navegar longas distâncias, impulsionada, exclusivamente, pelo vento: a *caravela*.

As *galeras* romanas evoluíram, lentamente, dando origem à *galé*, navio utilizado na guerra e no comércio, pelos mais diferentes povos da Europa, até o século XVIII. Era impulsionada por velas, ao navegar distâncias maiores, e por remos, quando em combate.

As primeiras tentativas de eliminar a necessidade de remos originaram, no período da Reconquista, embarcações portuguesas, semelhantes a *barcas* e *barinéis*, que, mais tarde, inspirariam as famosas caravelas. As barcas eram navios de grande elevação acima da água, inspirados em modelos provenientes da Europa Setentrional, servindo, simultaneamente, como embarcações de carga e transporte. Os barinéis eram navios à vela, bem maiores que as barcas, embora com elevação menor, possuindo dois mastros de velas redondas, de inspiração mourisca ou italiana.

Os barinéis, como navios de porte mais avantajado, substituíram satisfatoriamente as barcas nas primeiras explorações efetuadas em mares bravios. Entretanto, foi em uma barca que Gil Eanes dobrou o cabo Bojador, em 1434.

As barcas e os barinéis não ultrapassavam 30 tonéis.[1] Assim como outros navios de pequeno porte, ainda faziam uso ocasional de remos, em manobras costeiras e na navegação fluvial, mas não tinham orifícios no casco para dar lugar aos remos.

Pela altura da primeira metade do século xv, surgiu a caravela (segundo alguns historiadores, teria aparecido antes, já no século xiii). Pode-se dizer que o novo tipo de barco era uma mistura de galés – e suas variações –, barcas, barinéis e embarcações de origem moura.

Estudiosos da arqueologia naval acreditam que a palavra *caravela* deriva do vocábulo grego *karabos* (escaravelho), modo como os marinheiros da Antiguidade chamavam as pequenas embarcações, feitas de vimes e forradas de couro, usadas pelos ibéricos. Outros dizem que *caravela* deriva do termo *cáravo* – embarcação moura, de vela latina –, associado ao sufixo *ela*, indicando que a caravela seria um cáravo menor.

A grande inovação representada pelo desenvolvimento da caravela consistia na capacidade do barco de navegar "à bolina" – ou seja, com vento incidindo lateralmente –, percorrendo o mar em "singraduras", ziguezagues sucessivos, para um lado e outro, o que lhe permitia realizar manobras rápidas e ágeis, e navegar tanto em alto-mar como por via fluvial.

Por essas características, fica fácil entender por que a caravela foi largamente utilizada nas viagens de exploração. Porém, tinha pouca capacidade de transporte de carga (entre 30 e 180 tonéis, conforme o tipo: "latina", "redonda" ou "de armada"). A necessidade do armazenamento de víveres para longas travessias demonstrou que a caravela era imprópria para viagens no trajeto da Índia, mas ideal para a rota do Brasil. Ela tinha, sobretudo, no caso da redonda e de armada, uma capacidade de transporte superior à da caravela latina, também chamada "caravela dos Descobrimentos", embora inferior à de embarcações que seriam desenvolvidas, posteriormente.

Independentemente da tonelagem, as caravelas exigiam uma tripulação reduzida – cerca de vinte homens – e não requeriam grandes quantidades de mantimentos. Foram usadas, para além das viagens de exploração, no transporte de mercadorias e na navegação de cabotagem, até serem substituídas por embarcações mais avançadas.

A indústria naval desenvolveu também a *nau*, embarcação mais pesada, com maior capacidade de carga e número de canhões, contudo, mais lenta que a caravela. Foi utilizada, pela primeira vez, na viagem de Vasco da Gama à Índia, em 1497.

As naus chegavam a ter entre 120 e 1.000 tonéis, no início do século xvi. Na metade desse século, sua capacidade, com casco reforçado, era de 2.000 tonéis. Alguns cronistas da época gabavam-se de ser tão forte o casco de uma nau que a artilharia inimiga não poderia passar pela madeira. Eram capacitadas para a autodefesa e podiam transportar víveres e carga, soldados e passageiros, comportando até 900 pessoas, a despeito de exigirem tripulações que poderiam ultrapassar 120 marujos.

Dada a quantidade de equipagem necessária às manobras marítimas, as naus se mostraram ideais para a rota da Índia e acabaram adquirindo uma função dupla: navio de transporte e embarcação militar. Diante do volume financeiro e dos recursos necessários a sua construção, a nau raramente foi utilizada por particulares, assumindo, caracteristicamente, uma conotação estatal, constituindo propriedade do rei de Portugal.

Havia navios portugueses para três finalidades básicas, independentes ou somadas: exploração, militar, comércio e transporte de gente e mercadoria. Em cada uma delas, a população embarcada variava de acordo com tipo de navio.

As de exploração se restringiam a transportar tripulantes, ou seja, o pessoal de trabalho, necessário para o deslocamento e manutenção do navio, alguns soldados e uns poucos funcionários administrativos, entre os quais se incluíam padres.

Os navios destinados ao transporte de carga, além da tripulação e de alguns soldados, carregavam mercadorias e passageiros – nobres, comerciantes, colonos, funcionários do Estado, religiosos, prisioneiros, degredados, prostitutas.

A tradição militar naval forjou um hábito de transporte, quase exclusivo, de soldados e tripulantes a bordo dos galeões, reservando o espaço disponível para aparatos de guerra: canhões, pólvora, mosquetes, espingardas e armas brancas, como espadas, adagas e lanças.

O DIA A DIA NAS EMBARCAÇÕES

É claro que as viagens podiam ser muito estimulantes. Para uns, pelo simples e puro espírito de aventura, sentimento inerente à condição humana. Para outros, imbuídos do fervor missionário, pela certeza de que teriam a oportunidade de divulgar aquela que consideravam a verdadeira fé: o cristianismo. Contudo, o dia a dia nas embarcações não era tão divertido.

Pensando nos obstáculos que precisaram ser vencidos para desbravar os mares, nenhum supera as agruras do cotidiano a bordo. Tripulantes e passageiros eram confinados a um ridículo espaço, que impedia qualquer tipo de privacidade, embora oficiais e alguns elementos da alta nobreza tivessem sempre direito a um espaço extra, formando um universo único e peculiar.

Os hábitos de higiene eram precários. Proliferavam pelos corpos os insetos parasitas: pulgas, percevejos e piolhos. O mau cheiro se acumulava, tornando-se, em pouco tempo, insuportável. Ao que muitos vinham a adoecer do estômago, com fortes enjoos.

A fome era uma constante. Os armazéns de Lisboa nunca abasteciam as naus e caravelas com a quantidade ideal de víveres, sendo praxe, por exemplo, fornecer alimentos para apenas quatro meses, em uma viagem que se sabia durar pelo menos sete, como era o caso na rota da Índia. Assim, formava-se a bordo um mercado negro, controlado pelos oficiais mais graduados. Excetuando-se o biscoito, o vinho e a água de regra, todos os mantimentos, inclusive aqueles destinados ao socorro dos doentes, eram vendidos a quem pagasse mais, forçando os mais pobres a recorrer à caça de ratos e baratas que infestavam as embarcações, quando não ao canibalismo dos companheiros mortos, para se alimentar.

Não é de se estranhar que, em um ambiente de permanente luta pela sobrevivência, a tensão a bordo fosse constante. Os marinheiros se insubordinavam com grande frequência, forçando os oficiais – obrigados, por decreto real, a andar armados com espada, adaga e, pelo menos, duas armas de fogo – a exercer um controle apertado sobre seus comandados, de modo a fazer valer a autoridade.

Os oficiais, com o auxílio dos religiosos embarcados, criavam distrações diárias, a fim de preencher o tempo livre dos marujos. Não obstante, a distração predileta dos homens do mar era o jogo de cartas, a dinheiro. Isso era condenado pela maior parte dos religiosos e proibido pela Coroa, mas tolerado pelos oficiais.

Outra forma de lazer dos marujos era caçar as poucas mulheres embarcadas. Em geral, a proporção entre homens e mulheres a bordo era de cinquenta para um. E, muitas vezes, elas acabavam vítimas de estupros coletivos e frequentes.

Por vezes, algumas prostitutas eram trazidas a bordo pelos marujos. Quando descobertas pelo capitão, eram forçadas a trabalhar no navio, sob a justificativa de que deveriam pagar por sua passagem. Um ou outro capitão mais religioso, influenciado pelos clérigos embarcados, providenciava um caixote, para manter a pobre coitada confinada até o final da viagem. Isso quando não abandonava a clandestina no primeiro ponto de escala, fosse qual fosse.

OS TEMÍVEIS NAUFRÁGIOS

Outro foco constante de tensão a bordo eram os naufrágios, habituais e até mesmo esperados. A Coroa não dava conta de formar pilotos devidamente qualificados a fim de preencher a demanda. Além disso, instituiu o hábito de vender os cargos de comando a elementos da nobreza que nada entendiam da função.

A superlotação das embarcações, somada à má construção e conservação dos navios e ao esgotamento dos recursos naturais, fazia com que os lusos utilizassem suas naus até que, literalmente, acabassem no mar.

Não bastando tanto desleixo, a união da Coroa espanhola à portuguesa, em 1580, quando Felipe II foi aclamado, simultaneamente, rei da Espanha e de Portugal, não fez mais que atrair, contra as naus lusitanas, o assédio dos tradicionais inimigos da Espanha – Holanda e Inglaterra –, agravando o índice de naufrágios. A partir de então, o ataque de piratas a navios portugueses, na rota da Índia, fez as perdas chegarem a índices próximos de 50%. A situação foi parcialmente amenizada, apenas em 1640, quando a monarquia portuguesa foi restaurada, pela dinastia de Bragança.

Representação do naufrágio de uma nau da carreira da Índia, em uma edição da família De Bry, de 1628.

Na iminência de um naufrágio ou ataque pirata, os embarcados corriam para o batel, uma espécie de barco salva-vidas da época, com capacidade de transporte não superior a noventa pessoas. Isso em meio a uma população que podia chegar até a novecentos embarcados. Momentos de desespero faziam com que muitos fossem abandonados ou atirados ao mar. Incrivelmente, ou não, o capitão nunca queria afundar com seu navio.

AS ATRAÇÕES DA VIDA NO MAR

Apesar de todas as mazelas e privações, a vida no mar podia ser apaixonante. Pelo menos, para uns poucos, com espírito de aventura suficiente para encontrar prazeres e apreciar a liberdade proporcionada pelo dia a dia e a imensidão do oceano, a possibilidade de conhecer novas terras e gentes, escapar da rotina ou da extrema rigidez moralista dos padres em Portugal.

O ânimo com que cada pessoa embarcava no navio também fazia diferença na forma particular de encarar as agruras marítimas. A perspectiva de enriquecer ou a vontade fanática de impor a fé, por exemplo, tornavam as viagens muito sedutoras.

E só o mar podia criar situações comoventes como a do nobre que repartiu, generosamente, seus víveres entre os companheiros de viagem. Uma quebra de hierarquia como a desse episódio dificilmente poderia ocorrer em terra, num país de extrema rigidez social, baseada nos títulos de nobreza, como era Portugal.

Em 1565, em um navio que voltava para Portugal a partir de Pernambuco, faltaram mantimentos. Numa situação como essa, era comum os fidalgos fazerem valer sua posição e garantirem para si os recursos disponíveis. Entretanto, nessa viagem, algo diferente aconteceu.

Um nobre resolveu repartir os víveres que trazia consigo, de seu estoque pessoal, entre todos os embarcados, independentemente da categoria social a que pertenciam. Poderia tê-los guardado somente para si. Poderia também tê-los vendido àqueles que insistiam em pagar. Porém, num gesto inusitado, motivado, provavelmente, pelo sentimento de solidariedade, despertado pela proximidade do convívio diário com os outros viajantes, optou por apaziguar a fome, consolando e sustentando todos, por mais algum tempo.

NOTA

[1] A acepção de tonel, nos séculos anteriores ao XVIII, era totalmente diversa da de tonelagem, em voga na contemporaneidade. Unidade de medida, e não de peso, correspondia à capacidade de transporte de tonéis de cerca de 1 rumo de comprimento (o equivalente a 1,5m), por 4 palmos de Goa de diâmetro (aproximadamente 1m), o mesmo que 13,5 quintais ou 790 kg. Bem diferente, portanto, dos 1.000 kg que o senso comum poderia supor.

A VIDA EM PORTUGAL

Em qualquer posição social, dos estamentos mais elevados aos mais baixos, toda a população lusitana depositava suas esperanças nas possibilidades econômicas das viagens de além-mar. Nobreza e burguesia, que em Portugal se confundiam, extraíam riquezas desses empreendimentos; e o povo miúdo os tinha como a única possibilidade para galgar uma posição social mais elevada e obter melhores condições de existência, pois, à época das Grandes Navegações, a vida em Portugal era repleta de privações e marcada por uma estrutura social rígida.

Em 1412, antes que as viagens de exploração pela costa africana fossem iniciadas, a população portuguesa rondava um milhão de habitantes e crescia muito e rapidamente para os padrões da época. Um século depois, mais trezentas mil pessoas engrossariam o contingente e aumentariam as expectativas com relação às promessas das grandes navegações.

O NASCIMENTO DE PORTUGAL E A CENTRALIZAÇÃO DO PODER

Portugal havia formado seu território através da Guerra de Reconquista – as terras antes estavam dominadas pelos mouros – ao longo de cinco séculos, em um lento e gradual processo de batalhas, por cada cidade e cada vilarejo, até expulsar os chamados infiéis "de volta" para o norte da África.

No início desse processo, Portugal não passava de um condado vassalo de Castela, comandado por Nuno Mendes. A chegada de um nobre francês alteraria este *status*. No século xi, D. Henrique de Borgonha veio à península ibérica, em busca da fortuna que nunca poderia obter em sua terra, por não ser o primogênito, numa época que seguia a tradição medieval: para evitar a divisão do poder e prestígio da família, apenas o filho mais velho tinha direito a herdar terras e títulos dos pais.

Junto com outros peregrinos franceses que tomaram o caminho de Santiago de Compostela, para participar da cruzada contra os muçulmanos, D. Henrique foi integrado às tropas de D. Afonso vi, rei de Leão. Ao provar sua lealdade a

D. Afonso, D. Henrique ganhou a mão da filha bastarda do monarca. Casando-se com D. Tereza, em 1094, recebeu como dote, pouco depois da morte de Nuno Mendes, o condado Portucalense.

Outro cavaleiro francês, primo de D. Henrique, D. Raimundo, havia desposado a filha legítima de D. Afonso VI, D. Urraca. Nessa condição, esteve encarregado, por um curto período, da defesa do condado Portucalense, antes de D. Henrique tornar-se senhor do feudo. D. Raimundo, que havia fracassado na tentativa de ampliar as terras do condado, fronteiriças de terras ocupadas por mouros,

Frontispício da *Crônica de D. Afonso Henriques*, do século XVI. A posição privilegiada de Lisboa, aqui retratada em seu apogeu como porto marítimo de ligação entre o Mediterrâneo e o mar do Norte, tornou a cidade a escolhida para sediar a capital de Portugal, depois de Coimbra e Guimarães terem ocupado esse posto.

Genealogia do infante D. Fernando mostra as figuras ilustres da realeza lusitana, incluindo D. Afonso Henriques, no canto superior direito, além de cenas de batalhas que fizeram parte do processo de formação da nação nos detalhes contidos no rodapé.

foi obrigado a cedê-las ao primo. Em troca, recebeu das mãos do rei, D. Afonso VI, a Galícia, território mais ao norte e mais distante da ameaça muçulmana.

D. Raimundo considerou o fato uma afronta e culpou D. Henrique pela perda da posição. Criou-se, então, entre os primos, uma situação ambígua de aliança e tensão, muito perigosa, em uma época em que irmãos se matavam em disputas por terras e direitos sucessórios.

Preso entre duas frentes de batalha – ao sul, os mouros; ao norte, as tropas de D. Raimundo, formalmente aliado, mas potencial traidor –, D. Henrique precisou fortalecer-se politicamente, centralizando, sob seu comando, o poder dos barões portucalenses. Aos 17 anos, seu filho, D. Afonso Henriques, declararia a independência de Portugal, primeiro reino com um monarca absolutista na Europa. A declaração deflagrou uma guerra contra Castela, então sob o comando do filho de D. Raimundo, o herdeiro legítimo do trono.

Os mouros já estavam encurralados, no extremo sul, quando foram iniciadas escaramuças fronteiriças, entre Portugal e Castela. Portugal era um Estado pequeno, entretanto, tinha obtido valiosos recursos, pilhados aos infiéis, que acabaram revertidos na guerra contra os irmãos castelhanos.

Os reinos que, mais tarde, iriam formar a Espanha – Castela, Leão, Navarra e Aragão – estavam ainda desagregados nessa época. Particularmente Castela, em pleno processo de unificação com Leão, enfrentava forte oposição muçulmana, além de revoltas regionais de vassalos, que tentavam contornar as exigências suseranas.

Foi dentro desse contexto de união popular, em torno dos inimigos comuns, que os portugueses construíram sua nacionalidade, mesclando aspectos herdados de fenícios, gregos, romanos e celtas, para dar origem a uma amálgama cultural.

Território de passagem, ligando a Europa com o norte da África, as terras lusitanas haviam sido visitadas, ou invadidas, constantemente, pelos mais diversos povos. O povo ibérico forjou uma cultura miscigenada, que absorveu distintos componentes culturais. Com a adoção e a rápida propagação do cristianismo, os laços identitários foram estreitados pela luta contra um poderoso inimigo: os muçulmanos.

Os lusitanos, originalmente, pertenciam a uma etnia de origem celta, o mesmo povo que, na Antiguidade, só foi romanizado depois de intensos combates e de obter de Roma direitos e privilégios, raramente concedidos a povos de fora da península itálica.

Na Idade Média, os lusitanos adotaram a guerra como estilo de vida. Sua economia baseava-se, em grande medida, na pilhagem. Podemos dizer que, por essa época, já era um povo unificado pela língua e cultura, e organizado em torno do ódio aos inimigos.

O desentendimento entre primos, que dera origem à dinastia dos Borgonha, em Portugal, e as obrigações devidas aos suseranos castelhanos, para quem os vassalos portugueses pagavam tributos e cediam tropas, criaram entre os portugueses a visão de que a vassalagem lhes era prejudicial, além de representar um entrave à expulsão dos muçulmanos da península ibérica. Rebelaram-se, então.

Em 1179, depois de sair vitoriosos de lutas na fronteira, com Castela e Leão, os lusitanos tiveram a sua Independência reconhecida pelo papa Alexandre III e se autodenominaram portugueses. Em seguida, voltaram seus esforços para o combate aos infiéis mouros e os expulsaram definitivamente de Portugal em 1249. Entretanto, na ocasião, as escaramuças fronteiriças entre lusitanos e castelhanos ainda não haviam cessado, totalmente. Mesmo o acordo de 1297, que fixou oficialmente as fronteiras entre Portugal e Castela, não pôs fim aos combates e invasões mútuas.

O tratado de não agressão, finalmente firmado com os castelhanos, em 1411, deu a Portugal a necessária segurança para iniciar as viagens de exploração e aprimorar a arte náutica, já bastante estimulada pela guerra contra os vizinhos e pela importante indústria da pesca portuguesa.

REI E NOBREZA UNIDOS EM NOME DO LUCRO

No século XV, Lisboa já era um efervescente centro urbano. Mercadores de toda a Europa tinham entrepostos comerciais na cidade, mas os italianos dominavam o cenário econômico e eram os principais parceiros da Coroa portuguesa nos empreendimentos comerciais.

Os reis lusitanos mantinham características medievais, contudo, eram também conhecidos como reis mercadores, o que seria mais próprio do período mercantilista. Envolviam-se no transporte de especiarias, por via terrestre e através do Mediterrâneo, mantendo, graças a esse comércio, uma das mais luxuosas cortes europeias da época.

Por conta da opção da Coroa de centralizar os esforços do Estado em prol do comércio, muitos feudos tinham se esvaziado, com a fuga em massa de servos para os centros urbanos. Isso empobreceu a parte da nobreza que ainda estava envolvida, exclusivamente, na faina agrícola: a pequena nobreza. Sem opções, carecendo de mão de obra em suas terras, a pequena nobreza aglutinou-se ao redor do rei, passando a viver dos altos impostos, extorquidos ao povo miúdo. A Coroa, ao invés de tentar amenizar a situação, acabou agravando o quadro, ao estender a dotação de novos títulos a colaboradores sem recursos, tais como ex-soldados e funcionários públicos, concedendo-lhes pensões vultosas e privilégios de frequentar a corte. Com isso, acabou compondo uma nova baixa nobreza, oriunda, principalmente, das atividades marítimas. Assim, um grupo grande de nobres parasitas consumia quase todo o tesouro do reino.

Os reis portugueses estimulavam o comércio, sem deixar de prosseguir com a cruzada contra os infiéis. Na verdade, a guerra santa também era um pretexto para engrossar a renda do Estado, já que os monarcas, com a desculpa da cruzada, ocupavam a nobreza ociosa com o exercício da pirataria marítima, evitando contestações sobre a centralização política em processo em Portugal. Foi assim que os portugueses ganharam fama de terríveis piratas, atuando pelo Mediterrâneo, mar da Inglaterra e norte da África, saqueando, sem real distinção entre fiéis e infiéis.

O DURO COTIDIANO DOS CAMPONESES

A imensa maioria da população portuguesa não participava da distribuição das riquezas, obtidas com os saques e o comércio. Os homens do campo estavam presos aos barões de terras por laços de servidão. Trabalhavam muito e eram maltratados, recebendo castigos físicos cruéis, caso não cumprissem as expectativas dos senhores.

Cada vilarejo possuía um pelourinho, que se tornou um emblema do poder local. Nele, os camponeses costumavam ser amarrados e surrados pelos senhores, tradição que seria assimilada nos engenhos movidos pelos negros nas colônias portuguesas de além-mar.

A fome e o descontentamento com a insustentável situação de imobilidade social empurravam os camponeses para as cidades. Alguns anos antes do início da expansão naval, o meio rural assistiu a um significativo êxodo populacional. Os camponeses começaram a fugir em massa para as cidades, abandonando o já escasso potencial agrícola lusitano.

Duques, marqueses e condes, no topo da hierarquia nobiliárquica, não foram atingidos com tanto rigor pela fuga dos servos para os centros urbanos quanto os viscondes e os barões. A essa altura, a alta nobreza já estava mesclada à alta burguesia mercantil lusitana. Por outro lado, continuavam a exigir tributos e obrigações de seus vassalos, viscondes e barões. Assim, em um momento em que a tradição medieval coexistia com traços modernos absolutistas, a alta nobreza tentou intervir em favor dos senhores feudais menores, ainda sem voz ativa na corte. Interessada em manter a ordem e as rendas, estabelecidas através dos laços de suserania e vassalagem, a alta nobreza tentou demonstrar interesse em impedir a fuga dos servos, pedindo ao rei que tomasse providências. Mas não realizou grandes esforços nesse sentido, já que carecia da mão de obra nos seus empreendimentos comerciais e militares, muito mais lucrativos do que a atividade agrícola.

A Coroa tratou de atender ao apelo, promulgando leis que impediam e castigavam, severamente, tentativas de fugas das propriedades rurais. Porém, simultaneamente, fez vista grossa à procedência dos indivíduos que, dia a dia, chegavam aos centros urbanos e buscavam a aventura marítima. Afinal, o Estado precisava de profissionais que dessem conta de preencher as vagas, nos estaleiros e navios.

Assim, nada impediu, de fato, o êxodo do campo. Em algumas *póvoas*, como eram nomeadas as pequenas povoações rurais de origem feudal nos documentos da época, não restaram mais que meia dúzia de servos. Isso empobreceu os barões que, sem alternativa, engrossaram as fileiras de parasitas, a viver da "generosidade" dos monarcas portugueses.

Uma vez nas cidades, os camponeses recém-chegados enfrentavam uma situação de miséria, semelhante àquela encontrada na zona rural. Mas, pelo menos, estavam livres dos castigos e das obrigações para com seus antigos senhores. No limite, se não encontrassem trabalho, podiam viver da mendigagem e de pequenos delitos.

Acima, gravura presente nas *Ordenações manuelinas*, de 1514. A xilogravura impressa por João Pedro de Cremona simboliza a representação das atividades estimuladas pelo rei de Portugal.
Em primeiro plano, agricultura, caça e pecuária; ao fundo, o comércio marítimo e a pesca.
Tudo sempre sob a tutela da fé em Cristo, orientada pelas Sagradas Escrituras.
Abaixo, a indústria da pesca em Portugal amenizava a situação das famílias pobres, situação análoga à vivida em outros países, como, por exemplo, na Holanda.

As crianças portuguesas eram tratadas como se fossem pequenos animais. Por esse motivo, raramente eram retratadas na iconografia. Em poucas ocasiões os pequenos podem ser vistos, como é o caso deste pajem da nobreza que aparece em um detalhe de uma ilustração holandesa que reproduz os lusos na Índia.

Os homens do povo de melhor sorte embarcavam em navios pesqueiros, engajavam-se em empreitadas corsárias ou engrossavam a tripulação de navios mercantes que transportavam especiarias italianas. As mulheres podiam ganhar um bom dinheiro, prostituindo-se nos portos.

Os filhos engajados em navios rendiam salários aos progenitores, garantindo-lhes uma vida mais confortável, além de livrá-los de uma boca para alimentar, diminuindo, consideravelmente, as despesas familiares. Por isso, era comum as famílias incentivarem o trabalho de seus filhos nos navios. A alta taxa de mortalidade infantil – numa época em que o conceito de adolescência ainda não existia e a fronteira entre infância e idade adulta era muito tênue – tornava a sensibilidade para com a infância diversa da existente hoje.

Os portugueses consideravam as crianças, até que atingissem uma idade segura (7 anos de idade, quando o índice de mortalidade descia para patamares baixos), semelhantes a animais de estimação. Vínculos afetivos dificilmente se desenvolviam e a mentalidade em voga não aceitava, com relação às crianças pequenas, um afeto maior do que o dispensado a um cão ou gato. A partir dos 14 anos de idade, quando se reduzia o risco de morte, os filhos, finalmente, passavam a ser alvo de uma atenção maior por parte dos pais, usufruindo das benesses de um apego até então impossível.

O trabalho infantil não era malvisto na sociedade portuguesa. Pelo contrário, as famílias contavam com ele para incrementar a economia doméstica. Utilizavam a mão de obra até dos rebentos mais novos, na expectativa de um melhor padrão de vida familiar. Como já dito anteriormente, as crianças não eram consideradas, na época, como hoje. Textos produzidos, então, retratavam os menores como pequenos animais domésticos, ganhando um *status* diferenciado, de "gente", apenas a partir dos 7 anos. Assim, para os portugueses, não havia problema algum na exploração da força de trabalho infantil. Pelo contrário, esta deveria ser aproveitada, em benefício da família. Mesmo porque metade dos nascidos vivos morria antes de completar 7 anos.

NEGÓCIOS DE ESTADO

Ao constatar a inevitabilidade do êxodo rural, a Coroa deu-se conta de que esse movimento, certamente, forçaria um aumento na importação de trigo, diminuindo, também, a exportação de vinho e azeite do Algarve. Entretanto, pouca importância deu ao fato, já que seu interesse passou a ser aproveitar-se do exército de desocupados para povoar as lucrativas embarcações, militares e mercantes.

Os monarcas entenderam que o lucro com a pirataria e o frete, cobrado dos mercadores estrangeiros, compensaria qualquer perda. Essa visão fez o Estado adotar uma política que, entre outras coisas, não evitou o empobrecimento da baixa nobreza.

Com o tempo, o número de barões a dependerem do Estado excederia a capacidade de sua manutenção pelo tesouro da Coroa. Avolumar-se-ia o contingente de nobres empobrecidos a perambularem, descontentes, pela corte.

De fato, chegou-se a uma situação em que os saques marítimos não conseguiram mais sustentar o estilo de vida dos nobres. A solução foi modificar a política e apostar ainda mais fichas do Estado na continuidade da cruzada contra os infiéis, a qual poderia proporcionar uma renda que desse jeito nas crescentes despesas da Coroa. Assim, foi iniciada uma expansão naval, cujo objetivo, a princípio, era tomar o norte da África dos mouros.

A partir de então, os portugueses acumularam vários sucessos. Cidades ocupadas e saqueadas ofereceram uma lucratividade extraordinária. Lisboa fervilhou com sacos de especiarias, obtidos diretamente dos mouros. Não tardaria para que os africanos – originalmente aprisionados e, depois, libertados em troca de um valioso resgate –, fossem utilizados como a mão de obra que faltava aos portugueses.

No entanto, pouco tempo depois de tomadas, as cidades norte-africanas deixavam de ser uma bênção para tornar-se um sumidouro de gente e dinheiro. Os muçulmanos sitiavam as zonas ocupadas e impediam o fluxo normal de mercadorias, impondo pesadas perdas aos invasores. Não pela força das armas, mas, sim, pela fome e o aumento das despesas com a manutenção.

Acima, piratas franceses abordam uma embarcação. Muito antes de qualquer nação europeia, os portugueses fizeram da pirataria um negócio de Estado. Abaixo, desembarque de uma força invasora em terra.

A Coroa foi forçada a rever seus planos para não perder a soberania portuguesa sobre as cidades ocupadas. Em vez de, simplesmente, trazer sacos de especiarias da África, passou a tratar do abastecimento das forças de ocupação. Entretanto, contava apenas com o escasso potencial agrícola da região norte de Portugal e tinha muitos gastos com as importações de trigo alemão. Só mais tarde é que o trigo dos Açores e da Madeira viriam amenizar a situação.

O projeto era fazer, do norte da África, uma extensão de Portugal, cavando um caminho por terra até o mar Vermelho, para, de lá, chegar à fonte produtora de especiarias, eliminando atravessadores mouros e italianos.

Concomitantemente, a Coroa portuguesa voltou-se para a exploração das ilhas atlânticas que havia encontrado. Não tardou a estabelecer rotas, ligando Portugal às várias feitorias, espalhadas pela costa africana. A partir destas, fixou carreiras – trajetórias regulares, mantidas e organizadas pelo Estado – com o Oriente e o Brasil.

Rapidamente, os portugueses se tornaram um dos principais fornecedores de especiarias para o resto da Europa, produzindo, ou comercializando, pimenta, noz-moscada, gengibre, canela e açúcar. As riquezas afluíam à Coroa.

A EFERVESCENTE CAPITAL PORTUGUESA

Em meio a este turbilhão econômico, Lisboa cresceu de forma anárquica. Construída sobre sete colinas, tinha uma população em torno de cem mil habitantes. Os lisboetas, orgulhosos, gabavam-se de a cidade ter sido fundada pelo legendário Ulisses, quando de seu retorno da Guerra de Troia. E explicavam, a partir daí, o sucesso que vivenciavam, pelo menos, nos bairros mais abastados.

O rei observava o vaivém dos navios, instalado no paço da Ribeira. O palácio, construído junto ao rio Tejo por D. Manuel era a moradia da família real desde 1511, quando substituiu nessa função o antigo palácio da Alcáçova. Este, por sua vez, localizava-se no majestoso castelo de São Jorge, que havia sido erguido pelos mouros e reconstruído por D. Afonso Henriques, depois da reconquista de Lisboa, em 1147.

O controle dos navios que entravam e saíam do Tejo era exercido pelos canhões, instalados na Torre de Belém. A despeito da pobreza do povo, D. Manuel havia mandado construir a dispendiosa torre, entre 1515 e 1521. Hoje, ela se localiza às margens do Tejo. Mas, à época, ficava bem no meio do rio. Foi deslocada – sem qualquer dano, tamanha a robustez de sua estrutura de pedra – devido à movimentação das placas tectônicas, durante o grande terremoto de 1755.

Animado com a riqueza obtida, na Índia, por Vasco da Gama, imediatamente depois do retorno de Pedro Álvares Cabral do Oriente – ocasião na qual o Brasil foi, oficialmente, encontrado –, o rei ordenou a construção de um grande monumento às navegações, nas proximidades do porto.

O mosteiro do Jerônimo era uma edificação grandiosa, cuja construção foi concluída apenas em 1516. Servia de último refúgio espiritual para os navegantes, antes de se lançarem à aventura marítima. Ali, muitos marujos, oficiais, futuros passageiros e seus familiares se reuniam, antes da partida, confessando-se a Deus e orando, juntos, por uma viagem tranquila. Ao retornarem em segurança ao reino, depois de passar muitos apertos a bordo, as pessoas tinham o costume de voltar ao mosteiro e agradecer a proteção divina.

Ao redor do castelo de São Jorge, ficava o bairro de Alfama, a parte mais antiga da cidade, com suas ruas tortas e becos sem saída, desenhados com intenção, notadamente, defensiva. Ali, como em outras partes altas de Lisboa, ficavam as casas dos ricos. As ruas inclinadas estavam sempre limpas, não por conta de uma limpeza pública eficiente, mas porque toda a sujeira descia naturalmente para a parte baixa.

Nessa época, os palacetes e as casas suntuosas eram erguidos com pedras, semelhantes a mármore, e cobertos de betume e cal. Abrigavam, em seu interior, espaços amplos e arejados. Mesmo as casas mais simples, de alvenaria, tijolos ou madeira, ostentavam azulejos decorativos, teto pintado ou adornado por entalhes dourados e cômodos em formato quadricular.

Na região nobre, onde estava o centro do poder, localizavam-se os principais estabelecimentos comerciais. Ao longo do rio Tejo, havia algumas ruas retas e largas, embora um tanto sujas, já que varridas por escravos apenas a cada três dias.

A praça, em torno do paço da Ribeira, ficou conhecida como Terreiro do Paço e era ocupada por mercadores, que negociavam produtos advindos de todo o Império e, também, de várias partes da Europa.

As atividades comerciais eram agrupadas nas ruas da Ribeira, conforme sua especialidade. Nas vizinhanças do Terreiro do Paço, por exemplo, havia a rua dos confeiteiros, onde podiam ser encontradas somente padarias e doçarias. Quase todas as casas comerciais gozavam de fontes, sobre as quais as pessoas se debruçavam, para saborear iguarias.

No Terreiro do Paço, havia ainda um grande açougue, que impressionava os visitantes estrangeiros pelo seu tamanho e limpeza, com seu interior todo forrado de azulejos e diversas peças de carnes penduradas por todos os cantos. Nos tempos em que nem se sonhava com geladeiras, a carne precisava ser retalhada e limpa pelas *tripeiras*, mulheres que se encarregavam de tirar as tripas para aproveitá-las na confecção de pratos, muito apreciados entre a gente miúda. A carne era, depois, fumada, seca ou preservada na salmoura pelas *enxerqueiras*, outra profissão eminentemente feminina. Depois disso, o alimento era pendurado nos ganchos do açougue e exposto aos consumidores.

Um pouco mais adiante, em uma grande praça, situava-se um edifício em estilo manuelino, construído em 1523, hoje conhecido como Casa dos Bicos. Ali, salgavam-se peixes e funcionava, também, um mercado de pescados, conhecido pela farta variedade de espécies à venda, oriundas do Tejo.

Ao lado do palácio real, ficava a Casa da Índia e Mina, onde se davam as grandes operações financeiras, o recolhimento dos impostos devidos à Coroa e a administração da fiscalização de todas as mercadorias que entravam e saíam do reino.

Ainda nas imediações, localizava-se a Ribeira das Naus, principal estaleiro português, responsável pela construção das embarcações do Império e que empregava mais de meio milhar de pessoas, em inúmeras funções, tais como as de carpinteiro, calafate e aprendiz. Em torno dele gravitavam oficinas de pequenos

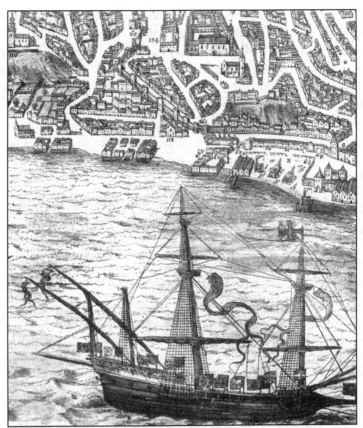
Vista parcial de Lisboa, em gravura de 1593, tal como a cidade era antes de ser destruída no grande terremoto de 1775.

artesãos, dedicados a atividades complementares – fabricação de estopa, a partir da lã; produção de sebo; ou confecção de objetos de metal, como pregos, de todos os tamanhos –, envolvendo outro tanto de profissionais especializados.

Bem ao lado da Ribeira das Naus, havia o Armazém Real, que abrigava os apetrechos marítimos e os víveres que abasteceriam os navios. Em torno do armazém, ficavam as instalações responsáveis pela produção dos biscoitos, chamados de "pão do mar", que constituíam a dieta básica dos navegantes. A etimologia da palavra biscoito remete à natureza do alimento, "duas vezes cozido". De fato, ele consistia em um pão de farinha de trigo que recebia um cozimento extra, tornando-se duro e seco. Embora não ficasse muito gostoso, resistia bem à umidade, ao calor e aos efeitos do tempo.

A parte baixa de Lisboa era habitada pelos mais pobres, que caminhavam sobre o barro e a sujeira, escorridos da parte alta, e as fezes, espalhadas pelas ruas, pois as casas não tinham latrinas e as imundices se despejavam ao relento.

A falta de iluminação tornava perigoso andar nas ruas, ao anoitecer. Além do risco de ser atingido por imundices jogadas das janelas e sacadas, os pedestres eram alvos fáceis dos malfeitores – que ali perambulavam em busca de vítimas –, assim como de capitães, acompanhados de brutamontes, à procura de desavisados para compor a tripulação de navios. Isso ocorria porque, para terras pouco atraentes, escasseavam voluntários e, por outro lado, o contingente de degredados, forçados a embarcar, não dava conta de preencher a demanda de pessoal. Assim, recorria-se ao expediente de capturar pessoas pelas ruas e embarcá-las, à força, nos navios portugueses.

Para evitar surpresas desagradáveis, aqueles que conheciam a rotina da cidade não dispensavam a capa longa e o capuz, ao caminhar pelas áreas mais perigosas. (Consta que até mesmo o rei procedia assim.) A indumentária sugeria que o indivíduo, talvez, estivesse portando armas, o que afugentava os transeuntes, temerosos de se envolver em alguma encrenca.

JUDIARIAS

Os judeus participavam intensamente de toda a rica gama comercial que movia Portugal. Porém, por mais abastados que pudessem ser, ficavam confinados às *judiarias*: guetos, cercados por muralhas, que os mantinham segregados do restante da sociedade. Apesar de o capital hebreu estar vivamente entranhado na economia portuguesa, a vida dos judeus em Portugal era repleta de constrangimentos.

Alguns anos depois de acolher judeus expulsos da Espanha, os monarcas lusitanos forçaram todos os seguidores da fé judaica a se converterem ao cristianismo, sob ameaças de pena de morte.

No entanto, mesmo ante o risco de arder na fogueira, muitos judeus mantiveram seus ritos secretamente, aceitando o cristianismo apenas como verniz,

Instalados em Lisboa, por vezes favorecidos e, em outras ocasiões, perseguidos pelo Estado, os judeus participaram ativamente da aventura marítima, financiando a construção de navios. Acima, a gravura do século XVII retrata a tortura inquisitorial. Sob a ameaça de arder na fogueira, os judeus portugueses foram obrigados a se converter ao cristianismo, sendo vigiados de perto pela Inquisição.

para ocultar sua verdadeira fé. Outros tentaram apagar as suspeitas de heresia que pairavam sobre eles e ascender socialmente por meio de casamentos com membros empobrecidos da baixa nobreza. Isso, algumas vezes, deu certo; outras, não.

Depois da conversão forçada, as muralhas em torno das judiarias foram derrubadas. Os bairros judaicos, antes isolados, foram integrados à vida da cidade, mas a segregação, velada, continuou a existir. Os cristãos-novos, como passaram a ser chamados os recém-convertidos, estavam sob constante vigilância do Tribunal da Santa Inquisição. O menor deslize poderia conduzi-los às garras do temido órgão eclesiástico, localizado em Lisboa, no paço do Rossio, uma das praças mais frequentadas da cidade e, também, famosa por abrigar um pulsante comércio de tecidos.

HOSPITAIS, IGREJAS E PROSTÍBULOS NA CAPITAL

Havia vários hospitais na cidade, uma vez que eram mais do que necessários para abrigar, entre outros enfermos, alguns dos debilitados passageiros e tripulantes que chegavam nos 1.500 navios que demandavam, mensalmente, o porto lisboeta. O maior era o de Todos os Santos, construído no Rossio, em 1492, próximo à principal artéria da cidade, a rua Nova dos Mercadores, onde estavam instaladas as mais importantes casas de comércio de especiarias.

A vida espiritual da população era orquestrada por várias igrejas, espalhadas pelas partes alta e baixa da cidade. A mais imponente era sede do bispado, a sé de Lisboa, uma catedral gótica, construída em 1150, por ordem de D. Afonso Henriques, sob as ruínas de uma mesquita. Ela seria danificada por dois tremores de terra, no século XIV, e, finalmente, devastada pelo terremoto de 1755, que destruiria boa parte de Lisboa e obrigaria o marquês de Pombal a reconstruir suas ruas, no traçado reto que obedecem ainda hoje.

A religiosidade do povo português, expressa pela imensa quantidade de igrejas, tornava habitual cruzar pelas ruas com procissões ou festejos de santos, ao passo que comemorações profanas estavam terminantemente proibidas.

Entretanto, a principal diversão dos fidalgos era frequentar bordéis e tavernas. Recusar um convite de um nobre para ir ter com prostitutas era considerado uma ofensa grave. Outro público que frequentava com assiduidade o ambiente eram os marujos, sempre famintos de companhia feminina, após meses no mar. A ampla demanda pelo serviço era acompanhada, igualmente, de uma numerosa oferta. Existiam bordéis em número igual ou superior ao de igrejas, enquanto as tavernas talvez somassem o dobro da quantia.

Sendo frequente o vaivém de forasteiros, existiam em Lisboa inúmeras hospedarias. A maioria delas era muito simples, confundindo-se com os bordéis, em cujos quartos não havia mais do que uma cama, uma pequena mesa, uma cadeira, uma bacia com água e um penico, para que os hóspedes mais exigentes cuidassem da própria higiene.

A devassidão dos fidalgos lusitanos, sempre envolvidos com prostitutas e a perambularem pela cidade em busca de aventuras sexuais, foi tida como uma das causas do terremoto de 1775. Nesta gravura inglesa satírica da época, é possível observar um sacerdote protestante ensinando o rei de Portugal a evitar novos desastres; a mortandade teria sido motivada por castigo divino.

Os fidalgos e marujos que compartilhavam as prostitutas quase sempre eram brindados com as mais diversas doenças venéreas, o que fazia muitos evitarem o contato com profissionais, apesar da grande quantidade de bordéis disponíveis. A alternativa mais "à mão" era cortejarem as muitas senhoras cujos maridos estavam ausentes, servindo nas colônias e nos navios portugueses.

COTIDIANO DAS MULHERES E SEXUALIDADE LISBOETA

As mulheres portuguesas eram tidas pelos estrangeiros como as mais belas da Europa. Isso, é claro, para os padrões da época, nada semelhantes àqueles seguidos pelas esqueléticas *top models* de nossos dias. As mais bonitas eram aquelas mais "cheias", de belos olhos castanhos, grandes e vivazes. Tinham a pele muito branca, pois andavam com o corpo todo coberto, inclusive a cabeça, protegida por um lenço, compondo um manto que ocultava o rosto sob sombras. Era considerado sinal de paquera uma mulher mostrar a face para um transeunte.

As damas da sociedade nunca andavam desacompanhadas pelas ruas. Saíam, comumente, em liteiras, seguidas por um escudeiro e um cortejo de criadas e filhas, a pé. Apenas os homens, e de posição, podiam andar a cavalo pela cidade, algo regulamentado por decreto régio. Alguns fidalgos optavam por se deslocar sentados, em cadeiras carregadas por escravos.

A despeito de as mulheres casadas portuguesas serem tidas como extremamente fiéis no matrimônio, conseguir a companhia de uma senhora casada não era difícil, num país em que os esposos estavam, constantemente, viajando. Porém, havia o risco de o casal "em pecado" ser pego de surpresa pelo confessor da senhora, ou pelo próprio marido traído, já que o retorno do cônjuge era sempre imprevisível. Aqueles que não arriscavam levar a esposa consigo entregavam-na à vigilância de um pároco de confiança. Também não faltaram padrecos a se aproveitar da ocasião para liberar a libido com suas protegidas.

Em qualquer caso, o risco maior era assumido pela mulher, pois, em se tratando de adultério ou estupro, a legislação impedia a punição dos implicados se eles fossem fidalgos. Quanto aos marujos, no máximo, levariam algumas chicotadas em praça pública. Já a esposa podia sofrer os maiores abusos, sem que o marido fosse penalizado.

O medo da traição e os constantes casos, em que estiveram implicados nobres, fizeram com que o homem português se tornasse muito possessivo, deflagrando cenas de ciúmes contra as mais castas senhoras. Tornaram-se célebres vários casos de violência doméstica, ocorridos em Portugal entre os séculos XVI e XVIII. Em certa ocasião, uma mulher teve a cabeça pregada ao assoalho, só por ter acenado ao cumprimento de um estrangeiro que passava, em uma procissão, defronte à janela de sua casa.

As gravuras retratam cenas do terremoto de 1775. À esquerda, mulheres são resgatadas de suas casas. À direita, uma matrona guarda luto pela cidade destruída.

O ciúme masculino lusitano confinava as belas portuguesas ao interior do lar, restringindo a presença feminina às janelas dos andares superiores das residências, de onde observavam o cotidiano da cidade.

Justamente para evitar constrangimentos e a possibilidade de a amante ser martirizada pelo marido traído, muitos homens optavam por visitar os conventos, onde o trânsito era facilitado por um título de nobreza. Belas jovens esperavam ansiosas por um amante que pudesse lhes ensinar os prazeres da carne, pois haviam sido confinadas pelas famílias em ordens religiosas, contra sua vontade, como forma de evitar a divisão de bens da família, por ocasião do pagamento do dote devido a um futuro marido, ou para dar prestígio político a seus pais.

Impedidos de participar do festim proporcionado pelos conventos, os marujos, em Lisboa, tinham poucas oportunidades de praticar os estupros coletivos que estavam acostumados a infligir, a bordo dos navios, a mulheres e garotos embarcados. Não obstante, em noites escuras, quando a lua estava oculta, as sombras lhes permitiam raptar e violentar mulheres humildes, principalmente ciganas. Algumas chegavam a ser carregadas à força para dentro dos navios, a fim de satisfazer o apetite sexual da marujada. Raptadas, não tinham escolha a não ser acompanhar seus carrascos em sua jornada pelos mares.

AS ROUPAS E A ESTRATIFICAÇÃO SOCIAL

Em qualquer parte de Portugal, eram poucos os que possuíam roupas decentes para os padrões da época. A maioria da população pobre vestia aquilo que os religiosos, em muitas ocasiões, recolhiam dos privilegiados e distribuíam aos menos favorecidos.

Havia, por todos os cantos – principalmente nas grandes cidades –, oficinas de artesãos, especializados na confecção de roupas de lã, linho e seda, capitaneadas por mulheres que se encarregavam de fiar, em troca, unicamente, do que comer. Porém, mesmo com uma mão de obra barata, o beneficiamento do produto, por vezes, com um detalhamento rico, tido como um dos melhores da Europa, tornava a mercadoria final quase impossível de ser consumida pelos populares.

As vestimentas eram símbolos de *status*. Todos aspiravam vestir-se ricamente para demonstrar prestígio e posição social elevada. Roupas caras eram garantia de respeito entre os compatriotas.

O tipo de vestimenta, assim como o meio de transporte, simbolizavam a estratificação social. Andar a cavalo dentro das cidades, por exemplo, só era permitido para indivíduos do sexo masculino, pertencentes à nobreza, enquanto que a liteira era permitida para as damas e elementos de extração mais baixa, mas possuidores de recursos financeiros consideráveis.

Os soldados que demandavam o ultramar, imensamente pobres em sua maioria, faziam questão de se vestir da melhor maneira possível. Para isso, procuravam associar-se a um rico capitão, que pudesse lhes prover calças e camisas, ou servir nas armadas dos comandantes que lhes fornecessem não só uma espingarda e uma espada, como também as vestimentas mais atrativas.

Apesar do alto valor das roupas, havia os que priorizavam andar bem-vestidos pelos portos ou terras pacíficas, ainda que tivessem que vender suas armas para poder pagá-las, ficando, assim, sem ter com o que pelejar. Por fidalguia, muitos preferiam uma rodela dourada (peça remanescente das antigas armaduras medievais, usada como enfeite), junto ao pescoço, e uma espada curta prateada a uma espingarda, que, apesar de não simbolizar *status*, poderia ser muito mais útil em qualquer batalha.

A moda masculina ditava, como roupa de baixo, o uso de uma camisa longa, coberta na parte superior por um gibão, espécie de casaco curto que cobria do pescoço até a cintura. O gibão possuía mangas largas, frequentemente, almofadadas – quando não recortadas – à altura do cotovelo. Sobre o gibão, usava-se uma jaqueta fechada na frente por cordões ou botões. Por cima de tudo, ia uma beca, folgada sobre os ombros e caindo em pregas amplas até os pés. Da cintura para baixo, calções que iam até os joelhos, com meias que cobriam destes ao pé. As calças eram presas ao gibão por meio de pontos, isto é, cordões que passavam por orifícios e terminavam amarrados pelas pontas, em pequenos laços.

Nos pés, era moda o uso de sapatos largos de couro, veludo ou seda, com "bico de pato", saltos baixos e solas de couro ou cortiça. Os mais ricos vinham adornados com joias. O uso de botas era reservado à montaria.

Um chapéu em forma de boina, macia e baixa, compunha, ainda, a indumentária elegante do período. No início do século XVI, seu uso era exclusivo de advogados, idosos e nobres, sendo habitual vesti-lo tanto ao ar livre, quanto em ambientes fechados.

Os camponeses e a grande maioria dos marinheiros usavam calções compridos e volumosos o suficiente para não atrapalhar os movimentos, presos na cintura com cordões, e uma capa em formato de batina, em geral, sem mangas. Seus sapatos eram muito semelhantes aos usados pela nobreza, diferindo deles apenas pela falta de joias. Na cabeça, alguns, depois da generalização da indumentária, usavam os mesmos gorros dos seus pares mais ricos.

A vestimenta de nobres e plebeus, inúmeras vezes composta do mesmo corte e tipo de peças, diferenciava-se muito no que diz respeito a tecido e adornos. Enquanto, por exemplo, a nobreza usava panos importados, a plebe envergava roupas de cambraia.

Não obstante o fato de a moda portuguesa não diferir muito da observada no resto da Europa, a abertura da ligação marítima de Portugal com o Índico

Homem casado, distinguido pelo uso da capa, corteja donzela virgem, também percebida pela sua vestimenta.

terminou influenciando a vestimenta lusitana, enriquecida, a partir de então, com o gosto pelo luxo e a ostentação tipicamente orientais.

Antes da chegada de Vasco da Gama à Índia, em 1498, estando já o gosto pelo bem trajar infiltrado entre todos os estamentos sociais, D. João II proibiu, totalmente, aos portugueses, o uso de sedas, brocados, chaparias, bordados e canutilhos, a fim de evitar a evasão de divisas de Portugal, que adviria da aquisição desses produtos. Permitiu somente o uso de seda nas cintas e nos bordados dos vestidos.

De fato, esses tecidos custavam ainda muito caro, uma vez que eram importados, via cidades italianas. Contudo, por ocasião do casamento do príncipe herdeiro D. Afonso com a princesa Dona Isabel, a própria Coroa, contrariando suas diretrizes, mandou vir da Itália uma embarcação cheia dos tecidos proibidos para vestir a corte.

No contexto quinhentista, a indumentária adquiriu tamanha importância como forma de diferenciação social que, desde muito cedo, os monarcas portugueses procuraram legislar sobre como os súditos deveriam se vestir.

A partir de 1535, com as facilidades de importação de tecido, advindas da viagem de Gama, o antigo luxo conheceu uma certa banalização. Contra isso, para garantir o privilégio de alguns nobres e os cofres do Tesouro, o rei D. João III proibiu o uso indiscriminado de brocados (fios metálicos) e telas de ouro e prata. Pretendeu, ainda, pôr fim aos bordados, pespontados, esmaltados e chaparias de metal, e restringiu o uso da seda aos debruns, um detalhe na borda dos tecidos. As penas para a desobediência eram: prisão, degredo por dois anos ou multas – de dez a vinte cruzados para os peões, a gente do povo, e de dez mil réis a cinquenta cruzados para a nobreza. Os recursos arrecadados eram destinados metade para a Câmara do rei e metade para o denunciante.

D. Sebastião foi ainda mais rígido. Em 1560, proibiu aos plebeus o uso de panos suntuosos – principalmente a seda –, assim como os tecidos bordados, os forros, os debruns, as fitas e uma gama variada de guarnições. Restringiu o uso do tafetá, do veludo e da seda destinados às esposas e filhas de fidalgos, desembargadores e cavaleiros, a uma só peça. Chegou ao requinte de decretar que os alfaiates ficavam proibidos de confeccionar determinadas peças, mantendo, como pena aos infratores, as mesmas estabelecidas anteriormente por D. João III.

Desde o início do século XVI, independentemente de posição social, as mulheres estavam proibidas de se "travestir de homem". Ou seja, eram obrigadas a usar vestidos, sob pena de degredo interno de três anos para Castro Marim, uma cidade no sul de Portugal, na fronteira com a Espanha. Os homens que se vestissem com trajes femininos teriam como pena o degredo por dois anos na África.

Embora a legislação tenha tratado da indumentária de formas diversas ao longo dos anos, a verdade é que a vestimenta nunca deixou de servir como expressão bastante nítida da hierarquia social.

VESTES PARA CIVIS E VESTES PARA SOLDADOS

Havia uma distinção entre os soldados e os chamados *casados*, termo que equivale ao que hoje denominamos de civis. Em caso de necessidade, todo e qualquer homem solteiro, sadio, poderia ser considerado um soldado em potencial. Não estando o exército ainda totalmente profissionalizado, os soldados, em sua maioria, eram alistados compulsoriamente.

No caso de ameaça inimiga, como era frequente em além-mar – quando revoltas nativas podiam eclodir e piratas e corsários atacar de surpresa –, mesmo que o solteiro não houvesse se alistado ou sido compelido a alistar-se, era obrigado a combater. Dispensavam-se da obrigação somente os homens casados, o que deu origem à distinção casado/solteiro, convertida em casado/soldado.

Uniformes, tais como entendemos hoje, não existiam no século XVI e XVII. Naquela época, os soldados já recebiam um soldo em troca de seu serviço, mas não eram providos de armamento e roupas especiais, devendo armar-se e vestir-se por conta própria.

As capas distinguiam os homens isentos do serviço militar, unicamente por serem casados, daqueles potencialmente aptos para servirem como soldados, devido à sua condição de solteiros.

Sua vestimenta diferia da de um civil apenas pelo uso de adornos de partes, inspiradas nas antigas armaduras medievais, adaptadas para garantir maior agilidade e resistência às armas de fogo. Eram o caso, por exemplo, da argola de metal, denominada *forquilha* e usada em volta do pescoço, de modo a servir de apoio aos pesados mosquetes de então, ou da couraça peitoral. Poucos soldados, além dos capitães e elementos da nobreza, tinham condições financeiras de arcar com os custos dessas indumentárias, principalmente a couraça peitoral, que terminava servindo, também, como símbolo de *status*.

Na prática, a diferenciação das vestes de casados e soldados era garantida por uma capa, indumentária proibida aos militares e usada frequentemente pelos casados, para fazer valer seus direitos de ficar fora dos navios e longe das batalhas.

A MODA FEMININA

No que diz respeito à vestimenta feminina, entre as mulheres de "posição social", existia uma preocupação intensa com o bem trajar e uma grande variedade de modelos de roupas. Havia riqueza de detalhes nos vestidos e largo uso de pedras e metais preciosos, adornando as roupas das privilegiadas.

O traje feminino consistia em corpete, anágua e beca. O corpete, na época, costumava ser extravagantemente decotado e amarrado, na frente, com uma fita de seda. As mangas dos vestidos eram grandes, bufantes e com coberturas almofadadas. A saia era formada por duas camadas: a primeira, mais curta, revelava a de baixo. Ditava a moda que as mulheres, ao contrário dos homens, não usassem chapéus, cobrissem a cabeça com pequenos capuzes de tafetá, um xale ou lenço de renda apenas.

As mulheres ricas se enfeitavam com uma infinidade de conjuntos de joias. Entre os quais suntuosos colares, brincos argolados, gargantilhas, anéis e braceletes. Peças de inestimável valor artístico.

Na intimidade do lar, andavam com os cabelos soltos e a cabeça descoberta, vestidas, unicamente, com uma camisa que ia até abaixo do umbigo, tão fina que se podia ver todo o corpo através dela. Em público, as damas da nobreza trajavam vestidos de cetim, seda ou veludo, ricamente bordados.

Entre as mulheres do povo, o vestuário era simples e pouco variado nas formas. Fabricado por elas próprias, era mais utilitário. Os trajes das camponesas diferiam, tremendamente daqueles usados pelas damas da nobreza. Longe das riquezas, das modas e dos rituais da corte, o vestido feminino, nas áreas rurais, era rústico, confeccionado em cores escuras, tecidos vulgares e, frequentemente, remendados.

Para além da dicotomia que separava o traje das mulheres ricas e pobres, as "mulheres de mau costume" – as prostitutas e as marginalizadas – eram obrigadas a usar um vestuário especial, que as distinguisse das "mulheres honradas": um manto na cabeça, que cobria parcialmente a face, e uma espécie de véu de

As roupas femininas comunicavam a condição da mulher. Da esquerda para a direita: uma donzela, em seguida, uma mulher casada, depois uma viúva, cujo traje não por acaso se assemelha ao de uma freira, e, finalmente, a típica vestimenta utilizada pelas donas de casa no interior do lar.

seda, que ocultava totalmente o rosto, simbolizando esconder a vergonha por desempenhar a malfalada profissão. As prostitutas estavam proibidas de usar trajes de luxo e de andar sozinhas pelas ruas. Deviam estar sempre acompanhadas de outras prostitutas.

Além de fazer a distinção entre dama e plebeia, privilegiada e pobre, camponesa e prostituta, a indumentária revelava o estado civil da mulher. As solteiras e virgens podiam usar vestidos decotados, com o pescoço e parte do colo à mostra, um pouco acima dos seios, e o cabelo parcialmente coberto. Era de bom tom que as casadas usassem vestidos menos decotados, expondo parte do pescoço e cobrindo a cabeça com recato. As viúvas, por sua vez, deviam tapar o corpo totalmente, deixando à mostra apenas o rosto e as mãos, não expondo nem mesmo o pescoço. Suas vestes nos lembram o hábito das freiras, pois, perdendo o marido, as viúvas passavam a estar "casadas com Deus", significando que não precisariam mais atrair a atenção dos homens.

ABASTECIMENTO E ALIMENTAÇÃO EM LISBOA

Quem via apenas os rostos, não sabia o que se passava pelas mentes. Cidade cosmopolita, com mais de 180 navios comumente aportados no Tejo, Lisboa habituou-se ao convívio de gente de todo tipo. Nos espaços públicos, marujos de várias nações se misturavam com senhoras respeitáveis, instaladas em suas liteiras, conduzidas por escravos. Fidalgos buscavam prostitutas. Mulheres do povo ofereciam seus serviços para casas particulares. Ciganas perambulavam, mendigando. Escravos vendiam produtos, em nome de seus senhores. E comerciantes negociavam remessas de mercadorias, a serem embarcadas no Oriente e na América, em naus que sequer haviam partido.

Na paisagem urbana, em meio a malfeitores e vagabundos, muitas pessoas ganhavam a vida honestamente, encarregando-se dos serviços essenciais para a manutenção de algum conforto na cidade. Em meados do século XVI, havia mais de 3.500 lavadeiras e ensaboadeiras, responsáveis pela limpeza de roupas, exercendo sua atividade em fontes de praças públicas.

Lisboa era cercada de água doce por todos os cantos, mas havia somente três fontes de água potável, todas situadas no mesmo bairro. O transporte da água era feito em burros pelos agueiros, que vendiam o gênero de porta em porta. Os mais abastados mantinham criados particulares para trazer-lhes água cotidianamente.

A lenha para as noites frias e o cozimento era fornecida por pessoas que viviam de buscar a matéria-prima nos bosques para vendê-la na cidade.

Sendo local de clima agradável, mas que podia se tornar muito quente no verão, Lisboa contava ainda com o serviço de homens que importavam gelo do exterior, para refrescar a nobreza e a grande burguesia, fabricando um sorvete

Vista fantasiosa de Lisboa em uma gravura alemã. Apesar de estar localizada ao lado do rio Tejo, poucas fontes de água potável podiam ser encontradas.

muito semelhante à nossa atual raspadinha. Uma anedota satirizava o requinte, afirmando que o rei gostava de tomar um bom sorvete feito com gelo italiano, enquanto assistia ao auto de fé da Santa Inquisição, para aliviar o calor emanado pela fogueira que queimava os hereges.

O abastecimento da cidade era garantido, também, por vendedoras ambulantes de hortaliças e frutas frescas, cultivadas nas *quintas*, propriedades rurais semelhantes a chácaras, que ficavam nos arredores da cidade. Outras ofereciam pão alvo e branco, feito com trigo germânico escolhido grão a grão com paciência fleumática. O comércio itinerante de pão demandava licença especial da Coroa, que cobrava impostos sobre produção e venda, encarecendo muito o custo do gênero.

Os pobres acabavam comendo uma espécie medíocre de pão barato, feito de trigo português e repleto de terra, porque não se costumava joeirá-lo, mas moê-lo, sujo, como saíra da eira. O consumo diário de pão por habitante rondava entre 1 kg e 2 kg, tal a importância do alimento na dieta dos portugueses.

Qualquer que fosse a posição social, nunca se dispensavam o sal, as ervas de cheiro (coentro, salsa e hortelã), o açúcar, a pimenta, hortaliças e grãos, como ervilha, lentilha, feijão, fava e grão-de-bico.

Havia grande variedade de peixes, mas seu consumo era vedado à maioria da população, pois, a exemplo do que ocorria com o pão branco, as taxas da Coroa tornavam os preços dos pescados exorbitantes. O famoso bacalhau, de tão caro, causava espanto até aos estrangeiros. A despeito da grande disponibilidade de peixes, como o carapau, o atum, o salmonete e o peixe-espada, e de lulas e chocos, o povo miúdo se alimentava pobremente de sardinhas cozidas e salpicadas com condimentos, vendidas em abundância por toda a cidade.

De fato, o alimento mais barato era a sardinha, obtida com notável facilidade, fora da barra. Carne bovina, ovina e suína eram raridade. Entretanto, havia propriedades que se dedicavam à criação de frangos, galinhas, capões e patos, os

A maioria da população lisboeta valia-se de peixe fresco para tentar enriquecer sua dieta pobre, em geral, à base de pão.

quais rendiam saborosos pratos. Porém, mesmo entre os nobres, as aves chegavam à mesa somente em ocasiões festivas.

Sem condições para comprar carne, os camponeses podiam compensar essa carência alimentar, contudo, obtendo permissão para caçar nos bosques senhoriais, por uma taxa bem abaixo do valor de mercado das aves, alto demais para a maioria da população.

Os pobres desdenhavam o consumo dos alimentos excluídos de suas refeições diárias em cantigas e versos que denotavam certo conformismo. O grande poeta Gil Vicente recolheu uma dessas estrofes no *Auto da Festa*. Dizia a rima:

> Porque com duas sardinhas
> fico eu mais satisfeito
> que vós com vosso desfeito,
> nem com capões nem galinhas,
> não vos fazem mais proveito.

A situação alimentar em Portugal só foi melhorando à medida que os produtos passaram a chegar das colônias rotineiramente, a partir do final do século XVII. Então, o milho da América tornou-se um substituto excelente para o trigo na confecção do pão e o arroz começou a ser importado do Oriente, sendo, mais tarde, introduzido no Brasil.

A pimenta-do-reino, depois de implantada com sucesso na Bahia em 1690, podia ser obtida no Brasil, poupando aos portugueses um valioso tempo de viagem, diminuindo os custos de produção, barateando e, consequentemente, popularizando o produto.

Bem diferente do restante da população, a nobreza e os poderosos tinham uma dieta alimentar que englobava variedade de frutas e diferentes qualidades de carne de caça.

Mudanças como essas permitiram uma verdadeira revolução alimentar em Portugal, acompanhada de alterações nos paladares e hábitos da população.

O PROBLEMA DA MORADIA

A imensa maioria das pessoas não tinha como arcar com os custos da compra de uma casa própria. A despeito de o aluguel, em Portugal, parecer barato aos estrangeiros, abocanhava boa parte da renda familiar dos cidadãos do país.

O alto custo obrigava muitos a perambularem pelas ruas em busca de abrigo, sendo acolhidos em igrejas e nas misericórdias ou ficando ao relento durante a noite. Diante de tais dificuldades, um bom número de famílias empregava os filhos em navios da Coroa em troca de uma renda que lhes permitisse alugar uma casa.

Nas casas alugadas, a mobília era escassa. Uma mesma moradia podia ser compartilhada por várias famílias.

Aqueles que conseguiam enriquecer nas colônias e voltar, a salvo, para a pátria decidiam investir em terras e na compra de imóveis, alugando casas aos mais pobres, tais as possibilidades de retorno do investimento.

A VIDA EM PORTUGAL 59

Acima, gravura francesa simboliza a escassez de moradias em Lisboa. Abaixo, o caos com a falta de moradias e segurança na capital portuguesa, agravado pelo terremoto de 1755.

HIGIENE PESSOAL

Pela altura da passagem da Idade Média para a Moderna, em toda a Europa, a limpeza pessoal era simbolizada pela brancura da roupa. Considerava-se o banho prejudicial à saúde, pois o contato direto com a água – tida como capaz de infiltrar-se no corpo, fragilizando os órgãos e abrindo os poros para os ares maléficos – parecia repulsivo. Entretanto, em Portugal, a tradição greco-romana de culto ao corpo havia instituído o banho como hábito quase diário, prática que foi favorecida pelo clima quente do país e pelas influências da cultura muçulmana.

É verdade que muitos clérigos tentaram combater o banho, considerado pecaminoso por seu caráter coletivo, pois era tomado em grandes tinas de água quente, compartilhadas por homens e mulheres. Esse hábito cultural evoluiria, com o que os historiadores chamam de "surgimento da vida privada", para o banho no interior de um cômodo, a *casa de banho* (nome usado até hoje em Portugal), que corresponde ao termo brasileiro *banheiro*. Na casa de banho, em uma tina individual, primeiro lavava-se o chefe da família e, em seguida, a esposa e os filhos. Um a um, todos passavam pela mesma água, que ia acumulando sujeira.

Seja como for, em todo o continente europeu, a troca diária da roupa era o verdadeiro sinal de boa higiene, fazendo com que pessoas asseadas de melhor condição social estabelecessem um rodízio de camisas (em lugar de se lavar). Usar as mesmas roupas durante várias semanas era considerado um ato de grosseria.

Entre os lusos, porém, o hábito do banho fazia a troca de roupa tornar-se secundária. Alguns até a negligenciavam. A princesa Joana, por exemplo, que chegou a usar uma mesma camisa durante meses e meses, acabou sofrendo terrivelmente com as legiões de piolhos que nela se instalaram.

Embora houvesse um grande número de lavadeiras e ensaboadeiras em Lisboa, a atividade era regulamentada e não custava pouco. Exercida em fontes de praças públicas, exigia licença do Estado.

Aqueles que dispunham de recursos pagavam as profissionais para que lavassem suas roupas, inclusive as peças íntimas, que ficavam expostas aos transeuntes quando estavam secando. É claro que não ficava bem, para as pessoas de posição, ter suas intimidades espalhadas pelas praças, o que poderia explicar, em parte, o desleixo para com a limpeza das roupas e a criação de uma mentalidade que negligenciava o hábito.

Em contrapartida, nos grandes centros urbanos, para aqueles que não podiam pagar pelo serviço, restava o deslocamento para fora das cidades, em busca de fontes de água cuja utilização para lavagem de roupa não exigisse licença estatal. Tais dificuldades faziam com que a maioria dos habitantes não usasse roupa limpa. Os citadinos da fatia mais pobre da população inclusive, em alguns casos, embora raros, não possuíam mais do que a roupa que traziam no corpo. Se a colocassem para lavar, corriam o risco de ficar nus.

À imundice das cidades, carentes de um sistema de saneamento, juntava-se a ausência de facilidades para a manutenção de hábitos de higiene pessoal básica. Não havia, na época, cuidados com os dentes nem qualquer creme dentifrício, o que resultava em uma enorme população de banguelas. Os mais asseados utilizavam o hábito romano de bochechar a própria urina – máximo do refinamento –, ocultando seu odor e seu gosto, depois, com um gole de um bom vinho.

Diferentemente do que ocorre hoje em Portugal, a casa de banho não tinha a função de servir como sanitário. As moradias mais abastadas dispunham de latrinas, buracos cavados na terra. O cômodo onde as pessoas "despejavam suas imundices" ficava, invariavelmente, no andar superior, distante do mau cheiro lá embaixo. Uma tábua, elevada à altura dos joelhos e provida de buracos, era estrategicamente colocada no cômodo, permitindo sentar-se para "obrar". A sujeira caía, sem obstáculos, até o subsolo, onde se acumulava (problema comum, aliás, era o piso romper-se e o sujeito despencar sobre toda sujeira acumulada). Costumava-se sentar ao lado de outras pessoas, igualmente instaladas em buracos e entregues à mesma tarefa, para desenvolver uma boa conversa.

Para os mesmos objetivos, os pobres tinham como único recurso o uso de penicos, cujo conteúdo era despejado ao relento, em qualquer canto, já que urinar e defecar a céu aberto eram hábitos muito difundidos.

As ruas, obviamente, ficavam cobertas de dejetos humanos, aos quais se somavam as fezes dos pequenos animais – não apenas cães e gatos, mas também cabras, bodes e ovelhas –, que conviviam com as pessoas, inclusive no interior de suas próprias casas.

Um dos poucos hábitos de higiene pessoal, no início da Idade Moderna – e observado até hoje pelos lusos –, era lavar as mãos antes das refeições e da realização de negócios, sendo considerado um sinal de desonestidade evitar o contato das mãos com a água. Muito pouco, diante da sujeira a proliferar pelas ruas das cidades e responsável pela propagação de doenças que se tornaram pestes a assolar as populações urbanas.

A OPÇÃO DE FUGIR PARA O MAR

As péssimas condições de moradia e alimentação, somadas a um saneamento precário, à falta de higiene e às pestes oriundas de outras partes da Europa, faziam a expectativa de vida em Portugal, entre os séculos XIV e XVIII, rondar em torno dos 30 anos de idade.

A viagem ultramarina oferecia uma oportunidade única de buscar melhores condições de existência para muitas pessoas de vida sofrida, aglutinadas nas cidades. O povo miúdo chegava a disputar o embarque em navios destinados a Índia, Brasil e África, rotas vistas como de grande possibilidade de enriquecimento.

Conforme a época, o fluxo de voluntários abundou em determinadas rotas, deixando outras à míngua, fato que obrigou o uso de degredados para completar a tripulação. Porém, nunca faltaram desocupados e sonhadores, dispostos a abandonar os centros urbanos em prol da aventura marítima.

CIDADE DO PORTO, IRMÃ E RIVAL DE LISBOA

Embora o maior, Lisboa não era o único centro urbano do reino. Porto já era, nessa época, a segunda maior cidade lusitana. Tão cosmopolita quanto a capital, a urbe constituía-se de uma povoação de origem muito antiga, que remontava ao período romano, e tinha uma população quase tão numerosa quanto a lisboeta.

Antes de adquirir importância, com a exportação de vinho para a Inglaterra, no século XVIII, a cidade era um centro de apoio aos cruzados, que vinham do mar do Norte para participar da Guerra de Reconquista.

Zona pesqueira, cujo transporte de gêneros e homens para o interior era facilitado pelo rio Douro, a cidade do Porto era um importante centro naval que contribuía, vivamente, para a empreitada marítima portuguesa.

Porto não tinha o requinte encontrado no centro do poder, mas vivia um cotidiano muito semelhante ao lisboeta. Alojava um estaleiro e as corporações de ofício dos carpinteiros, calafates e ferreiros que formava. Exibia hospitais, igrejas, bordéis numerosos e uma intensa vida portuária, garantida pelas dezenas de naus e barcas que se encontravam aportadas, diariamente, no Douro. A cidade fazia o papel de centro regional do Norte, com inúmeros povoados, voltados para a economia marítima, gravitando em torno de si.

Entretanto, em Portugal, as embarcações não tinham permissão para partir diretamente da cidade do Porto. Antes de ir para Índia, Brasil, África ou para as ilhas atlânticas, eram obrigadas a passar por Lisboa, para sofrer uma inspeção da alfândega e receber víveres do Armazém Real. Igualmente, voltando das Colônias, só podiam retornar ao ponto de partida depois de inspecionadas na capital.

Isso fez com que a importância da cidade do Porto fosse, muitas vezes, subestimada pelos historiadores. Contudo, estudos recentes demonstram que, dentre os 4.068 navios que circularam na rota do Brasil entre os anos de 1500 e 1700, computadas apenas as embarcações originárias de fora de Lisboa, 28% teriam partido do Porto, o que demonstra a relevância da urbe para a aventura marítima portuguesa.

AS CIDADES PORTUGUESAS UNIDAS EM TORNO DAS NAVEGAÇÕES

A exemplo do que ocorreu com Porto, injustiça semelhante foi cometida com outras cidades, importantes centros navais, ao longo dos séculos XV, XVI e XVII, depois esquecidas na entrada da época contemporânea.

Cidades presentes na serra da Arrábida e no Algarve nunca rivalizaram, em tamanho e prestígio, com Lisboa, mas sediaram estaleiros e participaram intensamente do comércio de especiarias e escravos, fornecendo navios e mão de obra necessária.

Guardando ancoradouros naturais e formadas a partir da tradição marítima das póvoas pesqueiras, Setúbal, Lagos e Sines foram as cidades mais importantes do Sul, enquanto Nazaré, Vila do Conde e Viana do Castelo representaram o Norte.

Até algumas cidades do interior, sem acesso ao mar, tiveram uma participação ativa nas navegações. Nunca sediaram estaleiros, mas contribuíram com homens e víveres. Évora é um bom exemplo. Localizada bem no meio de Portugal, a cidade atuou, largamente, fornecendo mão de obra e pólvora para as naus.

Cidades importantes cresceram em torno de regiões portuárias, inicialmente centralizadas na pesca, tornando-se, posteriormente, centros de comércio. O trânsito de mercadorias tinha nas águas sua principal estrada, em uma época em que o transporte terrestre era dificultado por uma série de fatores.

Embora Lisboa sediasse a universidade que bancava o aprimoramento do saber técnico dos pilotos das embarcações, o verdadeiro centro cultural do país era Coimbra. A cidade tinha sido a segunda capital portuguesa, depois de Guimarães, posição que ocupou até a transferência do centro político para Lisboa, em 1256. A Universidade de Coimbra nunca abasteceu as embarcações com marinheiros ou oficiais, mas era de lá que saíam os cartógrafos, cosmógrafos e médicos que acompanhavam as expedições marítimas. Uma das primeiras universidades da Europa, forneceu ainda os bacharéis que ocuparam cargos públicos essenciais à empreitada marítima, uma mão de obra altamente qualificada para a burocracia estatal.

Um grande potencial humano e material era canalizado para possibilitar as viagens marítimas. No entanto, a péssima administração dos fartos recursos obtidos através delas nem sempre permitia um abastecimento adequado. A pequenez de Portugal não tardou em fazer com que faltassem profissionais capacitados, por exemplo, para construir e manter as naus, deixando tripulantes e passageiros nos maiores apertos em alto-mar.

OS PREPARATIVOS DA VIAGEM

Desenvolvidas com as mais avançadas técnicas existentes na época, as embarcações lusitanas, ainda assim, careciam de uma série de preparativos para possibilitar a viagem, qualquer que fosse o destino.

AS ARMADAS DO ORIENTE, DO BRASIL E DA ÁFRICA

Depois de custear explorações de reconhecimento, o Estado português se encarregava de estabelecer uma rota regular entre Lisboa e as novas terras promissoras, compondo a chamada *carreira*.

Para o Oriente, o rei organizava armadas anuais, que partiam no início de um ano para retornar no final do outro. Em março e abril, época das monções, as naus da Índia partiam do Tejo, em meio a comemorações e despedidas.

Naus portuguesas zarpando rumo a mares nunca dantes navegados.

As viagens das frotas que se dirigiam ao Brasil não eram tão regulares. Sua partida estava condicionada ao preenchimento de uma cota mínima de navios mercantes que pudessem custear as 16 embarcações de guerra que lhes serviriam de escolta.

Na carreira da Índia, esse procedimento não era necessário, pois suas naus já estavam preparadas para defender-se contra ataques de piratas. Tinham dimensões grandiosas. Eram, na época, os maiores navios do mundo, "cidades ambulantes", onde as pessoas viviam espremidas, durante meses. Entretanto, as dimensões, que espantavam, impediam manobras evasivas. A despeito de seu poder de fogo, as naus eram presas fáceis para pequenas embarcações inimigas, que atacavam agrupadas, em formação, com o objetivo de cercar e neutralizar qualquer tentativa de fuga.

Nesse quesito, as pequenas naus e caravelas da rota do Brasil levavam grande vantagem. Quase não tinham canhões – não precisavam deles –, portanto eram ágeis e rápidas. Viajando em frotas de 200 navios, escoltadas por naus de guerra, fortemente armadas, desestimulavam qualquer tentativa de saque em alto-mar.

Muito por conta disso, ao longo de dois séculos – quando circularam, entre o reino e o Brasil, nada menos que 4.068 embarcações –, apenas uma única frota foi perdida, na rota da Terra de Santa Cruz. Por outro lado, entre 1500 e 1700, várias armadas da Índia se dissiparam – 18% dos 1.113 navios dessa carreira foram afundados e, em certas décadas, os naufrágios chegaram a índices próximos de 50%.

As embarcações que iam para a costa africana atrás de escravos, a exemplo das naus do Brasil, tinham dimensões modestas. Não careciam de escolta, tampouco partiam agrupadas em armadas. A carga humana precisava apenas de cuidados mínimos, para que não perecesse em alto-mar, e os piratas não cobiçavam tal mercadoria, pois a necessidade de alimentar os cativos os afastava. Estavam muito mais preocupados em pilhar as almejadas especiarias da Índia ou a prata das Américas armazenada nos navios espanhóis que nos discutíveis ganhos que poderiam advir de um ataque a navios negreiros.

AS FESTIVIDADES DA PARTIDA

Os navios negreiros, na rota da África, faziam parte de um ir e vir que pouco chamava a atenção dos habitantes de Lisboa, tamanha a frequência de sua entrada e saída do porto. Não era o caso das navegações para a Índia e o Brasil, em que a raridade da ocasião tornava a partida das naus uma solenidade repleta de rituais.

Aportadas em frente à Ribeira das Naus, a frota ficava estacionada durante cinco dias, enquanto era abastecida por meio de batéis, que transportavam víveres e munições do Armazém Real para dentro dos navios. Findo o abastecimento, no dia da partida, uma missa era rezada em favor dos navegantes, solicitando a proteção divina na jornada. Os marujos, então, eram dispensados

Martírio das onze mil virgens, pintura do século XVI simbolizando toda a religiosidade e cerimonial envolvendo a partida de naus e caravelas.

para participar dos festejos em comemoração ao santo de devoção do dia, até o momento de embarcarem.

Enquanto a frota se afastava da cidade, navegando pelo Tejo, o capitão de cada navio passava em revista os tripulantes, conferindo seus nomes e verificando as possíveis deserções. Em seguida, para inibir a presença de clandestinos, fazia com que os passageiros se apresentassem, um a um.

Os parentes e amigos dos navegantes acenavam, do porto, para as naus, até que estas desapareciam no horizonte. Muitos choravam, temendo pelo destino daqueles que se arriscariam no mar e em terras distantes.

Entretanto, pelo menos, aos olhos da Coroa, os familiares dos tripulantes e soldados que ficavam em Lisboa não eram desamparados, pois recebiam a metade do valor correspondente a um ano de trabalho do embarcado. A outra metade seria paga no porto de destino ao próprio súdito a serviço do Estado.

Embora pudesse parecer às pessoas que se despediam umas das outras – talvez, pela última vez em suas vidas – que os procedimentos e os preparativos para a viagem tivessem sido feitos rapidamente, na verdade a partida das armadas da Índia e do Brasil demandava meses e até anos para sua concretização.

CONSTRUIR E ARMAR AS NAUS

A primeira providência era conseguir verbas para construir as embarcações. Portugal era um país pobre, mas com grandes ambições e vocação marítima. Tinha conseguido financiar suas viagens de exploração graças às pilhagens feitas aos mouros. Uma vez encontrado o caminho para a Índia, pelo Atlântico, precisava achar um meio de armar esquadras que pudessem estabelecer uma ligação contínua com o Oriente.

Deixando o caminho do Brasil entregue à iniciativa privada, aos aventureiros dispostos a investir em terras aparentemente pouco lucrativas, a Coroa tratou de tomar para si a responsabilidade pela construção das naus da Índia.

Endividados, os reis portugueses resolveram captar recursos por meio de um contrato de risco fechado com investidores, que ajudava a viabilizar os navios. Diante do extraordinário lucro propiciado pela viagem inaugural da carreira da Índia, mercadores italianos, estabelecidos em Portugal, aceitaram entrar com parte do valor necessário para construir dada embarcação em troca do privilégio, concedido pelo rei português, de comprar a pimenta que chegasse ao reino pela mesma nau. Além disso, todos os que colaboravam com a armação de determinado navio adquiriam o direito de receber dividendos sobre os lucros obtidos com o transporte de carga deste.

Era um bom negócio? Quando a nau retornava, o investimento era, sim, um excelente negócio, podendo render até 24.000% sobre o capital investido. Porém, em caso de naufrágio, o contrato de risco estipulava que os investidores participavam, também, dos prejuízos, o que arruinou muitos mercadores.

O dramaturgo inglês William Shakespeare, ou melhor, o conjunto de autores que hoje sabemos compuseram as obras que temos como de autoria de Shakespeare, foi contemporâneo desse processo. Em *O mercador de Veneza* (1596), os sentimentos contraditórios que atormentavam os mercadores italianos foram retratados, com relação aos investimentos na carreira da Índia. Um dos personagens da obra revela suas inquietações:

> Meu sopro, ao esfriar minha sopa, produzir-me-ia uma febre, quando me surgisse o pensamento dos danos que um ciclone poderia fazer no mar. Não me atreveria a ver escoar-se a areia da ampulheta, sem pensar nos baixios e nos bancos de areia, sem ver meu rico Santo André, encalhado e inclinando o grande mastro abaixo dos costados, para beijar seu sepulcro. Se fosse à igreja, poderia contemplar o santo edifício de pedra sem pensar imediatamente nos escolhos perigosos, que bastariam tocar o flanco de minha formosa nave para dispersar minhas especiarias pelo oceano, vestindo as ondas bramantes com minhas sedas; e, numa palavra, sem pensar que eu, agora opulento, posso ficar reduzido a nada num instante?

Investir nas naus da Índia era, de fato, uma aposta alta. Uma embarcação não custava menos do que 29.534.000 réis, o equivalente a mais de 326 kg de ouro,

O guarda-livros Mattäus Schwartz, em iluminura de 1520. A presença do capital financeiro internacional da época foi essencial para garantir a aventura marítima lusitana.

em valores da época, suficientes para comprar 1.300.000 escravos africanos. Em uma comparação anacrônica, poderíamos equiparar os investimentos nas naus da Índia com a aplicação de capital nas bolsas de valores: detalhes podiam fazer a diferença entre o enriquecimento e a ruína financeira.

A Coroa saía quase ilesa em caso de perda da embarcação, pois, embora aplicasse sempre certo capital para complementar o necessário à conclusão da armação da nau, obrigava os oficiais mais graduados de cada navio a assumir parte dos custos da construção do barco que iriam comandar. Em troca, eles recebiam o direito de transportar mercadoria, em caráter privado.

O capitão, o piloto, o mestre, o guardião e outros profissionais não tão graduados, recebiam permissão para transportar certa quantidade de especiarias, fixada segundo a hierarquia, comprada por cada um, com seu próprio dinheiro, no Oriente. Os artigos eram, depois, vendidos no reino para a Coroa, pela cotação do produto na Europa. Essa operação propiciava um lucro de 700%, quando da chegada do navio a Lisboa.

Tal saída, encontrada para reduzir ao mínimo a participação do Estado na armação das naus da Índia, mostrou-se inteligente, a princípio, mas terminou sendo uma das causas da ruína da rota. A participação nos lucros, advinda com a responsabilidade de investir na armação da nau, em vez de atrair profissionais qualificados para tripular eficientemente os navios estimulou a corrupção. O jeitinho, a facilitação, a procura do lucro fácil e o improviso nasceram entre os portugueses que disputaram o privilégio de embarcar rumo ao Oriente, no século XVI, perpetuando-se por séculos e atingindo suas colônias.

A atratividade oferecida àqueles que, tendo investindo 1 kg de ouro, findados 2 anos, poderiam receber de volta 8 kg, fez com que os cargos mais importantes a bordo das naus da Índia fossem pleiteados por elementos da nobreza. Cobrando favores e subornando os conselheiros do rei, começaram por comprar o cargo de capitão, interferindo pouco na boa marcha dos navios – já que o cabeça da nau exercia um cargo mais político que técnico –, a despeito de certas desavenças de nobres com os verdadeiros peritos do mar por vezes colocarem em perigo as embarcações.

Com o tempo, o sucesso financeiro de vários capitães, somado ao limitado número de vagas políticas a bordo, provocou a ambição dos nobres por cargos técnicos, que davam direito à participação nos lucros. Imediatamente abaixo do capitão, o cargo de piloto começou a ser cobiçado e, consequentemente, "comprado" por quem podia pagar.

Ao perceber o enriquecimento de seus auxiliares com as propinas, o rei, em vez de coibi-las, resolveu tomar para si os ganhos com o suborno, institucionalizando a prática da venda de posições oficiais das naus. Aumentou, assim, os problemas decorrentes da prática esdrúxula.

Pilotos habilidosos começaram a ser substituídos por elementos da nobreza sem qualquer preparo técnico para o cargo. Antes, a formação de pilotos se dava em anos de experiência e observação, sobretudo no desempenho obrigatório da função de sota-piloto, uma espécie de assistente e aprendiz, mas também no estudo de manuais técnicos. A capacidade para pilotar era certificada por um teste, ministrado pelo cosmógrafo-mor aos aspirantes.

Com nobres incompetentes na posição de pilotos, o resultado foi desastroso. Comandados por homens despreparados, vários navios da carreira da Índia acabaram conduzidos, em meio aos muitos perigos que existiam pelo caminho, direto para baixos (bancos de areia submersos e recifes), onde encalhavam ou se arrebentavam de vez. Alguns chegaram a ficar perdidos no mar, porque os pilotos não tinham qualquer noção de como localizar-se pelos astros, tampouco sabiam como utilizar os instrumentos náuticos disponíveis. A probabilidade de ir e vir a salvo diminuiu consideravelmente.

Quase todos os navios teriam naufragado não fossem marinheiros mais experientes, quase sempre na função de sota-piloto, assumirem o real comando de muitas naus. Porém, a arrogância de certos nobres, ao não admitir sua inaptidão para comandar, custou imenso número de vidas.

Não bastasse demonstrar tanto descaso para com a qualidade técnica da mão de obra empregada em seus navios, a Coroa, com seus artifícios criados para isentar-se de custos na armação das naus e ampliar ao máximo a lucratividade da jornada, comprometia o sucesso das viagens marítimas, ao carregar demasiadamente as naus e, além disso, vender espaço para que outros mercadores pudessem transportar seu cabedal. Os capitães, por sua vez, com a conivência e apoio de outros oficiais corruptos, levavam para dentro do navio uma quantidade de pimenta superior à permitida por contrato.

O sobrepeso e a superlotação dos navios, além de impor dificuldades à vida a bordo para passageiros e tripulantes, entalados em meio a pilhas de caixotes, aumentavam os riscos de ataque e de naufrágio. Governar navios nesse estado era dificílimo: a quilha ficava quase toda mergulhada na água, o ponto de equilíbrio era alterado. Em tempestades, as embarcações viravam com facilidade. E, diante dos inimigos, sua instabilidade acenava como um convite à abordagem.

Por volta da metade do século XVII, a carreira da Índia foi minguando e as outras rotas portuguesas passaram a ocupar o centro das atenções.

PROSPERIDADE DAS ROTAS DA ÁFRICA E DO BRASIL

Na falta de recursos para todas as rotas, simultaneamente, as embarcações que ligavam Portugal a vários pontos da costa africana tinham que ser armadas por exclusiva conta dos particulares interessados. O Estado não interferia na construção desses navios, apenas cobrava imposto sobre as operações de compra e venda dos produtos transportados. O mesmo acontecia com os barcos do Brasil, daí os particulares terem optado por manter as dimensões das suas embarcações menores que as da Índia, reduzindo, a reboque, os custos com a armação.

Antes da criação das frotas do Brasil, quando a Terra de Santa Cruz ainda pouco interessava à Coroa, nos meados do século XVI, uma caravela de 160 tonéis, aparelhada, artilhada e provisionada para 120 tripulantes, tinha um custo de 6.829.000 réis, algo em torno de 75 kg de ouro, valor equivalente ao da compra de 758 mil escravos africanos e ¼ do necessário para construir uma nau da Índia.

Depois da restauração da Monarquia portuguesa pelos Bragança, em 1640, a Coroa decidiu centralizar os esforços na rota do Brasil, o que encareceu um pouco a construção de embarcações por conta da manutenção das naus de escolta dos navios mercantes, agora consideradas necessárias. Porém, nunca fez com que os navios custassem tanto quanto as célebres naus da Índia. Em geral, as despesas nessa rota se mantiveram em patamares bem mais modestos.

Para evitar encargos com a construção e manutenção das naus de escolta, a Coroa obrigou mercadores judeus a criarem e assumirem a direção de uma companhia de navegação e, por meio de leis, transformou os navios mercantes assistidos por esta em meros prestadores de serviço.

Assim, a partir de 1644, a chamada Companhia Geral do Comércio do Brasil assumiu o controle das frotas, recebendo uma taxa de cada navio em troca do direito de escolta. A Coroa passou a pagar aos particulares um frete de 135 kg de prata fina pelo transporte de cada tonelada de carga. Os tripulantes tornaram-se assalariados, remunerados pelo dono do navio, o que acabou com a famigerada prática da compra de postos.

Nesse período, um galeão português, do tipo dos usados na escolta das frotas do Brasil, com cerca de 550 tonéis, aparelhado com todas as coisas necessárias, custava 13.250.000 réis, o que, em peso de ouro, não ultrapassava 91 kg, o suficiente para comprar 588 mil escravos africanos. Esse valor facilitou a formação de frotas, que, por sua vez, conseguiram impedir o assédio de piratas.

Isso tudo estimulou a migração de capital da rota da Índia para a do Brasil, quando os mercadores italianos remanescentes em Portugal optaram por alocar investimentos na Terra de Santa Cruz, juntando-se ao fluxo de investimentos holandeses, alemães, espanhóis e ingleses na América.

NAVIOS CONSTRUÍDOS NO BRASIL

No entanto, com relação ao financiamento da construção das naus do Brasil, nem tudo funcionava perfeitamente. O aumento da demanda e a escassez de matéria-prima no reino forçaram a criação de estaleiros na própria Terra de Santa Cruz, onde era comum a corrupção e a prática de desvio de verbas, inicialmente destinadas à fazenda real.

A construção naval era um monopólio do Estado, que proibia os particulares de comprar embarcações fora dos domínios do Império Lusitano. O valor dos materiais e da mão de obra era determinado pela Coroa. Isso encarecia o preço dos navios, pois não havia concorrência interna a baratear os custos.

No Brasil, desvios de toda sorte pioraram o quadro. No estaleiro de Salvador, a matéria-prima era superfaturada, havia vários funcionários fantasmas e muito dos recursos destinados à confecção dos navios acabava no bolso dos funcionários mais graduados.

Mesmo assim, graças à abundância de madeira de qualidade e às facilidades de transporte até o estaleiro, o preço dos navios, como um todo, era inferior ao das embarcações construídas no reino, a despeito de outros itens serem obtidos a um preço ligeiramente superior aos preços praticados em Portugal. O problema maior eram os itens de metal, cujas dificuldades de importação atrasavam a entrega de barcos, fazendo com que muitos particulares optassem por comprar navios na Inglaterra. Isso quando obtinham uma autorização especial do rei.

Destarte, angariados os recursos necessários, a construção de um navio implicava várias etapas, envolvendo um número grande de profissionais. Era necessário obter a matéria-prima e transformá-la, juntar as partes, impermeabilizar o casco.

Em seguida, equipar a nau com velas e âncoras, embarcar canhões, instrumentos náuticos e demais equipamentos. Então, a nau era lançada ao mar para que sua capacidade de flutuação fosse testada. Sacos de areia ou pesos de chumbo eram colocados no fundo da embarcação para servir de lastro e evitar que ela virasse. Tal peso seria, depois, substituído pela carga a ser finalmente transportada pelo navio ocupado.

MADEIRA PARA OS NAVIOS

Até o final do século xv, Portugal tinha ricas florestas, no Norte e no Alentejo, que forneciam madeira de qualidade. Possuía, ainda, jazidas de cobre e ferro, necessários à confecção de pregos e demais aparelhos náuticos, garantindo o abastecimento dos estaleiros lusitanos e estimulando o surgimento de uma rica variedade de embarcações.

Todavia, essas reservas deram conta de atender à demanda por navios somente enquanto a atividade marítima portuguesa esteve restrita à pesca, à guerra e à exploração dos mares desconhecidos. O aumento da atividade comercial fez com que a madeira começasse a escassear em terras lusitanas.

Antevendo o futuro, no século XIII, D. Sancho II havia ordenado a plantação, a apenas duas léguas da cidade de Lisboa, do grande pinhal de Leiria, depois alargado por D. Diniz, o qual estipulou, em regimento, um reflorestamento contínuo através de grandes sementeiras. No século XVI, o pinhal de Leiria foi a

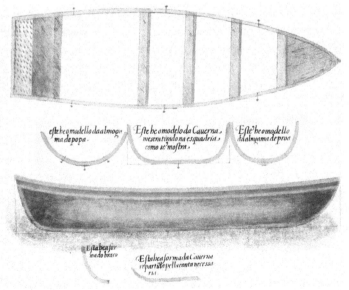

Preceitos técnicos determinavam o tipo certo para cada parte da embarcação, garantindo uma qualidade superior na construção dos navios lusitanos; esses segredos eram cobiçados por outras nações que enviavam espiões para roubá-los.

grande fonte de matéria-prima para a construção de embarcações. Não obstante, em determinados períodos, como, por exemplo, por volta do final de Quinhentos, entre a plantação de novas sementes e a maturação da madeira, o pinhal não conseguiu dar conta de abastecer os estaleiros lusitanos.

Mais tarde, com a descoberta de Santa Cruz, na ilha da Madeira – terra extremamente rica em troncos, muito apreciados pelos mestres construtores –, a principal matéria-prima necessária à construção das embarcações passou a vir de lá.

Em conjunto com a matéria-prima importada da ilha da Madeira, a do Brasil era uma alternativa para os portugueses quando o material escasseava no reino. Com uma vantagem extra: as madeiras advindas do Brasil eram muito mais resistentes ao contato contínuo da água que similares europeias, uma das razões que alongavam a vida útil dos navios. Como muitos destes que serviam na rota do Brasil passaram a ser construídos em estaleiros brasileiros, a probabilidade de naufrágios foi bastante reduzida.

As madeiras de natureza rija e dura do Brasil, entre as quais o cedro, o jacarandá, o ipê, a jacareúba, a imbuia, o mogno e o angico – ao lado da teca asiática e da matéria-prima oferecida pela ilha da Madeira, com sua típica laurissilva, floresta quente e úmida, composta principalmente de azedas e loureiros –, tornaram-se, de fato, as preferidas dos mestres carpinteiros.

Além do pinheiro e das diversas madeiras nativas da ilha da Madeira, do Brasil e da Índia, os estaleiros lusitanos empregavam também a madeira de sobro, uma árvore da família das proteáceas, da qual se extrai a cortiça. Portugal era o único país que usava essa madeira, mesmo na época em que Inglaterra e Holanda já cruzavam os mares. Quando o sobro começou a escassear, no século XVII, os portugueses demoraram a substituí-lo. Avançaram sobre as árvores restantes, sem esperar que amadurecessem, e acabaram construindo navios com madeira verde, que "fazia vazar água", como se dizia na época, ou seja, permitia a infiltração de um grande volume de água.

Na falta do sobro, para fazer o cavername (pedaço da quilha que fica submerso), os portugueses usavam a madeira de azinho, árvore da mesma família do carvalho. Para as partes dos navios que precisavam ser mais resistentes, como as antenas e os mastros, os lusitanos empregavam o pinho-sapo e o pinho-de-flandres. Como a construção das embarcações era algo complexo, diante da oferta de madeiras, cada parte do navio podia ser feita com uma qualidade diferente do produto. Algumas acabavam tendo que ser importadas para atender finalidades específicas.

Até o início da implantação de uma política de colonização na Terra de Santa Cruz – por volta de 1580, quando, de fato, a tendência ao povoamento foi incrementada, a despeito da tentativa inicial feita em 1530 – a madeira brasileira, para além do pau-brasil, foi continuamente exportada em grande escala – para Portugal – estimulando todo um sistema comercial e industrial, oficial e particular entre o reino e sua mais próspera colônia. De fato, a exploração do pau-brasil e das madeiras usadas na construção de embarcações constituiu a primeira fonte de renda dos pioneiros presentes na Terra de Santa Cruz.

Na empreitada, o elemento indígena foi amplamente utilizado para a execução do trabalho bruto. Depois, foi substituído, parcialmente, por escravos africanos. A mão de obra era coordenada por mestres europeus ou mestiços remunerados, uma vez que a tarefa exigia conhecimentos técnicos relativos a marcação, corte, arrumação e transporte, entre outros.

A confecção de navios demandava muita mão de obra, em todas as suas etapas. Além da extração da madeira, fazia-se necessário transportá-la até o estaleiro por vias fluviais ou carros de boi. Esse transporte implicava em um permanente serviço de conservação dos caminhos, os quais deviam ser largos e batidos para suportar o trânsito.

A abundância de mão de obra em potencial, representada pelos ameríndios, contribuiu para o crescente aumento do uso da madeira brasileira nos estaleiros comandados pelos portugueses. Outro ponto a favor da exploração do Brasil era que seu estoque de madeiras parecia infinito, pois, devastada uma área, outra podia facilmente ser aberta.

Entretanto, a distância de Portugal era um ponto contra. Além disso, a instalação posterior de engenhos, no Brasil, que precisavam de madeira como combustível para refinar o açúcar, criou uma demanda concorrente, dificultando e encarecendo a captação de madeira.

Na Índia, quase desde o início do estabelecimento dos lusos em seu litoral, existiu uma preocupação em aproveitar a madeira que estivesse disponível, desde que ela fosse utilizada em estaleiros portugueses fixados no Oriente. O principal estaleiro indiano foi estabelecido em Goa.

Ao contrário do que ocorria no Brasil, na Índia a matéria-prima não era abundante. À grande dificuldade que se enfrentava para obtê-la, somava-se o superfaturamento levado a cabo por funcionários da própria Coroa, encarecendo o custo da construção dos navios para além dos padrões aceitáveis. Mesmo assim, embarcações foram construídas no Oriente, em número considerável, tanto para servirem na carreira da Índia como na navegação de cabotagem e nas armadas de patrulhamento.

Os navios construídos em Goa eram de qualidade inferior à daqueles feitos com madeiras europeias e brasileiras. Não permitiam, facilmente, a navegação à bolina, ou seja, com vento incidindo lateralmente. As embarcações construídas em Portugal eram feitas de pinheiro e carvalho. As confeccionadas no Oriente usavam a teca indiana, madeira mais resistente que as portuguesas, mas que, por outro lado, tornava as embarcações mais pesadas e lentas.

Muitos naufrágios ocorridos na carreira da Índia, como o da nau São Paulo, em 1560, foram atribuídos, exclusivamente, ao fato de os navios terem sido construídos no Oriente. Embora hoje se saiba que o material empregado teve apenas responsabilidade parcial nessas tragédias.

CONTROLE E QUALIDADE

A Coroa portuguesa tinha grande preocupação em controlar o uso das madeiras de pinho existentes em Portugal. No século XVII, estabeleceu, por decreto, que um comissário deveria coordenar a compra desse tipo de madeira onde ela estivesse disponível, guardando todo o estoque nos armazéns da Coroa. Para evitar os descaminhos da fazenda real, o funcionário deveria prestar contas do dinheiro gasto a um contador, que, por sua vez, era fiscalizado por um tesoureiro nomeado pelo rei.

Tanto controle se justifica pelo fato de a madeira ser considerada vital para a continuidade da expansão do Império Marítimo Lusitano. Para coibir o roubo dessas preciosidades, um regimento estabeleceu a presença de seis guardas na Ribeira das Naus, em Lisboa, procedimento que deveria ser copiado em todos os estaleiros lusitanos. Os guardas se alternavam, dia e noite, vigiando locais diferentes, observando com atenção os barqueiros que traziam novas remessas de madeira e cuidando para que coisa alguma fosse embarcada ou desembarcada sem a devida autorização.

O regimento previa ainda a criação de todo um aparato de vigilância, através do qual cada funcionário observava seus pares. Um porteiro estava encarregado de vigiar os guardas que, por sua vez, vigiavam os mestres e demais artesãos, impedindo que levassem embora lenha, tábuas, paus e pedaços de madeira que sobravam da construção de navios. O roubo desse tipo de material, para a revenda, emprego na construção de casas e confecção de móveis, era muito comum.

Com o auxílio desses mesmos guardas, o provedor dos armazéns deveria zelar para que, além das madeiras, outras tantas matérias-primas fossem reservadas, prioritariamente, para o apresto das naus da rota considerada de maior importância econômica (antes, a da Índia; depois, a do Brasil).

Havia também uma série de preceitos quanto ao corte da madeira. O provedor dos armazéns tinha a obrigação de supervisionar os cortes para que a madeira fosse extraída nas luas mais convenientes, as minguantes. Na Europa, o corte só podia ser feito entre dezembro e janeiro, obedecendo a uma grossura e a um comprimento determinados pelos mestres da Ribeira. O transporte da madeira, do lugar do corte para o estaleiro, não podia ultrapassar fevereiro, sob pena de inutilizar o material.

A madeira não era a única matéria-prima essencial à construção das embarcações. Era necessário usar ferro na confecção de âncoras, tecidos para as velas, cordas para as amarras, estopa para o calafeto e chumbo para os pregos. A obtenção desse material todo ficava ao encargo do que hoje chamaríamos de profissionais autônomos, estando ainda, como diríamos modernamente, terceirizada a fabricação dos utensílios de ferro e instrumentos de navegação.

Em torno de um estaleiro, em Portugal, gravitavam oficinas de pequenos artesãos, responsáveis pela fabricação da estopa a partir da lã. Havia também as responsáveis pela obtenção do sebo, as fundições de metal e as de prego, além de diversos outros artesãos especializados, encarregados dos mínimos detalhes.

Pode-se dizer que a madeira era a única matéria-prima usada na construção de embarcações obtida em Portugal diretamente pela Coroa. No entanto, apesar de o pano (lonas, treu, setelarão, brim, pano de estopa etc.) ser conseguido fora da Ribeira, em uma das muitas oficinas pertencentes a particulares que prestavam serviços ao Estado, um funcionário público, o mestre das velas, fiscalizava sua compra, corte e, finalmente, seu uso na confecção das velas.

A obtenção do breu e a fabricação do alcatrão estavam a cargo de uma feitoria particular, que prestava serviços aos estaleiros de Portugal. O breu, obtido a partir de raízes e madeiras velhas, colhidas do solo, era cozinhado até se tornar alcatrão, empregado como impermeabilizante.

O cronograma dos vários departamentos interligados na produção dos navios devia ser respeitado, para evitar contratempos. O tecido para as velas, por exemplo, só podia ser cortado depois que medidas específicas fossem fornecidas ao mestre das velas pelo mestre dos mastros, chefe da equipe de carpinteiros responsável pela confecção dessa parte do navio.

OS PROFISSIONAIS QUE FAZIAM OS NAVIOS

Nos estaleiros, havia sempre um mestre geral e um patrão-mor coordenando todo o trabalho. Subordinados a eles estavam o mestre dos lemes, o mestre dos mastros, o mestre dos calafetes e outros mestres, destinados, cada um, a cuidar de uma parte específica da embarcação. O mestre era assistido por um contramestre, responsável pelo comando, na ausência do chefe, e por uma série de trabalhadores subordinados.

Havia também feitores, responsáveis pela obtenção de cada matéria-prima, todos eles subordinados a um vedor, que, por sua vez, respondia ao provedor. Para além dos carpinteiros, havia ferreiros, almoxarifes, guardas dos pregos (encarregados de levar os pregos aos carpinteiros), estopeiros, calafates, estriqueiros, tanoeiros, cordoeiros e um apontador (responsável pelo registro escrito de tudo que dizia respeito à Ribeira).

Cada carpinteiro ou calafate, por exemplo, supervisionava seus aprendizes – em geral, adolescentes ou pré-adolescentes. Os carpinteiros escolhiam os garotos mais espertos para irem ao mato supervisionar o corte das madeiras.

O apontador devia sempre indicar pelo menos um menino para ser treinado como aprendiz. Aliás, a capacitação dos profissionais empregados nos estaleiros

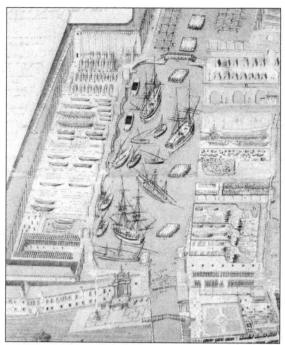

Esquema do estaleiro de Veneza, no século XVII. Os estaleiros eram a grande indústria dos séculos XVI e XVII e careciam de mão de obra numerosa e especializada.

acontecia exatamente por esta via: através de uma formação prática, dentro da tradição medieval das corporações de ofício.

Dos mais altos até os mais baixos, os cargos eram preenchidos apenas por aqueles que haviam passado, satisfatoriamente, por todos os estágios de treinamento. Os aprendizes iam subindo, aos poucos, de posto e na hierarquia, até substituírem os profissionais que se aposentavam ou morriam na lida.

Os mestres selecionavam dois ou três garotos, capazes de ler e escrever, e os introduziam no estudo obrigatório dos tratados técnicos de construção naval, que funcionavam como um complemento da aprendizagem empírica.

Todos os profissionais da Ribeira recebiam por jornal, ou seja, de acordo com o cumprimento de uma jornada diária. Alguns artesãos, insatisfeitos, transitavam entre os diversos estaleiros pertencentes ao Império Marítimo Lusitano em busca de maiores ganhos. Saíam de Portugal, iam para Índia ou Brasil, mas nunca podiam atuar fora dos domínios portugueses, pois estavam proibidos de divulgar os segredos da arte naval aos estrangeiros, sob pena de serem considerados traidores e, consequentemente, sofrerem as punições cabíveis.

Outros optavam por embarcar nos navios da carreira da Índia. Na realidade, nem sempre uma boa opção, por causa dos riscos de naufragar ou de acabar-se aos poucos no cotidiano sofrido de terras distantes.

Uns, no entanto, tiveram sucesso ao deixar Portugal. No Brasil e na Índia, onde os profissionais europeus eram escassos, os artesãos obtinham melhor remuneração e podiam ascender profissionalmente com mais facilidade, mesmo quando analfabetos – o que, no reino, seria um impedimento ao exercício do cargo de mestre.

A DINÂMICA DOS ESTALEIROS

Os estaleiros navais eram a grande indústria pesada da época, um centro que exigia quantidade abundante de madeiras e amplas florestas, estoques de tecidos e metais, e um grande número de oficinas complementares. Além disso, eram um polo importante de atração de força de trabalho.

Em meados do século XVI, por exemplo, o porto de Lisboa empregava, na Ribeira das Naus, cerca de meio milhar de pessoas: 300 carpinteiros, 50 calafates e mais de 50 lenhadores, encarregados de cortar a madeira, sob a supervisão de aprendizes de carpintaria. Outros 300 trabalhadores ocupavam-se do movimento de carga e descarga no porto e quase duas centenas de funcionários zelavam pela alfândega da Casa da Índia.

Tudo isso exigia uma grande organização. O sistema hierárquico e de capacitação profissional empírica garantiu aos lusos, durante muito tempo, a dianteira tecnológica em relação a outros países europeus.

Porém, com o aumento da demanda, motivada pela abertura da carreira da Índia e da rota do Brasil, e a fuga de profissionais em direção ao ultramar, a situação mudou. Na metade do século XVI, em Portugal, começaram a faltar homens adultos para os estaleiros.

Os aprendizes também escasseavam, na medida em que as crianças eram utilizadas na faina agrícola e a bordo dos navios, como tripulantes. Por outro lado, concomitantemente, crescia a necessidade de maior quantidade de embarcações e em prazos cada vez mais curtos. O reino, então, passou a utilizar-se amplamente dos serviços de profissionais sem treino na tradição prática das corporações de ofício, de forma que diversas embarcações da carreira da Índia acabaram sendo construídas às pressas e sem cuidado, terminando seus dias, por isso, precocemente, no fundo do mar.

O feitiço virou contra o feiticeiro: a prioridade dada à construção das naus da Índia, nos estaleiros do reino e, sobretudo, em Lisboa, prejudicou a qualidade dos navios. Ao passo que o caráter secundário da rota do Brasil permitiu que suas embarcações fossem compradas no exterior, construídas em estaleiros portugueses periféricos ou mesmo nos brasileiros, quer oficiais, quer pertencentes a particulares, garantindo naus mais seguras.

Para suprir a rota do Brasil, recorria-se a velhos estaleiros portugueses, cujos dias de glória remontavam à exploração da costa africana, no século XV, ou a estaleiros mais novos, com capacidade, mão de obra qualificada e matéria-prima suficiente para confeccionar navios de menor porte.

Mesmo quando embarcações maiores começaram a ser usadas na recém-inaugurada carreira do Brasil, a partir da segunda metade de Seiscentos, o estaleiro de Salvador foi capaz de construir navios novos e benfeitos em tempo hábil. Isso porque, a despeito dos problemas já mencionados, nunca faltou madeira de qualidade e muito menos homens para o trabalho.

Índios com experiência em lidar com madeira eram encontrados facilmente. Escravos e homens livres, treinados como carpinteiros e calafates, forneciam mão de obra farta e barata na colônia.

As motivações que conduziam indígenas a trabalhar na construção naval são totalmente desconhecidas até o presente momento. Sabemos apenas que eram trabalhadores remunerados. Quanto aos escravos, algumas pistas sugerem que, apesar de sua rotina ser similar à de seus pares, nos engenhos de açúcar, dada a especificidade de seu ofício, muitos teriam conseguido ganhar a liberdade com trabalho árduo e sob a benesse de um mestre carpinteiro benevolente, assistido pela bênção da Coroa, tornando-se também assalariados. Embora remunerados em patamares abaixo do que seria reservado aos europeus.

É fato que a Coroa preferia empregar negros aculturados e distanciados de seus ancestrais africanos, possuidores de alguma experiência em lidar com a madeira, em geral nascidos no Brasil e treinados nos estaleiros desde crianças dentro da tradição das corporações de ofício. Libertos, esses ex-escravos não teriam outra opção senão continuar a trabalhar no mesmo serviço, entregues a uma remuneração insuficiente para custear sua manutenção como escravo.

Não temos informações seguras sobre as relações que se estabeleciam, especificamente, entre esses trabalhadores da indústria naval. A documentação do período permite admitir que reproduziam a estratificação social colonial.

Entretanto, no momento exclusivo da execução técnica de algum trabalho, a hierarquia que vigorava não era tanto a social, mas, sim, técnica. Nesse momento, o que importava era a qualificação do indivíduo, o que, em muitos casos, tornava a convivência de homens livres com escravos – fossem europeus, índios ou africanos –, até certo ponto, harmoniosa.

Fora desse contexto específico, existia uma diferenciação gritante entre indivíduos que ocupavam cargos similares, mas possuíam *status* social distinto por causa de sua origem e "raça", compondo estruturas hierárquicas para além daquelas estabelecidas pela tradição dos ofícios.

Seja como for, a construção de embarcações capazes de navegar grandes distâncias em alto-mar era um monopólio do Estado e estava centralizada em algumas poucas ribeiras, com o objetivo de manter os segredos navais longe dos concorrentes de Portugal. Mesmo quando um navio era entregue a um armador, sua participação ficava restrita ao financiamento da construção, pois a administração do estaleiro era de inteira responsabilidade do Estado português.

Enquanto os principais estaleiros da Coroa estavam localizados em Lisboa, Porto, Viana, Lagos, Faro e muitos outros locais espalhados ao longo do litoral lusitano, e os da Índia, em Goa e Cochim, no Brasil, o arsenal naval de Salvador foi considerado pela Coroa como o único capacitado a construir navios de grande porte, ao longo do século XVI e boa parte do XVII. Infelizmente, desconhecemos ainda a contribuição concreta de sua presença na economia e no ritmo de crescimento da cidade.

Somente na metade do século XVII, a Coroa fundou novos estaleiros no Brasil, criando, inicialmente, o arsenal da marinha do Rio de Janeiro, na ilha do Governador, no contexto da transferência da capital da colônia. Em seguida, criou um estaleiro em Recife e um outro em Belém, este devido à presença de abundantes recursos de madeiras de qualidade. O belenense, como pesquisas mostraram, impulsionou notadamente o desenvolvimento urbano local.

Isso não significa que não tenham existido outros estaleiros no Brasil. Para além das ribeiras oficiais, importantes estaleiros particulares, certamente autorizados pela Coroa, armaram navios de pequeno porte, utilizados na navegação de cabotagem, principalmente a partir do final do século XVII. Diversos pontos do litoral de Rio de Janeiro, Maranhão, Pernambuco, Bahia, Alagoas, Pará, São Paulo e Santa Catarina sediaram estaleiros particulares, que se multiplicaram ao longo do século XVIII, acompanhando a demanda por pequenas embarcações, suscitada pelo aumento do tráfico negreiro.

Oficiais ou mantidos por particulares, não sabemos quantos navios cada estaleiro realmente produziu ao longo dos anos. Concretamente, a única pista que temos do ritmo empreendido na construção naval, ao menos no Brasil, é uma carta régia de 1650, que fixa como obrigatória a construção de, pelo menos, uma nau ou galeão, de 700 ou 800 tonéis, para o arsenal de Salvador.

Na realidade, um navio tanto podia levar apenas alguns poucos meses para sair completo do estaleiro como anos a fio. Isso porque, a despeito da existência de certas fórmulas matemáticas que tentavam padronizar a arte da construção náutica, cada embarcação era, verdadeiramente, uma obra de arte única.

A PRESERVAÇÃO DA CONSTRUÇÃO NAVAL

No reino ou nas colônias, bem ou mal construídos, procurava-se fazer com que todos os navios obedecessem a determinados padrões técnicos, preservados nos tratados da época sobre o assunto. Os manuais técnicos mais conhecidos são *Livro de traças de carpintaria*, de Manuel Fernandes, de 1616, e *Livro primeiro da architectura naval*, de João Baptista Lavanha, escrito nove anos antes. Estes manuais se mostraram ainda mais necessários diante da raridade de profissionais experientes. Para preservar as técnicas de construção naval, a Coroa incrementou sua divulgação.

A construção de embarcações envolvia complicados cálculos matemáticos, para que as proporções fossem sempre obedecidas, revelando um adiantado desenvolvimento da ciência exata em Portugal. Por outro lado, o rigor com que eram feitos não impedia sua combinação com técnicas herdadas dos chamados mestres poveiros – profissionais da carpintaria com conhecimento desenvolvido empiricamente, detentores de um saber artesanal –, fazendo com que, ao final, cada navio fosse, de fato, um produto único, cujo tempo de confecção, dificilmente mensurável, variava bastante.

Como já vimos, um mesmo estaleiro podia levar apenas alguns meses para fabricar um navio de dada tonelagem ou, então, anos. O ritmo do trabalho não dependia apenas da capacitação técnica dos profissionais envolvidos, pois estava condicionado à entrega da matéria-prima necessária, além de à resolução de problemas que surgiam diariamente. A padronização não existia. O que havia eram apenas alguns procedimentos comuns, fazendo com que não houvesse sequer dois únicos navios com medidas e soluções estruturais semelhantes.

O primeiro desses procedimentos tratava-se de armar o esqueleto. Depois, fixavam-se os mastros, os pranchões e os tabuados, constituindo uma quilha. Em seguida, mais pranchões de carvalho eram colocados e, entre um lado e outro do esqueleto, estopa. Ao receber o calafeto, ao final do processo, a estrutura de madeira estava pronta para o contato com a água. Porém, antes de lançar-se ao mar, a embarcação ainda era provida de amarras, velame e, finalmente, de toda a ferragem necessária, cuja fixação constituía a última etapa da confecção do navio.

As dificuldades de obtenção da matéria-prima, o alto custo do empreendimento, a necessidade de manter a dianteira tecnológica diante da concorrência e a política do sigilo, adotada desde os primórdios da expansão ultramarina portuguesa, levaram a Coroa a proibir a venda de navios e tratados portugueses para "reinos estranhos", como se referiam os lusos aos seus potenciais concorrentes diretos: espanhóis, ingleses, holandeses e franceses.

Os infratores tinham como pena o pagamento de uma multa de valor variável, estando assegurada metade dele ao denunciante, e a prisão dos envolvidos em cadeias e fortalezas da cidade do Porto e de Lisboa. Na prática, porém, os magistrados optavam por comutar a pena, conforme a necessidade de mão de obra, para o degredo, por um ano, em uma das colônias portuguesas.

Em que pesem as tentativas de evitar que os segredos marítimos vazassem através da fuga de artesãos especializados para outros países, foi impossível impedir a migração de artesãos especializados para Inglaterra, França, Holanda e Espanha, em busca de melhor remuneração e maior prestígio, pois, sendo a construção de navios ainda artesanal, o saber estava muito bem guardado em suas mentes.

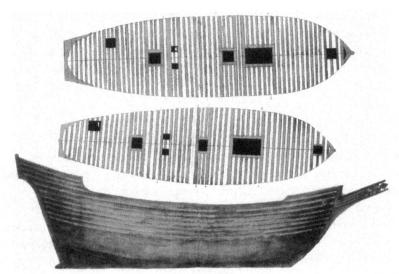

Gravura do *Livro de traças de carpintaria*, de 1616, um dos manuais técnicos da época. Todos os navios obedeciam a determinados padrões técnicos, preservados nos tratados sobre o assunto.

RECRUTANDO OS TRIPULANTES

Além de víveres e mercadorias, as embarcações precisavam de gente capaz de mantê-las e conduzi-las.

Em Portugal, não faltavam marinheiros para navios pesqueiros, assim como não havia grandes dificuldades em recrutar tripulantes para compor armadas destinadas à conquista de cidades da África Setentrional. Entretanto tudo era mais complicado em se tratando do recrutamento para os navios que se aventuravam ao "norte", que, de acordo com as crenças quatrocentistas mais comuns, era a direção do desconhecido.

Participar de uma armada destinada a qualquer ponto da costa africana constituía sempre um atrativo, mesmo quando não havia nenhum produto de grande valor a ser saqueado. Afinal, era possível pilhar o que houvesse nas aldeias, especialmente gado e gente.

Em contrapartida, os navios destinados para além do Bojador enfrentavam um constante problema de falta de mão de obra. A Coroa procurava suprir essa carência através do rapto de vagabundos e desabrigados encontrados nas ruas das cidades e do recrutamento de foras da lei e condenados da justiça, concedendo o perdão pelos crimes cometidos ou comutando penas capitais em troca do serviço compulsório nas caravelas.

Apesar das leis que favoreciam o suprimento de rotas e possessões – evitadas pela mão de obra voluntária, com criminosos –, a rigor, o sistema de degredo podia ser contornado mediante pagamento de suborno aos funcionários das cadeias, que facilitavam a fuga do condenado.

No século xv, o recrutamento de condenados não era ainda, propriamente, o que seria conhecido por *degredo* no século seguinte. A comutação de penas para o serviço compulsório em embarcações era empregada com relativo sucesso, principalmente tendo em conta que o número de marinheiros exigido para as explorações ultramarinas era quase insignificante, quando comparado com o que se faria necessário na rota da Índia e do Brasil.

Estabelecidas carreiras regulares entre Lisboa e algumas localidades, ao longo da costa ocidental da África, o recrutamento de tripulantes foi facilitado, fazendo o cargo de marinheiro ser, inclusive, disputado em determinadas épocas, pois, embora o cotidiano a bordo dos navios lusitanos fosse repleto de privações, a vida em Portugal, pela mesma altura, também não era fácil.

A viagem inaugural de Vasco da Gama despertou grande interesse entre o povo miúdo. No início, a oportunidade de embarcar em navios destinados à Índia, que acenava com o enriquecimento rápido e fácil, era disputada pelos populares, enquanto a rota do Brasil e algumas rotas africanas sentiam intensamente a falta de voluntários, forçando a Coroa, nesses casos, a aumentar o uso de degredados.

A partir já da segunda metade do século xvi, a situação foi se invertendo gradualmente. O aumento da demanda de marinheiros para a carreira da Índia, associado à grande mortalidade verificada nas possessões orientais, além de uma série de outros fatores, começaram a afugentar os voluntários desta, enquanto marujos começavam a abundar na nascente carreira do Brasil.

Diante dessa situação, os capitães de naus da Índia rogaram ao rei que quebrasse os privilégios individuais dos homens livres, obrigando governadores das províncias do sul de Portugal a recrutarem, à força, certo número de camponeses para os enormes navios daquela carreira.

Mesmo lançando mão de artifícios drásticos como esse, o recrutamento de tripulantes em número adequado sempre foi um problema, haja vista o insuficiente contingente populacional de adultos do sexo masculino, em Portugal, para suprir os navios para a Índia, o Brasil e demais rotas e possessões ultramarinas portuguesas, no Ocidente e no Oriente.

De fato, durante todo o século xvii o problema da falta de braços afligiria a Coroa. Para contorná-lo, ela passou a valer-se da utilização de estrangeiros adultos, em geral, franceses, alemães, italianos, holandeses e ingleses. Em consequência, segredos marítimos antes guardados a sete chaves ficaram, a partir de então, muito expostos à cobiça de espiões a serviço de nações concorrentes.

Não obstante, esse contingente estrangeiro ainda não pôde dar conta de suprir, em número adequado, os postos em aberto na faina marítima. A Coroa foi, então, forçada a estimular o recrutamento de crianças portuguesas para servirem como grumetes. Chegou ao extremo de fazer embarcar pequenos de 7 anos para postos sobre os quais recaíam as tarefas mais perigosas e pesadas, em uma atitude que, hoje, seria considerada criminosa, mas, à época, era encarada com naturalidade.

Como foi dito, muitas famílias pobres, principalmente nos centros urbanos, enxergavam com bons olhos a chance de fazer embarcar seus filhos, pois, além de passar a receber um soldo por conta do alistamento de seus rebentos, livravam-se de uma boca a mais para alimentar.

O Estado valia-se, ainda, do recrutamento forçado de crianças judias, o que, de quebra, servia também ao controle sobre a população judaica em Portugal.

Os portugueses poderiam ter feito como os ingleses e usado negros escravizados e libertos em seus navios, uma vez que era prática comum utilizar a mão de obra africana na lavoura, mas, entre os lusos, ter um negro a bordo era considerado de mau agouro. A superstição encontrava eco no fato de os africanos serem considerados homens em estado de pecado mortal. A aversão por negros a bordo, exceto em caso de navios negreiros, quando então não passavam de carga, era tão grande que um almirante português chegou a ordenar, na primeira metade do século XVII, que nenhuma pessoa trouxesse negros para dentro dos navios de sua frota não só por atraírem azar, mas também, segundo ele, por não servirem para mais nada além de comer, beber e gritar durante as tormentas.

ENTRE OS FRANCESES

Outros povos de tradição marcadamente marítima, a despeito de utilizarem escravos alforriados, também enfrentaram grandes dificuldades para conseguir tripulantes. Os franceses, por exemplo, viveram momentos de tal carência de mão de obra – apesar de a situação do camponês francês ser apenas um pouco melhor do que a de seus pares lusitanos – que perderam seu posto para os ingleses na escalada rumo à hegemonia econômica e marítima.

Quando requisitados pelo Estado para servir em navios da Coroa francesa, mesmo os vadios e desocupados tratavam de se esconder por uns tempos. O almirantado, por sua vez, solicitava às paróquias litorâneas o fornecimento de um certo número de homens, em geral agricultores, para serem alocados, à força, no trabalho marítimo.

Para proteger seus fiéis e exercer poder sobre os habitantes das aldeias, os párocos contornavam as leis, indicando para a obrigação somente aqueles que não frequentavam as missas. O Estado francês resolveu, então, estabelecer um rodízio, no qual os homens livres, depois de recenseados, ficavam obrigados a servir um ano em cada três na marinha de guerra ou mercante.

Isso, entretanto, gerou tamanha enxurrada de protestos que o rei da França foi forçado a emitir uma outra diretriz, abrandando a obrigatoriedade do serviço marítimo, que tornava possível escapar do mar mediante o pagamento de um resgate em dinheiro, o qual, por sua vez, visava criar condições de contornar uma das causas da falta de marinheiros: a escassez de recursos monetários para o pagamento da gente do mar.

A solução do problema foi apenas parcial. A carência de mão de obra nos navios franceses só foi resolvida depois da instituição de uma série de benefícios, como educação gratuita para os filhos e pensão vitalícia para os veteranos, propiciados aos homens dispostos a seguir carreira naval, e da incorporação de marujos escandinavos e flamengos.

A ESCOLA DE SAGRES: MITO OU REALIDADE?

A famosa Escola de Sagres – laboratório de ensaio, onde o célebre infante D. Henrique teria reunido sábios de toda a Europa para aprimorar a arte náutica – existiu de fato?

O assunto é controverso, constituindo quase um tabu entre portugueses e brasileiros. Os livros didáticos e os meios de comunicação portugueses louvam Sagres como a gênese da empreitada marítima que desembocaria no "achamento" do Brasil. Descrevem a suposta escola como um verbete intocável da afirmação da nacionalidade lusitana.

Entre nós, brasileiros, muitos repetiram essa mesma ladainha. Entretanto, já na década de 1950, vozes destoantes levantaram-se contra o que consideraram ser apenas mito. Thomaz Oscar Marcondes de Souza, do Instituto Histórico e Geográfico de São Paulo, publicou, em 1953, um artigo na *Revista de História* da Universidade de São Paulo, intitulado "Ainda a suposta Escola Naval de Sagres e a Náutica portuguesa dos Descobrimentos", em que tentou provar, recorrendo às contradições internas da própria historiografia lusitana, que a Escola Naval de Sagres nunca existiu, não passando de uma criação da vaidade portuguesa.

Porém, ao que tudo indica, o artigo de Marcondes de Souza não surtiu efeito algum sobre o público leigo, tampouco sobre os autores de manuais, que continuaram a perpetuar a história da existência da Escola de Sagres. Na ocasião, professores e pesquisadores consideraram que o texto não merecia ser levado a sério, pois pecava pela falta de citação de fontes primárias. Desprezaram, assim, um convite implícito para examinar melhor a questão.

Mais recentemente, no início da década de 1990, o historiador português Luís de Albuquerque, em seu livro *Curso de história da náutica*, também questionou a existência da Escola de Sagres. Afirmou, categoricamente, que a ideia de ter existido uma escola naval rudimentar, em Sagres, deve ser descartada.

Uma análise atenta permite notar que a existência de Sagres é um mito que emergiu da historiografia do período romântico do século XIX e tomou vulto graças a um tal Oliveira Martins, fervoroso propagandista da suposta escola. Posteriormente, o mito foi apropriado por governantes portugueses, desejosos de criarem meios de propaganda que lembrassem um passado heroico, perpetuando no imaginário coletivo um grosseiro erro de interpretação, que não possui sustentação documental.

Ocorre que todas fontes dignas de crédito, tanto nos arquivos portugueses como nos estrangeiros, contemporâneas da suposta escola ou imediatamente posteriores a ela, não fazem referência e tampouco citam a existência da Escola de

Sagres sequer uma única vez. Não se trata, portanto, de provar sua inexistência, mas, sim, de ser impossível a seus defensores apresentar uma única prova concreta e material a favor dela.

Escavações arqueológicas, realizadas no promontório, jamais localizaram vestígios que pudessem comprovar ter existido em Sagres uma escola de navegação. Tudo o que os turistas podem observar, visitando o local, tem origem recente. Para além de restos de uma fortaleza do século XVIII e de uma igreja quinhentista, as estruturas que remetem à famosa escola foram erguidas no final do século XX, para aproveitar o potencial turístico de Sagres.

A despeito de uma enseada dominada por pequenos barcos de pesca, a própria geografia conspira contra a existência pregressa de um centro naval em Sagres. Considerando esse fator, mesmo se optássemos por admitir a veracidade da Escola de Sagres, seríamos forçados a deslocá-la para Lagos, cerca de 30 km a leste, ou então para Sines, mais de 100 km ao norte. Ambas foram importantes cidades portuárias no século XV, sediavam estaleiros e serviam de ponto de partida para viagens de exploração.

Todavia, não se pode descartar a hipótese de que, no tempo do rei D. João II, quando os problemas da técnica de navegar se tornaram mais prementes, a Coroa portuguesa tenha encarregado alguns sábios de buscar soluções. É só não esquecermos que a junta permanente de matemáticos, organizada pelo Estado, representado pelo o infante D. Henrique, é algo que só existiu, e existe, na imaginação de alguns historiadores. Em sua defesa, eles argumentam que a total ausência da Escola de Sagres na documentação quatrocentista ocorre por conta da política de sigilo que imperava na época. Temendo perder a dianteira sobre os demais países europeus, para salvaguardar os segredos de Estado, os reis teriam ordenado aos navegantes que repassassem as informações mais valiosas diretamente aos superiores, oralmente, impedindo o registro escrito das informações.

Não obstante, considerando que foram introduzidos pelo infante, na Universidade de Lisboa, estudos de aritmética, geometria e astronomia, especialmente destinados a preparar pilotos eficientes e atualizados nos progressos da ciência náutica, é improvável que tenha existido um centro naval em Sagres.

Mesmo levando em conta a supressão de informações sob a política de sigilo, uma escola de navegação em Sagres deixaria sem sentido a introdução de disciplinas navais na Universidade de Lisboa. E mais, tornaria injustificado o investido nela, quando o infante D. Henrique chegou a doar vários prédios para sediar os estudos e garantir as rendas dos funcionários necessários. Além disso, a política do sigilo não poderia apagar vestígios de construções que teriam servido de sede à suposta escola do promontório.

Especificamente entre os portugueses, a resistência a rever o "dogma" de Sagres talvez possa ser atribuída ao peso do turismo na atual economia lusitana.

No entanto, justiça seja feita, embora a imensa maioria dos historiadores de Portugal se recuse a enfrentar a questão, não se pode negar que, mesmo entre os lusos, existem aqueles que questionam o mito de Sagres.

Além de Luís de Albuquerque, o historiador Luciano Pereira da Silva, professor da Universidade de Coimbra, prestou valorosa contribuição à desconstrução do mito. Ele se debruçou sobre o panegírico que Oliveira Martins consagrou ao infante, demonstrando que as fontes citadas não podem ser consideradas dignas de crédito. Oliveira Martins teria se valido de um desenho, atribuído ao pirata inglês Francis Drake e datado do século XVI, no qual aparece uma fortaleza destinada a proteger o cabo do ataque de piratas. A partir disso, teria deduzido que ali funcionou uma escola náutica.

A respeito da questão, vale lembrar que o navegador Luís de Cadamosto relatou, em meados da segunda metade do século XV, que tudo o que existia à época no cabo de São Vicente, o qual o infante nomeou posteriormente Sagres, era uma fortaleza recém-construída para dar apoio aos navios dos Descobrimentos quando voltavam de sua jornada, contribuindo única e exclusivamente com o poder de fogo de seus canhões contra piratas. Lá não era habitual aportar. A fortaleza foi arruinada no princípio do século XVII. Sob seus escombros, no século XVIII, foi erguida outra fortificação.

Luciano Pereira da Silva salientou ainda que não houve, em Portugal da época, qualquer escola, no sentido de instituição voltada à transmissão de conhecimentos de caráter teórico e sistematizado em torno das navegações. Mas, sim, apenas um conjunto de disciplinas, introduzidas na Universidade de Lisboa, que tencionavam auxiliar na formação empírica.

Se todos os indícios apontam para uma mitificação de Sagres, não podemos negar, no entanto, o papel primordial desempenhado pelo infante D. Henrique no início da expansão ultramarina. É certo que ele não criou uma escola de navegação, mas direcionou a belicosidade da nobreza lusitana em prol da expansão do além-mar, estimulando o aperfeiçoamento técnico, através da Universidade de Lisboa, e organizando a primeira série de expedições que desvendariam o mar Tenebroso, partindo de Lisboa, Lagos e Sines.

Em Portugal, a profissionalização do ofício marítimo só foi concretizada no século XVIII, quando o transporte de metais e pedras preciosas, acompanhado da centralização dos esforços do Estado em prol da ligação com o Brasil, suscitou a criação de uma armada de guerra, desenvolvida durante décadas e consolidada somente no século XIX.

No que diz respeito aos séculos XVI e XVII, não existia ainda uma formação padronizada para soldados e marujos. Não havia um treinamento ou escolas preparatórias, a despeito da existência de uma linha de comando que padronizava cargos e salários, assim como deveres e obrigações. Os indivíduos aprendiam, simplesmente, praticando, observando os colegas mais experientes, instruindo-se com os erros e acertos, seus e dos outros.

FINALMENTE, AO MAR

Angariados os recursos necessários, construídas e equipadas as embarcações, preenchidos os postos de trabalho a bordo, carregados víveres e munições, as naus partiam do Tejo, passando pela Torre de Belém, em meio a uma série de saudações – salva de tiros, abaixar e levantar bandeiras –, sinalizando para o rei que tudo estava bem e que as expectativas de sucesso eram compartilhadas por todos.

O piloto ia sentado em uma cadeira alta, fixada no castelo de proa ou de popa, observando a cor das águas (pelo que identificava sua profundidade), cercado por mapas e instrumentos náuticos, gritando ordens ao timoneiro e ao mestre, quase sempre repetidas pelo sota-piloto.

No meio dos marujos, em pleno convés, o mestre, auxiliado pelo contramestre, dizia a cada um o que fazer. Marujos, misturados aos grumetes, vigiados de perto pelo guardião, subiam e desciam pelos mastros, esticando cordas e estendendo velas, que se inchavam com a força dos ventos.

Nos porões, os bombardeiros, responsáveis pelo municiamento dos canhões e a fabricação da pólvora, comandados pelo condestável, verificavam o estado da artilharia, recolhendo-se em uma comunidade que procurava permanecer segregada do restante dos embarcados, pois, dada a falta de profissionais capacitados para o trabalho em Portugal, compunham um amontoado de estrangeiros de diversas nações, servindo ao monarca a peso de ouro.

Enquanto isso, o capitão, acompanhado de um meirinho, responsável pela administração da justiça a bordo, e um escrivão, que registrava tudo o que seu comandante ditava, abria caminho entre os comprimidos passageiros no convés com alguns soldados, passando todos em revista.

Os religiosos embarcados benziam aqueles que observavam as terras portuguesas sumirem no horizonte. O sol se punha e os passageiros começavam a descer para as cobertas inferiores, misturando-se com marujos e soldados, esperançosos de adquirir a sorte grande em terras de além-mar.

Porém, lágrimas logo viriam às faces. O arrependimento não tardava, pois as mazelas diárias castigavam a todos. Poucos conseguiam resistir à aflição de uma rotina maçante, sem qualquer sinal de terra à vista, à mingua de água e comida, cercados por gente em todos os cantos, sem a possibilidade de privacidade e sob o risco de não chegar vivo ao destino.

O COTIDIANO NOS NAVIOS

O cotidiano em Portugal era sofrido para as pessoas humildes, mas nada comparado aos dramas vividos a bordo das embarcações.

Embora as naus da Índia fossem mais amplas, a superlotação, com carga e passageiros – frequentemente, novecentos embarcados –, deixava o ambiente muito apertado.

Nas caravelas brasileiras, ou nas barcas africanas, havia menos espaço e o aperto era quase tão grande quanto o dos navios que rumavam para o Oriente. Entretanto, a menor quantidade de gente facilitava a convivência.

O volume de víveres, somado ao transporte ganancioso de mercadorias e passageiros que apinhavam as embarcações, restringia o espaço por pessoa a cerca de 50 cm² em média, nunca excedendo o dobro dessa metragem. Havia, portanto, pouquíssimo espaço para as pessoas se movimentarem.

AS ACOMODAÇÕES

A maior parte do navio era ocupada pelo cabedal da Coroa. Mercadores, tripulantes e passageiros ocupavam um ambiente já lotado com carga. Trabalhando em duplas ou trios, os marujos precisavam trepar nos caixotes espalhados pelo convés para ir de uma ponta a outra.

Para descansar, havia os catres, nos castelos de popa e proa e nas cobertas inferiores, aquilo que conhecemos comumente por porões, compartilhados, em turnos, por vários companheiros de viagem. O catre era uma espécie de beliche suspenso, de madeira, dividido em três ou quatro pavimentos, que servia de cama para a marujada. Esse sistema, em que a falta de privacidade era total, fez com que os marujos na Holanda fossem designados pelo termo *mattenoot*, que significa "companheiro do mesmo leito" (e isso apesar de os holandeses terem optado por reservar em seus navios um espaço maior para as pessoas, em detrimento do espaço de carga).

Aperto a bordo do navio inglês Royal George, em 1797. Dada a necessidade de armazenamento de víveres para a viagem, o espaço a bordo constituía um enorme problema não só para as naus portuguesas como também para navios de outras nações.

As naus iam tão sobrecarregadas – principalmente quando voltavam para o reino com as riquezas do Oriente e do Novo Mundo – que não restava sequer espaço no convés para que o piloto executasse sua função com a devida eficiência.

Esticar as pernas em uma caminhada, nem pensar!

Nas cobertas inferiores, o ar e a luz eram extremamente escassos, fornecidos apenas por fendas entre os ripados de madeira, que, igualmente, deixavam passar água, tornando os porões abafados, quentes e úmidos.

Nesse ambiente insalubre, principalmente nas viagens de volta ao reino ou quando o número de passageiros era especialmente grande, estando os porões apinhados de carga, os marinheiros ficavam amontoados somente no castelo de popa ou proa, em um único cômodo. Cada marujo possuía um baú, alojado embaixo do catre inferior, para guardar seus trecos. Os grumetes, crianças que

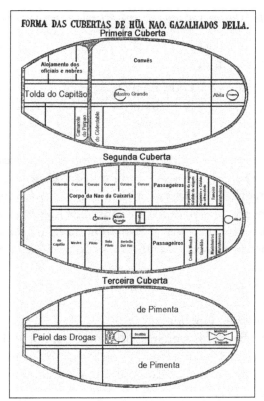

Planta de navio com esquema determinado de organização de mercadoria e passageiros.
Reprodução do *Livro de toda a fazenda*, de Luís de Figueiredo Falcão,
secretário do Governo de Portugal no tempo de Felipe II.

serviam como aprendizes de marujo e que constituíam o grosso da tripulação, muitas vezes não tinham sequer essa regalia: dormiam a céu aberto, ao relento, sofrendo com o sol escaldante, os ventos cortantes ou a chuva tórrida.

Os passageiros comuns, oriundos da plebe, não possuíam acomodações muito melhores. Tinham direito a nada mais que um baú no porão e um lugar para dormir.

Numa situação em que o desconforto era geral, o grau desse desconforto estava intimamente relacionado à condição social de cada indivíduo. A distribuição de espaço a bordo não era, nem um pouco, democrática.

O capitão da embarcação tinha direito a uma câmara só sua, com uma varanda de dois metros de comprimento, na rabada da nau. O piloto e o mestre compartilhavam um mesmo camarote para poder vigiar a mezena, vela do mastro de ré que garantia estabilidade e permitia virar o navio para direita ou esquerda.

O meirinho, um tanoeiro e dois despenseiros dormiam na mesma câmara, nas bandas do corredor que ia da tolda dos bombardeiros ao corpo da nau, tendo direito, cada um, a catre individual, dádiva a que aspiravam muitos soldados e bombardeiros, espremidos em aposentos semelhantes àqueles compartilhados pelos marujos.

ALIMENTAÇÃO A BORDO

Devido ao aperto nos navios, o abastecimento e a alimentação durante as viagens marítimas sempre constituíram um problema. A falta de alimentos em Portugal também impedia que os navios fossem abastecidos com a quantidade ideal de víveres.

No caso da carreira da Índia, dado o longo tempo necessário para atingir o Oriente – normalmente, um ano – e o limitado número de pontos onde era possível fazer escala para reabastecer, a vida, por conta da fome, se tornava um tormento dificilmente suportado, uma constante luta pela sobrevivência. No momento da nau sair de Lisboa, o Armazém Real, na falta de determinado gênero, simplesmente deixava de embarcá-lo, contribuindo para a alta taxa de mortalidade a bordo.

Em se tratando das naus do Brasil, a falta de víveres não era tão grave, pois Salvador podia ser atingida em até dois meses de viagem a partir de Lisboa, e o número de tripulantes era menor.

Os gêneros embarcados tinham sempre péssima qualidade. Estavam frequentemente deteriorados, antes mesmo de a viagem ser iniciada, ou terminavam apodrecendo logo no início do trajeto por conta da umidade dos porões onde eram armazenados.

Os tripulantes das naus portuguesas, e também das embarcações de outras nacionalidades, sofriam com a qualidade dos alimentos disponíveis a bordo. Acima, interior de um navio inglês no início do século XVIII, quando anglo-saxões e franceses passaram a se preocupar mais com a estocagem de alimentos destinados a tripulantes e passageiros.

O rol dos produtos oficialmente embarcados englobava: carne vermelha, peixe seco ou salgado, favas, lentilhas, cebolas, vinagre, banha, azeite, azeitonas, farinha de trigo, laranjas, biscoitos, açúcar, mel, uvas-passas, ameixas, conservas, marmeladas, queijos e, sobretudo nas viagens de volta, arroz, alimento de origem asiática introduzido pelos portugueses no Brasil.

Também eram transportados barris de vinho e água, embora, depois de algumas semanas, o vinho se transformasse em vinagre e a água, em criadouro de larvas.

Para garantir a presença de alimento fresco, iam a bordo alguns animais vivos, principalmente galinhas e, por vezes, bois, porcos, carneiros e cabras, brindando os embarcados com muito esterco e urina, que contribuíam para agravar o quadro de doenças entre os humanos. O embarque de animais de grande porte não era recomendado, pois tomavam muito espaço, consumiam víveres e água, e deixavam o ambiente ainda mais insalubre.

O RACIONAMENTO E O MERCADO NEGRO

Não bastasse o péssimo estado de conservação dos alimentos, a despeito da aparente variedade e de deverem destinar-se a todos, sem distinção, na prática o acesso aos gêneros era desigual. Embora a Coroa encarregasse um escrivão e um despenseiro de controlar a distribuição dos víveres, a palavra final sobre o assunto cabia ao capitão do navio e a alguns oficiais embarcados.

Exercendo o real controle, esses homens se apossavam dos melhores produtos, dando origem a um mercado negro. Os gêneros mais bem preservados, ou ricos

Por meio do acesso aos víveres, os oficiais dispunham de alimentos de melhor qualidade e em maior quantidade, como é possível observar nesta gravura inglesa do século XVIII. Enquanto isso, a marujada ficava à míngua, com uma ração restrita, muitas vezes tendo de pagar pelo que teriam direito a receber gratuitamente, recorrendo ao mercado negro interno para sobreviver.

em vitaminas, eram vendidos ilegalmente a quem pudesse pagar por eles. Tudo o que prestava era comercializado pelos oficiais do navio, deixando a maioria dos navegantes entregue ao consumo de biscoitos podres, mordidos por ratos e baratas, fétidos e embolorados.

A distribuição desigual dos víveres era fonte de tensão a bordo, gerando, muitas vezes, insubordinações e motins. Mas a tentação dos ganhos parecia ser maior que o medo da insubordinação.

A ração distribuída aos tripulantes e passageiros, três vezes ao dia, praticamente, nunca excedia uma porção de biscoitos, meia medida de vinho e uma de água. Raramente havia carne vermelha e, quando existia, uma arroba era fornecida, por mês, para cada embarcado. Com sorte, peixe seco, cebolas e alho também podiam ser distribuídos. Muitas vezes, na falta de lenha, peixe e carne eram consumidos crus.

Logo no início da aventura, cada um recebia já sua cota de açúcar, mel, uvas-passas, ameixas, farinha e outras conservas do gênero. O que sobrava era guardado para o socorro dos doentes, mas acabava integrando o mercado negro ao longo da viagem.

Quando calmarias retardavam a marcha do navio, o que era bastante corriqueiro, o racionamento podia tornar-se ainda mais duro. Em 1557, a bordo da nau Conceição, a escassez de víveres se tornou tão aguda que o capitão restringiu sua distribuição a um pedaço de biscoito, duas unhas de queijo e meio copinho de vinho (com três partes de água), apenas duas vezes ao dia.

Em situações como essa, nem sempre o dinheiro podia comprar regalias. Em 1559, quatro fidalgos foram obrigados a partilhar uma galinha e quatro colheres de arroz obtidos no mercado negro como única ração do dia.

Antes de embarcar, todos sabiam que teriam que aceitar o regime de "água e biscoito". Até mesmo os nobres tinham consciência de que, em alguns momentos, seu dinheiro de nada valeria. Para tentar contornar a fome, as pessoas traziam consigo um estoque privado de comida, nunca suficiente para as reais necessidades da viagem.

O PREPARO E A DEGUSTAÇÃO DOS VÍVERES

Algumas embarcações, levando figurões a bordo, tentavam amenizar a carência de víveres frescos, produzindo pão diariamente. Para cozinhar e, eventualmente, assar uma galinha ou aquecer a comida dos doentes, as embarcações possuíam um fogão suficientemente grande para dois panelões. O cozinheiro era responsável por assar pão, preparar a eventual carne salgada, com muito tempero (que disfarçava o fedor e o gosto ruim), cozinhar, com azeite e banha, arroz, lentilhas e outros alimentos destinados apenas aos mais ricos, é claro.

Na rota do Brasil, depois que foi instituída a formação de frotas com duzentos navios, pela altura da metade do século XVII, o preparo de pão e o cozimento da comida pôde tornar-se regra, já que o intercâmbio entre as naus que viajavam juntas facilitava a troca de víveres.

Alguns navios, na rota do Brasil ou na da Índia, permitiam que as refeições fossem feitas em mesas: uma, destinada aos passageiros; outra, aos soldados; e uma terceira, aos tripulantes. Nas embarcações com apenas uma mesa, as refeições eram servidas em turnos, conforme a estratificação social dos comensais: ao nascer do sol, comiam os marinheiros; antes do meio-dia, os soldados; a partir das doze, apenas os oficiais mais graduados e os nobres; depois deles, finalmente, os passageiros. Entretanto, na imensa maioria dos navios, somente os que podiam pagar usavam mesas e, por vezes, com direito a luxos, como toalha e guardanapos. Enquanto isso, a marujada e a maior parte dos passageiros comiam a refeição crua e fria em pé ou aboletados em qualquer canto.

HIGIENE E DOENÇAS

A dieta pobre em vitaminas explica diversas doenças que vicejavam nos navios. A principal era o escorbuto, chamado na época de "mal das gengivas" ou "mal de Luanda", provocado pela falta de vitamina C. Causava o inchaço das gengivas e perda dos dentes, dilatações e dores nas pernas. O tempo para que os sintomas surgissem variava de pessoa para pessoa, conforme seu estado nutricional no momento do embarque. As laranjas, transportadas para contornar o problema, só estavam acessíveis aos que podiam pagar por elas no mercado negro.

A ausência de hábitos básicos de higiene piorava os estragos causados pelo alto grau de deterioração dos víveres. Não se costumava, por exemplo, lavar as colheres, as gamelas e os pratos usados. Além disso, esses utensílios eram compartilhados por um grande número de marujos e passageiros de baixa extração social.

Na nau São Paulo, em 1561, a quase totalidade dos tripulantes caiu doente, com febre alta que provocava delírios. Concluíram que a causa era a carne podre que consumiam, associada ao vinho, quase vinagre, e a certos hábitos nada saudáveis. Quando puderam pescar e comer só peixe fresco durante uma semana, com pratos e talheres limpos, verificaram uma nítida melhora dos doentes em apenas alguns dias.

FOME E SEDE

Apesar de todos os embarcados terem permissão para pescar no seu tempo livre, em raras ocasiões a pesca se mostrava farta. Frequentemente, não restava opção, além dos víveres deteriorados – e isso quando havia algo a ser consumido. Nas calmarias, a escassez de alimentos podia chegar a ponto de os embarcados serem obrigados a caçar para comer os muitos ratos e baratas que disputavam espaço com as pessoas nos navios.

No inferno das calmarias, sob o calor tórrido equatorial, quando a fome e a sede se apoderavam das mentes delirantes pela exaustão, as pessoas comiam de tudo. Solas de sapato se tornavam saborosas. O papel das cartas de marear ou o couro arrancado de baús eram sorvidos com vontade. Animais mortos e putrefatos e até cadáveres humanos eram tidos como delícias. Nem água do mar e urina eram mais dispensadas.

Ironicamente, no caso do consumo de ratos, devido ao animal ser um dos poucos que sintetizam vitamina C a partir dos alimentos que consomem, os infortúnios vividos pelos mareantes em desespero, sem que eles soubessem, terminavam evitando o aparecimento do escorbuto.

O aprovisionamento hídrico era um outro grande problema. Em condições normais, apenas depois de alguns dias de viagem, a água armazenada em tonéis de madeira nos porões já estava estragada. Ao ser retirada das pipas com o pincel (uma espécie de vaso), era quente e fedorenta. Porém, não havia alternativa e as pessoas acabavam se acostumando.

Pero Vaz de Caminha, em sua célebre carta, conta da estranheza dos portugueses ao verem um índio provar e cuspir, com repulsa, a água que havia sido tirada de um barril e oferecida gentilmente a ele pelo capitão-mor.

O próprio manuseio da água, em precárias condições de higiene, contaminava o líquido com microrganismos responsáveis por um grande número de doenças a bordo. Contudo, quando tinham água para beber, a despeito de sua péssima qualidade, os embarcados se consideravam felizardos. Via de regra, a água era escassa e, portanto, racionada. Muitos sofriam, então, com o chamado "mal da sede", cujos sintomas incluíam delírios, fraqueza e extremo desespero.

Em 1585, a bordo da nau Santiago, padecendo de sede e gritando por água, um soldado lançou-se ao mar, terminando ali sepultado para sempre.

Muitas embarcações perderam boa parte de sua tripulação por falta de água. Quase sem gente para manejar o navio, atrasavam ainda mais sua chegada, prolongando o suplício dos infelizes sobreviventes.

O indispensável racionamento de água era aplicado com rigor, embora, como no caso dos alimentos, os mais ricos recebessem uma cota extra do líquido, comprada no mercado negro.

Em casos extremos, geralmente depois de longa calmaria ou do desvio da rota original devido a uma tempestade, os capitães intensificavam o racionamento e, se possível, para compensar, aumentavam a quantidade de vinho distribuído.

Em uma nau da carreira da Índia, o comandante da embarcação ordenou cozer o arroz com água do mar para economizar a pouca água doce existente a bordo. Por conta dessa medida, 24 pessoas vieram a falecer.

Em outra embarcação, o capitão ordenou que o vinho – apenas três pipas – fosse misturado à água salgada, para render mais. O plano, obviamente, fez mal à gente que vinha embarcada, secando os bofes de todos. Entretanto, o estratagema fez com que aquela que era a única bebida disponível a bordo durasse

A necessidade de reservar espaço para a carga, principalmente nas viagens de volta da carreira da Índia, tornava a escassez de água a bordo um enorme problema. Os lusos preferiam lotar os porões com especiarias do que com estoques de água para a marujada.

e fosse consumida por 3 meses e 15 dias, quando, finalmente, os tripulantes conseguiram aportar e obter água fresca. Ainda na mesma ocasião, antes de a nau atingir terra firme, os mais desesperados começaram a beber urina. Quatro pessoas faleceram por conta disso.

Os navios partiam com esperança de obter água fresca nos poucos pontos de reabastecimento existentes no trajeto, como determinadas ilhas no meio do Atlântico. Mas nem sempre era possível encontrá-los, pois o regime de ventos e correntes marítimas, por vezes, impedia sua localização.

PERDIDOS NO MAR?

Era difícil para um piloto estabelecer com exatidão a posição do navio no mapa. Embora, na época, a latitude já pudesse ser traçada com segurança, a longitude era um problema. A navegação se fazia por *rumo* e *estima*, uma espécie de adivinhação, com base na direção que o navio havia tomado e na orientação fornecida pela bússola e pelos astros.

Mais precisamente, a determinação do eixo leste-oeste dependia de um relógio que pudesse marcar, com exatidão, o tempo que uma boia, chamada barquilha, levava para correr pelo casco do navio, fornecendo uma estimativa da velocidade média da embarcação e, a partir desse dado, a distância percorrida desde a última medição. Nada muito preciso e confiável. Esse problema só foi resolvido a contento pelos ingleses no século XVIII, ao desenvolverem um relógio mecânico capaz de registrar as horas, sem erros, sob quaisquer condições, pois não atrasava nem adiantava.

O eixo norte-sul era determinado, de maneira eficiente, com o uso de astrolábios, balestilhas e quadrantes, a partir da observação das estrelas. Quanto à bússola, um instrumento com presença obrigatória nas naus lusitanas, a despeito de ter facilitado a vida dos mareantes, não era capaz de fornecer dados exatos, ao contrário do que a maioria imagina. Teoricamente, a agulha da bússola deveria apontar para a direção norte-sul, porém, devido a uma característica técnica chamada "declinação magnética", ela não era precisa. A linha dos polos da agulha não coincide rigorosamente com o eixo geométrico, o que equivale a dizer que a agulha nunca aponta, de fato, para o eixo norte-sul, possuindo uma declinação variável no espaço e no tempo.

Hoje, o problema da declinação magnética foi em parte contornado através de uma adaptação da bússola que tratou de sobrecarregar a parte sul da agulha, neutralizando os agentes externos, e do uso combinado com um instrumento chamado teodolito. Nos séculos XVI e XVII, entretanto, a bússola podia induzir a um erro de mais de vinte graus, tornando fatal guiar-se um navio exclusivamente pela teimosa agulha de marear.

ABRIGO NAS ILHAS ATLÂNTICAS

As paragens mais seguras para os navios em viagem eram a ilha da Madeira e o arquipélago dos Açores, escalas quase obrigatórias para os portugueses. Entretanto, o gigantismo das naus da Índia e o número exorbitante de embarcados exauriam os recursos disponíveis nessas paradas, deixando à míngua, com uma quantidade insuficiente de víveres, a população em terra e os pequenos navios da rota do Brasil. Isso, por si só, já gerava protestos.

Além do mais, buscar reabastecimento em locais povoados trazia um outro grande problema: muitos marinheiros aproveitavam para desertar. Por conseguinte, quando lhes parecia possível, os capitães evitavam fazer escala e apertavam o racionamento a bordo. Tal atitude, por vezes, gerou atos de puro desespero entre os embarcados.

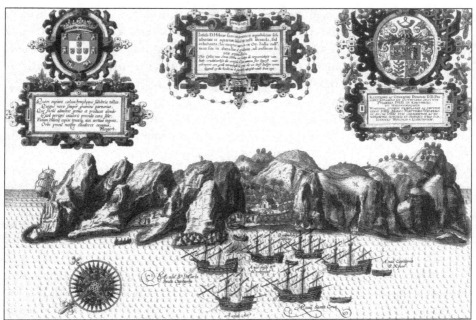

No meio do Atlântico, desabitada, bem dotada de ar suave e constante, com solo fértil e água doce, a ilha de Santa Helena era o lugar preferido pelos capitães das naus da carreira da Índia para buscar socorro, constituindo uma alternativa viável para evitar aportar no Brasil, onde o índice de deserções era assombroso.

Em várias ocasiões, instalaram-se princípios de motins e atos de insubordinação em questionamento à decisão do comandante do navio. Situações como essas eram respondidas com violência por parte dos oficiais: cabeças eram quebradas à base de pauladas e membros eram decepados com espadas.

Em outros casos, grupos de passageiros ou marujos de má índole criavam espaço a bordo e se livravam de uma boca a mais para os escassos víveres embarcados, descartando desafetos ou desavisados, que jogavam ao mar na calada da noite.

Em situações extremas, diante da fome e da sede, estando meses a bordo, sem colocar os pés em terra firme, cercados de gente por todos os lados e, ao mesmo tempo, podendo contar apenas consigo próprio, alguns optavam por se jogar ao mar, buscando no suicídio o único alento que lhes parecia possível.

PIOLHOS E PULGAS

A falta de água doce e de privacidade impedia a higiene do corpo e as trocas de roupa, martirizando todos os embarcados. Tais condições precárias eram a verdadeira causa do ataque de parasitas, embora se acreditasse, na época, que o corpo humano criava piolhos pelo contato com a umidade do chão e por meio do suor.

O fato é que piolhos, pulgas e percevejos saltavam dos animais transportados e encontravam nas pessoas um farto terreno para proliferar. Em certos navios, os piolhos infestaram os passageiros, a ponto de alguns cronistas atribuírem mortes à praga. Os embarcados na nau São Tomé, por exemplo, identificaram como causa da morte de uma senhora o fato de seu corpo estar coberto de piolhos.

Confinados em um espaço ridículo, os passageiros precisavam conter sua repugnância diante dos companheiros de viagem, que satisfaziam suas necessidades corporais em público, sem qualquer decoro: arrotavam, vomitavam, soltavam ventos e escarravam, próximos aos que tomavam sua refeição.

Não havia instalações sanitárias a bordo. Os mais pobres faziam suas necessidades debruçados, no costado da nau, na borda do navio, voltados para o mar. Alguns caíam, enquanto buscavam o alívio – desapareciam, nunca mais eram vistos. Aqueles que podiam, valiam-se de bacios, cujo conteúdo fétido era, depois, despejado pelos criados, em qualquer canto.

Quando indivíduos ficavam impossibilitados de deslocar-se de seus aposentos, devido à doença, tempestade ou cautela – para evitar o assédio da marujada, com suas brincadeiras indecorosas e palavras de baixo calão –, improvisavam-se outras formas de lidar com os dejetos. Em 1552, o grande número de doentes impossibilitados de subir ao convés, em uma embarcação que carecia de vasos, fez com que um grande barril fosse utilizado como depósito das imundices. O fedor trespassava as entranhas. O mau cheiro que vinha do tal recipiente, associado à quentura do porão, fez as pessoas se sentirem "como em um forno fétido", comparável ao inferno.

Para tentar amenizar os odores, um tipo de perfume barato, a *água de flor*, era distribuído entre todos. Ervas aromáticas também eram queimadas como se fossem incensos nas cobertas inferiores, para tornar a convivência um pouco melhor.

A insalubridade, associada ao balanço da embarcação, dificilmente deixava de prender marujos e demais embarcados com enjoos, até mesmo os que tinham estômago mais forte.

Raramente, um navio chegava a seu destino sem ter, pelo menos, metade dos embarcados doentes. Uma nau da Índia que fez escala no Brasil, com o vice-rei Rui Loureiro de Távora a bordo, chegou com apenas 200 homens, dos 1.100 que transportava no início da viagem. A morte das 900 pessoas foi atribuída, pelos sobreviventes, à sujeira e ao péssimo odor imperantes no navio.

Homens infectados por parasitas e verminoses lidavam com a distribuição de víveres, tornando inevitável a proliferação de microrganismos e contaminando os demais embarcados. Uma das doenças mais frequentes, ocasionada pela falta de higiene no manuseio dos alimentos, era a disenteria, chamada então de *fluxos de ventre*. Para ela, na época, não havia cura: matava ao desidratar os desnutridos.

Além do vômito e da diarreia, a febre era muito comum. Entre as principais doenças que causavam esse sintoma, estavam a febre tifoide, a varíola, o sarampo, a rubéola, a escarlatina, a caxumba, a coqueluche, o tétano, a tuberculose, a difteria, a cólera e a lepra, moléstias que afloravam nos navios a partir de pessoas que haviam embarcado com tais males incubados ou em estágios iniciais.

LIDAR COM OS ENFERMOS

Muito pouco podia ser feito em prol da recuperação dos doentes, embora fosse comum o transporte de médicos nos navios da frota do Brasil, sobretudo depois da formação da Companhia Geral do Comércio do Brasil.

Antes disso, e mesmo na carreira da Índia, os cirurgiões eram raros. Procurava-se compensar a falta desses profissionais com a presença de um barbeiro, que respondia pelo trato dos enfermos. Os barbeiros-cirurgiões eram elementos muito conhecidos do passado medieval lusitano, quando perambulavam pelos condados, oferecendo seus serviços de aparar cabelos e curar doentes.

O principal tratamento empregado por estes profissionais, para todo e qualquer mal, era a sangria: um corte no doente o fazia perder sangue "para expulsar os males do corpo". Essa prática era complementada pela ingestão de canjas, com arroz ou milho, e de uvas-passas (consideradas capazes de combater os males peitorais), maçãs (tidas como calmantes) e laranjas.

Entretanto, com o funcionamento a bordo do já mencionado mercado negro, a rigor poucos tinham acesso aos alimentos destinados a aplacar as

Médico sangrando doente, 1340. A transição para a Idade Moderna não trouxe grandes inovações para a prática da medicina a bordo das naus lusitanas, nas quais imperavam métodos medievais no tratamento de doentes.

doenças. Somente aqueles que podiam pagar eram tratados conforme os preceitos médicos da época.

As sangrias não faziam mais que agravar o sofrimento e o estado de saúde dos doentes. Na nau Santiago, em 1585, visando combater uma simples "febre acesa", foram aplicadas em um homem nada menos que três sangrias. O pobre só sobreviveu por pura sorte, pois sua febre foi agravada por uma fraqueza que durou oito dias.

A SEXUALIDADE A BORDO

Em meio a um ambiente conturbado, repleto de privações, a sexualidade a bordo das naus lusitanas era encarada como um tabu e, paradoxalmente, ao mesmo tempo, com uma liberdade quase nunca observada no reino.

Enquanto em terra havia um tabu com relação à nudez do corpo, entre os homens do mar, habituados à nudez dos nativos das terras descobertas e à sua forma de encarar o sexo mais livremente, a sexualidade era quase libertina.

Nos navios, o ato sexual era quase sempre uma prática coletiva, com a ausência de parceiros fixos e o compartilhamento de objetos sexuais. Práticas consideradas mesmo em nossos dias promíscuas eram corriqueiras nas embarcações. Por vezes, as mulheres disponíveis eram duplamente penetradas, enquanto forçadas a praticar sexo oral e a manusearem, em cada uma das mãos, as genitálias de outros homens, servindo, sexualmente, cinco deles ao mesmo tempo. Ao redor, outros se masturbavam ou praticavam sexo entre si, aguardando sua vez de participar da bacanal.

Quando não havia mulheres a bordo, os pobres grumetes terminavam servindo sexualmente à marujada, integrados ao sexo grupal. Se a Inquisição caçava os adeptos do homossexualismo em terra, no mar procurava ser mais branda, uma vez que a falta de mulheres a bordo justificava, a seus olhos, os atos de sodomia.

Em terra firme, a Inquisição em Portugal queimava os implicados em atos homossexuais, mas apenas quando reincidentes. Assim, estrangeiros diziam que a Inquisição em Portugal era muito branda se comparada com a atuante na França, na Suíça e na Alemanha, onde se queimavam sodomitas sem remissão.

De fato, muitos eclesiásticos portugueses defendiam a isenção de penas para os praticantes de sodomia, ou, pelo menos, que eles não tivessem castigo tão severo. A motivação da defesa era conhecida de todos e tema de piada entre os estrangeiros: os religiosos lusitanos, mesmo os inquisidores, tinham fama de homossexuais ativos. Em certas casas eclesiásticas, onde os jovens aprendiam as ciências e a piedade, eram também iniciados em práticas sexuais homoeróticas, chamadas "relaxações", inspiradas pelo modelo grego que pregava que o verdadeiro amor só podia ser desenvolvido entre pessoas do mesmo sexo, com um homem mais velho conduzindo um jovem pelos prazeres da carne.

Parece que, atendendo aos apelos dos religiosos, sob o disfarce da benevolência que procurava ocultar a natureza homossexual da motivação da piedade, no além-mar os estatutos da Inquisição portuguesa eram mais brandos, embora não se possa negar que atendessem a uma necessidade social, ou seja, viabilizar a aventura marítima portuguesa num contexto de grande disparidade numérica entre homens e mulheres a bordo.

A Inquisição de Goa, por exemplo, recomendava que se evitasse a pena pública para a sodomia, imputando apenas uma penitência oculta, condenando secretamente os praticantes reincidentes, quando pegos em flagrante, ao degredo.

A raridade de mulheres nos navios levava a maioria dos embarcados a satisfazer seu desejo sexual com outros homens. Tais relações, muitas vezes, realizavam-se pela força bruta (posse forçada do corpo dos mais fracos) ou pelo peso das hierarquias, que obrigava os mais humildes a satisfazer as vontades dos seus superiores.

Dentro desse contexto, os grumetes, na hierarquia abaixo dos marinheiros, eram muito visados, a despeito de serem crianças entre 9 e 16 anos. Dada a fragilidade infantil, incapaz de conter os assédios, ou em troca da proteção de um adulto ou de um grupo de adultos, os grumetes eram obrigados a abandonar, precocemente, a inocência infantil, entregando-se à sodomia. Quando tentavam resistir, eram estuprados com violência, e, por medo ou vergonha, dificilmente se queixavam aos oficiais, até porque, muitas vezes, eram os próprios oficiais que permitiam ou praticavam tal violência.

Em suma, imperava a lei e a moral do mais forte.

Os marujos eram gente de má fama, tidos como adúlteros, alcoviteiros, amantes de prostitutas e ladrões, capazes de acutilar e matar por dinheiro. A reputação dos soldados não era muito melhor, acrescida da impressão de que não guardavam grande respeito ou obediência com relação aos oficiais superiores. Já os passageiros eram em sua maioria miseráveis, descalços, famintos e desarmados, tendo, portanto, muito pouco a perder. Esse conjunto, nas condições precárias de vida das naus, era capaz de dar origem a criminosos da pior espécie, elementos responsáveis por inúmeras violências a bordo.

O próprio cotidiano, repetitivo, empurrava os tripulantes e passageiros de má índole para a caça de parceiros sexuais como um meio de ver o tempo passar mais rápido.

O mesmo tipo de sexualidade observada na Idade Média entre as corporações de ofício, quando dividir um parceiro sexual entre os companheiros simbolizava o estreitamento dos laços de amizade e camaradagem, terminou sendo adotado a bordo das embarcações portuguesas do início da Idade Moderna.

A prática sexual do estupro coletivo de uma mulher ou de um garoto por grupos de marinheiros ou soldados não era execrável na época sendo dificilmente punida pelas autoridades de dentro e mesmo de fora dos navios.

Como vimos, era comum os marinheiros embarcarem prostitutas clandestinamente, enganando-as ou forçando-as a subir a bordo com ameaças e violência. A presença de meretrizes nos navios, muitas vezes, servia para acalmar os ânimos dos homens. Sabendo disso, alguns capitães optavam por fazer com que essas clandestinas pagassem sua passagem com trabalho sexual.

Entretanto, embora as prostitutas a bordo desviassem um pouco a atenção dos homens dos garotos, não impediam o assédio constante às escassas "mulheres de bem", pois, além de o número de mulheres para cada homem estar sempre longe do suficiente, o risco de contrair doenças venéreas, como em terra, criava uma certa aversão às profissionais do sexo. De fato, o contato com essas mulheres representava um grande perigo, já que raramente deixava de premiar os incautos com "lembranças de Vênus", suficientes para amargurar e causar forte arrependimento.

AS MULHERES EMBARCADAS

Em meio a uma população quase que exclusivamente masculina, quando imperava uma proporção de mais de cinquenta homens para cada mulher, o gênero feminino se tornava um foco de tensão a bordo. A ideia de violentar as órfãs, esposas e noivas em viagem instigava a imaginação dos marujos, que sempre que possível chegavam às vias de fato.

Percebendo isso, a Coroa tentou não só desencorajar a ida de portuguesas para a Índia como também legislou especificamente contra o embarque de raparigas solteiras e de mulheres desacompanhadas de um familiar masculino. No entanto, não conseguiu impedir a presença de mulheres a bordo, pois a lei era contornada com facilidade e muita frequência.

Além disso, nada obstava que um chefe de família e a esposa pudessem levar consigo não só filhas como também sobrinhas e primas. Havia ainda moças que, buscando marido nas colônias, faziam-se passar por familiar ou criada de um chefe de família complacente.

Apesar da preocupação da Coroa em "preservar a honra" das moças solteiras, não se criou qualquer legislação para proteger as mulheres casadas ou as celibatárias (viúvas ou freiras) das investidas masculinas. Tampouco existia qualquer tipo de proteção oficial à honra das *órfãs do rei*, originárias de Porto e Lisboa, enviadas para as colônias pela própria Coroa para casar-se com homens da baixa nobreza em além-mar.

As únicas proteções efetivas contra o assédio sexual eram a alta condição social da passageira ou sua baixa faixa etária. Em concordância com o costume observado na Idade Média, a menos que a vítima fosse menor de 14 anos, o estupro de mulheres de baixa extração nunca era punido por lei. Além de os violadores não serem castigados, as vítimas acabavam depreciadas no mercado matrimonial e várias delas, entregues pelas autoridades a um bordel público, já que, acreditava-se, não encontrariam mais quem as quisesse como esposa. Quando as vítimas pertenciam a um estamento mais elevado, apesar de sujeitas a igual depreciação social, os violadores, quando identificados, recebiam punição exemplar. Portanto, o simples fato de uma mulher pertencer à nobreza inibia o assédio dos que temiam os castigos da justiça.

No pesadelo dos navios, as ciganas, por serem as mais indefesas, eram as vítimas preferenciais, embora, de fato, e conforme aumentavam as privações, os marinheiros iletrados não guardassem respeito por mulher alguma.

A cobiça pelo corpo feminino não poupava nem mesmo as religiosas embarcadas. Em certa ocasião, uma freira precisou ser vestida de rapaz para evitar atrair atenções indesejáveis. Mulheres acompanhadas pelo marido tampouco estavam isentas. Em 1601, mulher e filhos de Ventura da Mota, meirinho-geral da frota da Índia, foram confinados para sua própria segurança em uma câmara trancada a cadeado pelo capitão, que ordenou que ninguém se aproximasse mais de cinco palmos da porta.

As órfãs do rei eram vítimas constantes de violações coletivas nos navios. Eram garotas entre 14 e 17 anos, e atraíam a atenção dos homens do mar com o frescor de sua tenra idade. Grupos de marinheiros mal-intencionados espreitavam essas meninas por algum tempo, até que surgisse a oportunidade ideal de burlar a vigilância dos religiosos que as guardavam para, então, atacá-las. À vítima só restava calar. Queixando-se, a pobre coitada poderia ser repudiada pelo futuro marido assim que chegasse à colônia e enviada de volta ao reino para ser metida em um bordel.

O fato de os estupros serem comumente praticados não por indivíduos isolados, mas, sim, por grupos de homens tornava muito difícil a identificação dos responsáveis. Se isso era verdade em terra, mais ainda nos navios, onde o anonimato da violência somava-se à "lei do silêncio" ou à cumplicidade entre marujos e soldados, criando a certeza de impunidade, que, por sua vez, perpetuava a prática.

Os marinheiros pareciam ter uma libido insaciável. Os estupros tornaram-se tão habituais que alguns capitães chegaram a proibir a presença de mulheres a bordo. Em certa ocasião, após aprisionar uma embarcação pirata que carregava donzelas para serem vendidas como escravas, em vez de fazê-las passar ao seu navio e, em seguida, queimar o dos piratas, como era usual, o capitão optou por deixar as mulheres no barco inimigo, junto com dois padres e alguns soldados de confiança, forçando um pequeno grupo de marinheiros a conduzi-lo até um porto, onde pudesse fazê-las desembarcar.

A DISCIPLINA E OS MOTINS

Os marinheiros eram submetidos a uma rígida disciplina militar. Porém, em meio ao conturbado ambiente marítimo, a reprodução da estratificação social portuguesa, o abismo que separava fidalgos do restante dos tripulantes, gerava frequentes revoltas. Levadas às últimas consequências, faziam com que os motins fossem extremamente comuns.

Para garantir a ordem, cada capitão era obrigado por lei a ter, dentro de seu camarote, duas peças de artilharia e a portar duas armas de fogo e uma espada. O mesmo motivo levava os aposentos do meirinho a localizar-se em frente ao armário de armas, fechado com cadeado e vigiado, 24 horas por dia, para impossibilitar arrombamentos. Mesmo assim, tensão e medo permanentes dominavam a rotina dos oficiais.

Os amotinados, quando pegos, eram presos a ferros no porão, onde ficavam até que a viagem terminasse. Quando em terra, não eram julgados, mas perdiam direito ao soldo e tinham os nomes incorporados a uma lista negra, o que impedia que fossem admitidos em outra viagem. Entretanto, outras soluções costumavam ser adotadas.

Em 1615, por exemplo, o capitão João Pereira Corte Real, tendo enfrentado um tumulto entre os marujos, enforcou dois homens e matou outro com estocadas do cabo de sua espada, acabando assim com o motim a bordo. O rei, quando soube do ocorrido, julgou-o merecedor de uma recompensa.

A disciplina rígida tentava servir como fator inibidor, muito embora não conseguisse evitar totalmente os conflitos, sociais e particulares, entre fidalgos e marinheiros. Para lidar com homens violentos, a lógica era responder na mesma moeda.

Visando manter um controle apertado sobre a tripulação e evitar conflitos, os oficiais estabeleciam uma verdadeira rede de espionagem e delação a bordo. Era praxe escolher, ao início de cada viagem, dois *acusadores* e *síndicos* entre cada sorte de gente para que, secretamente, um marinheiro delatasse outros marinheiros e um soldado vigiasse os outros soldados.

O sistema funcionava relativamente bem e os oficiais estavam quase sempre um passo adiante de qualquer intenção de insubordinação. Ficavam tão bem informados que muitas rebeliões tinham dissolução quase imediata e, em várias ocasiões, foram finalizadas antes mesmo de chegarem a ser percebidas pela maioria dos embarcados.

Durante a viagem de uma nau seiscentista cujos víveres escasseavam, os oficiais da embarcação descobriram um princípio de motim: alguns marujos conspiravam para matar as mulheres embarcadas, jogando todas ao mar, em uma tentativa de aumentar a cota de rações. A ação pôde ser evitada com a punição prévia e exemplar dos líderes da marujada, o que desencorajou qualquer outra intenção de insubordinação até o fim da viagem.

Se o sistema de delações era eficiente, evitar desentendimentos era uma tarefa grande demais para uma única ferramenta. Estando impedidas as atividades de prazer e lazer a bordo, por conta, em muitos casos, da imposição de padres que vinham embarcados e, em todas as ocasiões, pela própria disponibilidade de espaço a bordo, restava preencher os longos meses de travessia com atividades que, ao ocupar corpos e mentes, pudessem distrair das brigas cotidianas e, no limite, evitar situações de revolta coletiva.

FESTAS RELIGIOSAS

Os religiosos embarcados se encarregavam de atuar como apaziguadores dos ânimos da tripulação, usando as comemorações religiosas para canalizar as atenções em prol da vida espiritual e exercer um apertado controle social sobre os embarcados.

Festejar também tinha a função de entrosar os participantes. Além disso, comemorar um dia santificado era uma tentativa de domar as forças da natureza, uma busca de proteção contra as intempéries. No imaginário do rude universo naval lusitano, em que uma tempestade podia levar ao naufrágio, a proteção divina representava uma garantia de sobrevivência.

Os dias dos santos, por exemplo, eram comemorados com a maior solenidade que poderia existir no mar. E havia muitos santos a servir de pretexto para comemorações. Alguns despertavam uma devoção especial junto aos marinheiros, como frei Pero Gonçalves, o "padroeiro dos homens do mar". Quando o mau tempo assolava uma embarcação, os mareantes rogavam ao santo. Em seu fervor religioso, chegavam, por vezes, a enxergar aparições, santos e anjos a socorrer os aflitos, e acudiam, aos gritos, ao convés.

Negar aos marujos o festejo de um desses santos era um grande risco. O ódio, eventualmente contido contra os oficiais, poderia explodir em um motim tão violento que seria impossível remediar. Em um exemplo do reconhecimento do valor das comemorações dos santos para a marujada, certa ocasião, mesmo sob o risco de perder a monção e não poder mais viajar, o capitão da nau Santa Maria da Barca atrasou a partida do navio e mandou virem, de Alfama, diversos gêneros para os festejos de um determinado santo.

Entretanto, houve festas que fugiram ao controle, com consequências inesperadas. Em 1583, um arcebispo embarcado na nau São Salvador sugeriu ao capitão-mor da armada, composta por seis navios, que se comemorasse o domingo de Pentecostes com a revitalização do costume antigo, de escolher alguém para "fingir" ser o imperador e trocar todos os oficiais do navio, realizando banquete e festa de três ou quatro dias. No entanto, a tentativa de utilizar a festa para socializar os marinheiros acabou mal.

Depois de iniciadas as solenidades, no decorrer do banquete, em virtude de certas divergências pessoais, surgiu um grande tumulto. As mesas foram viradas e atiradas ao chão e mais de cem espadas foram desembainhadas. O capitão, caído ao piso, era pisoteado. Os marinheiros teriam se matado uns aos outros e dado cabo de todo o navio caso o arcebispo não houvesse saído do seu camarote para o meio da gente, gritando e gesticulando; acabou acalmando os ânimos com a ameaça de excomunhão geral. Espadas, punhais e outras armas foram recolhidas ao camarote do clérigo. Tudo se apaziguou e os principais implicados foram castigados e postos a ferros.

A necessidade de uma disciplina rígida, imposta pela vida no mar, impedia qualquer quebra da hierarquia entre os membros da tripulação. Conscientes dessa realidade e, por outro lado, da necessidade de espaços para extravasar as tensões a bordo, os oficiais portugueses procuraram utilizar as festas a seu favor, tentando obter controle sobre os subordinados por meio de recompensas e punições.

Quando sucedia festejar algum santo, os marujos elegiam um *mordomo* ou *imperador* que comandasse simbolicamente a festa. Sendo a honra muito disputada, os oficiais aproveitavam para premiar os marujos mais disciplinados. Depois de escolhidos a dedo, os atores da cerimônia enfeitavam o navio e dispunham alguns objetos sagrados. Realizava-se uma missa e, em seguida, uma procissão corria toda a embarcação, desfilando solenemente.

O cerimonial era composto por uma cruz, levada no princípio da procissão, entre duas tochas por um homem vestido em uma sobrepeliz. Detrás da cruz, ia uma folia e uma dança, festejando a memória do chamado santo sacramento. No meio da procissão, iam os religiosos, com os cantores. O padre que havia rezado a missa caminhava debaixo de um pálio, feito especialmente para aquele dia, acompanhado de dois meninos com "cara de anjo", escolhidos pelo semblante ingênuo, para simbolizar a pureza dos céus, trazendo consigo lanternas nas mãos.

Depois de percorrer o navio, a cruz era conduzida até um altar desmontável, colocado na proa, e então começavam as danças ao som de músicas, "cantadas em prosas", em que a rima dos trovadores era abandonada e o latim dos padrecos dava lugar à improvisação das cantigas sacras, tudo dentro de uma missa rezada e cantada em português corrente, com umas poucas palavras em latim para oficializar o ato. As comemorações a bordo mesclavam um cerimonial ligado à poderosa Igreja católica a práticas consideradas profanas, advindas de tradições mágicas e pagãs.

Terminada a missa, eram encenadas peças teatrais que relatavam a "vida dos santos" ou episódios do Novo Testamento. Na representação das "tentações de Cristo no deserto", ocorrida a bordo da nau *Santiago*, em 1585, um fogão, colocado junto da tolda, fez às vezes de inferno, acompanhado de um marujo que representava o diabo.

Só mesmo no cerimonial religioso um simples grumete podia tornar-se uma figura de destaque a bordo. Com essa liberalidade propiciada pela liturgia da comemoração, os superiores aparentemente procuravam agradar os mareantes de baixa extração, quando, na verdade, serviam-se de um artifício para exercer um controle social mais rígido sobre eles. Disciplinavam, através de mensagens repetitivas, em atos em que tudo se invertia simbolicamente – um humilde virava *imperador*, um garoto virava *anjo* –, ao passo que tudo continuava igual: a realidade não mudava e, mais uma vez, de uma outra forma, provava-se a necessidade de uma hierarquia rígida a ser respeitada.

Em certa medida, o mundo dos mareantes era diverso do existente em terra. Tinha códigos de conduta particulares e um alto grau de proximidade e intimidade, só observado fora dele em situações extremas, como cercos e batalhas. Sendo assim, no mar, e do ponto de vista das autoridades, para tornar funcional o dia a dia, a estratificação social e a hierarquia precisavam ser mantidas a todo custo. Embora em terra, teoricamente, isso também fosse necessário, entre os lusos dificilmente a hierarquia militar conseguia ser mantida, dissipando-se pela amplitude dos espaços vazios, que não existiam a bordo das naus.

Enquanto, em terra firme, um soldado descontente podia desertar ou desobedecer a uma ordem – retrocedendo, ao invés de atacar, por exemplo – sem maiores consequências a não ser prejudicar a si mesmo, no mar, dada a necessidade de um trabalho coordenado, qualquer operação fora do determinado pelos superiores podia levar a um desastre naval, à perdição de todas as vidas a bordo.

Festejar os santos, mais do que cumprir um ritual sagrado, disciplinava e mantinha a ordem, possibilitava que o objetivo primordial dos oficiais – estreitar laços entre os tripulantes, sem quebrar a hierarquia – fosse atingido, reforçando a cadeia de comando através do exemplo e da recompensa àqueles mais colaborativos e punição aos insubordinados, que eram excluídos das comemorações.

Por outro lado, a festa aplacava, em parte, o anseio dos marujos de ter algo distinto de sua rotina sacrificada em que pudessem se apegar, proporcionando-lhes um dos raros momentos em que podiam esquecer-se das privações para se concentrar no festejo dos santos.

Entretanto, ao que se sabe, nenhuma religiosidade foi capaz de dissolver o pânico em momentos de tensão, em tempestades ou calmarias, quando as pessoas eram capazes de matar ou morrer na disputa pela sobrevivência.

PERCALÇOS E PERIGOS

Eram raros os momentos de tranquilidade dos navegantes portugueses. O cotidiano era sempre tenso. Nem mesmo quando tudo parecia calmo era fácil confiar na estabilidade. Mais imprevisível que o comportamento dos companheiros de viagem, o mar pregava peças inesperadas. Como se ironizasse a pretensão humana de desbravá-lo, causava pânico e comoção.

A TENSÃO DAS CALMARIAS

Enfrentar uma calmaria era tão arriscado que chegava a ser desesperador. Em 1638, um navegante morreu ao ser atingido por um raio, que lhe caiu na cabeça quando o barco em que navegava parou em pleno mar.

Quando um navio se via preso em alto-mar, por falta de vento ou na ausência de corrente marítima adequada para conduzi-lo, o ócio era capaz de estimular nos navegantes a adoção de estranhos passatempos, alguns com drásticas consequências. O silêncio a bordo podia sinalizar conspirações contra fidalgos ou companheiros, planos para atacar donzelas ou atirar ao mar um desafeto.

Contabiliza-se uma macabra coincidência entre calmarias e casos de homens caídos ao mar ou simplesmente desaparecidos, sem motivo aparente ou esclarecido. Pedro César, que viajava na nau Santa Fé, em 1568, afogou-se ao cair ao mar, segundo testemunhas, sem qualquer razão, em pleno cais de Cochim, em um momento de águas calmas, em que a nau sequer balançava. Provavelmente, as pessoas que testemunharam a queda de Pedro foram as mesmas que atiraram o pobre coitado ao mar.

Em ocasiões como essa, inexistindo outras testemunhas mesmo havendo fortes suspeitas, ninguém era punido. Por tal motivo, muitos aproveitavam as calmarias para se vingar. Havia até os que já embarcavam atrás de um desafeto, esperando a melhor oportunidade para livrar-se dele durante a viagem.

A tradição iniciada pelos portugueses de atirar desafetos ao mar, na surdina ou na calada da noite, foi adotada em todas as marinhas pelo mundo afora, persistindo até hoje. Oficiais mais rígidos tinham extremo cuidado e evitavam andar pelo navio desarmados ou desacompanhados para não serem jogados ao mar pela marujada.

VIOLÊNCIA DOS PIRATAS

As calmarias podiam preceder ataques de piratas ingleses ou holandeses, já que a imobilidade das naus as deixava à mercê do inimigo.

Para além do inevitável naufrágio do navio, ao final, um ataque inimigo era acompanhado sempre de humilhações e violências múltiplas. Muitas vezes, os mareantes eram assediados, roubados, maltratados e deixados a sua própria sorte, a bordo de uma nau em chamas e afundando, ou "fazendo grossa água", como se dizia na época. Em outras ocasiões, eram aprisionados e, depois de sofrerem novas humilhações, abandonados em uma terra hostil para morrer. Fidalgos e outras pessoas de posição social mais elevada podiam ser sequestrados, tendo suas vidas negociadas em troca de um elevado resgate.

Em 1585, quando o galeão Santiago foi pilhado por holandeses, as quarenta pessoas – entre passageiros e tripulantes que sobreviveram ao ataque – acabaram obrigadas a embarcar no navio inimigo. Durante vinte e dois dias, foram tratadas cruelmente e, depois, desembarcadas na ilha de Fernão de Noronha, não sem antes serem revistadas, uma a uma, pelos piratas, à procura de ouro. De acordo com os relatos dos portugueses, os marujos holandeses despiram todos os prisioneiros – homens, mulheres e crianças – e realizaram uma busca em suas partes íntimas, metendo os dedos em todos os orifícios, fazendo todos beberem um copo de vinho para lançarem da boca alguma pedra que eventualmente estivessem escondendo. Na ocasião, também, os homens e as crianças foram sodomizados; as mulheres, estupradas.

Em outro episódio seiscentista, quando a nau Chagas foi atacada por piratas ingleses, os plebeus foram abandonados na embarcação em chamas para morrer, e os nobres, feitos prisioneiros. Diferentemente dos holandeses, os ingleses trataram os fidalgos com grande respeito, hospedando a todos durante um ano na

Inglaterra, período no qual os parentes em Portugal foram obrigados a angariar fundos para pagar por sua libertação.

RISCOS DE NAUFRÁGIO

Além das calmarias, prato cheio para as investidas dos piratas, outros percalços podiam ser o prelúdio de um naufrágio, restando aos embarcados encomendar suas almas a Deus, quando os corpos já estavam perdidos. Ordinariamente, de um momento para outro, as pessoas podiam se ver diante do desastre inevitável, seja pela deterioração da madeira com a qual o navio fora construído, por sua idade avançada ou falta de manutenção, seja por ele estar sendo conduzido por um piloto não qualificado, ou por ter sido mal construído ou equipado.

Em virtude das condições peculiares que cercavam as naus lusitanas, a economia e o sistema administrativo português, era tido como certo que, mais cedo ou mais tarde, todo e qualquer navio iria de encontro ao fundo do mar. Chegar vivo ao destino era, assim, apenas uma questão de sorte.

A nau Conceição, por exemplo, seguia de vento em popa, com todas as velas içadas e mar tranquilo. No entanto, era conduzida por um piloto inexperiente e arrogante. A embarcação naufragou repentinamente nos baixos (recifes submersos) de Pero dos Banhos, em 1555, depois de ser feita em pedaços. Estando escuro, enquanto toda a gente dormia, o piloto ignorou os avisos dos marujos mais experientes para diminuir a velocidade e acabou batendo em umas rochas. O impacto causou pânico generalizado a bordo. O navio afundou em meio a uma grande gritaria. Todos, "grandes e pequenos", chamaram por Nossa Senhora, chorando e pedindo misericórdia para seus pecados, segundo relatos de testemunhas, "com vozes tão altas que parecia que se fundiam o Céu".

O risco de naufragar exigia constante atenção. A nau Santiago, que em 1585 ia de Lisboa para a Índia, depois de passar ilesa por águas perigosas, onde a incidência de naufrágio era grande, foi tomada por uma grande e geral alegria, pois os viajantes cuidavam ter passado a zona de baixos. Horas depois, quando a vigilância havia sido relaxada, terminou encalhando em outro local.

CONFORMISMO E LUTA PELA SOBREVIVÊNCIA

As reações diante da expectativa de naufrágio variavam da paralisia frente ao inevitável às tentativas extremas de evitar a morte a todo custo.

Muitos aproveitavam os momentos finais para, entre orações e lágrimas, pedir perdão a Deus, aos familiares e amigos, temendo os castigos do inferno pelos pecados cometidos ao longo da vida.

Em 1554, enquanto a nau São Bento afundava, as pessoas examinaram sua consciência, confessando-se sumariamente (em voz alta e um após o outro) a alguns clérigos presentes, crucifixo em mãos, prontos a utilizá-lo em ameaças

O mau estado de conservação das naus lusitanas tornava a perdição quase certa diante das forças da natureza.

ou consolos diante do fim iminente. Muitas pediram perdão umas às outras, despedindo-se e lastimando-se com o que acreditavam ser suas derradeiras palavras neste mundo. O clima de dor que tomou conta da embarcação nada mais foi que o prelúdio da morte.

A bordo da nau São Paulo prestes a afundar, em 1561, os embarcados também se despediram de seus companheiros de viagem e pediram perdão uns aos outros. Fizeram-se todos amigos em meio a agonia e aflição, enquanto o batel baixava, carregando uns poucos privilegiados e deixando a grande maioria a lamentar-se dentro do navio.

Se o derrotismo fazia com que alguns gastassem o tempo restante na busca de um remédio espiritual, "porque do corpo não se fazia mais conta", o inconformismo de outros, diante do trágico destino, levava-os a lutar com todas as forças pela sobrevivência. Em certas ocasiões, tal persistência foi premiada.

Quando a velha e podre nau Patifa abriu-se ao meio, em alto-mar, o fidalgo governador Francisco Barreto assumiu a liderança e envolveu a todos em um grande esforço para acudir às bombas e lançar fora a água, que nela entrava por muitas frestas. Os esforços dos passageiros e tripulantes – inclusive dos nobres embarcados – que atenderam aos apelos do governador e não descuidaram das bombas, revezando-se no trabalho dia e noite, foram recompensados. A nau se manteve flutuando até atingir a costa, quando, então, todos os mareantes puderam ser evacuados em segurança antes que a embarcação fosse a pique.

Relatos como esse, sobre tentativas bem-sucedidas de luta pela vida, circulavam de boca em boca pelo reino e estimulavam muitos homens do mar a seguir o exemplo nas mesmas circunstâncias. A ideia corrente era, sempre que possível, tentar manter a embarcação flutuando até que fosse capaz de "varar em terra", não importando o quanto fosse perigoso desembarcar em território selvagem, distante de povoamentos portugueses ou, ainda, em região de nativos hostis.

Viajando acompanhada de outros navios, fazendo-se necessário, a nau em perigo procurava obter socorro sinalizando às outras com um tiro. Quando viajava sozinha – o que ocorria com frequência –, na impossibilidade técnica de alcançar terra em tempo hábil, contava apenas com um único batel para socorrer tripulantes e passageiros. Como a maioria dos mareantes não sabia nadar e quase sempre havia tubarões à espera do banquete, não adiantava atirar-se ao mar. Assim, qualquer fio de esperança que pudesse ainda haver desaparecia rapidamente.

Antes de descer o batel ao mar, quando havia tempo, os oficiais ordenavam que se procurasse por algum mantimento, especialmente água e biscoito, que pudesse ser carregado pelos sobreviventes. Os marujos então se dirigiam ao paiol, à procura de víveres, tentando salvar tudo o que pudessem. Outros amealhavam armas e munições para enfrentar os possíveis perigos que surgiriam em terra. Enquanto isso, os mais graduados cuidavam para que ninguém embarcasse no batel sem permissão.

ABANDONAR O NAVIO!

O batel não passava de um grande bote a remo – algumas vezes impulsionado, também, por velas – que, normalmente, ficava alojado sobre a coberta da nau ou atracado à embarcação. Usado como salva-vidas, tinha capacidade para alojar sessenta e tantos homens. Porém, constantemente, no momento do desespero, era lotado com quase noventa pessoas, o que, mesmo assim, era uma porcentagem muito pequena de embarcados.

Tripulantes desesperados pedem socorro a outros navios, enquanto a embarcação naufraga lentamente.

Por esse motivo, eram estabelecidos critérios para saber quem seria embarcado quando a nau estivesse afundando: comumente, tinham prioridade os homens de condição social mais elevada e os marujos e técnicos necessários posteriormente à sobrevivência daquelas pessoas. A escolha dos demais privilegiados ficava a cargo do capitão, que, ao contrário do dito popular, nunca afundava com o seu navio.

Durante o naufrágio da nau Santa Maria da Barca, em 1559, o capitão, já aboletado no batel, chegou a empunhar a espada para impedir o embarque de pessoas indesejadas no salva-vidas. Esperava, para sua própria segurança, escapar na companhia do piloto, do mestre e de alguns "homens de obrigação" (a quem o capitão devia priorizar, devido a sua posição social), que ainda estavam na nau.

Das 57 pessoas que se salvaram no batel da nau Santiago, em 1585, havia 9 religiosos, 19 fidalgos, 1 piloto, 1 contramestre, 1 guardião, 1 cirurgião, 1 condestável, 1 feitor, 1 único soldado, 9 marinheiros (necessários, para remar a embarcação), 2 carpinteiros, 3 criados do piloto, 1 criado de um dos fidalgos e apenas 7 passageiros comuns.

Em casos raros, as naus traziam, além de 1 grande batel, mais 1 ou 2 pequenos batéis, 1 esquife, 1 diminuto bote, estreito e comprido, usado para o desembarque e com capacidade para até 20 homens. Entretanto, mesmo as embarcações mais afortunadas, ante a iminência de um naufrágio, não dispunham de meios para salvar mais do que 1/4 dos passageiros e tripulantes, daí o desespero que tomava conta dos restantes quando acontecia um desastre.

Muitos buscavam salvar-se improvisando boias com tábuas e barris, na expectativa vã de escapar a nado. Quando a embarcação ia a pique, a aflição se intensificava a ponto de ser capaz de alterar o comportamento do homem mais pacato, levando-o, na disputa pelos meios de sobrevivência, a matar companheiros de infortúnio.

Náufragos disputam espaço no batel, em uma tentativa de se salvarem, enquanto a pequena embarcação afasta-se da nau que afunda para não ser pega pelo arrasto.

Com o desmanche da embarcação, muitos se feriam ou morriam antes mesmo de começarem os afogamentos, atingidos pelos objetos que despencavam de todos os cantos.

Durante o naufrágio da nau São Bento, em 1554, Manuel de Castro, irmão de um mercador que escapara de outro naufrágio, foi atingido por um pedaço solto da nau, o pé do mastro, que lhe quebrou a perna e a arrancou na altura da coxa, deixando expostos ossos esburgados e tutanos. Manuel, ainda vivo, foi embarcado no batel, mas faleceu na noite seguinte.

Eram raríssimos os capitães portugueses que priorizavam a salvação de mulheres e crianças, independentemente da posição social, agindo com o cavalheirismo do chefe máximo da nau São Paulo, em 1560, que foi capaz de defender com sua própria espada a entrada de 33 crianças e mulheres no esquife. A maioria dos comandantes, entretanto, deixava mulheres e crianças para trás, entregues à própria sorte, e fazia valer a "lei do mais forte".

A RIQUEZA TRANSFORMADA EM PERDIÇÃO

Destarte, justamente quando era mais necessário fazer uso do batel, em muitos casos ele não estava disponível, pois alguns capitães, movidos pela ganância, chegavam a carregá-lo com especiarias de sua propriedade, dificultando o salvamento.

Em outras circunstâncias, a exemplo de várias naus, o batel estava tão desgastado pelo tempo que não parava de "fazer água", colocando os náufragos em uma situação extremamente delicada. Alguns carpinteiros tentavam consertá-lo em plena navegação. Oficiais jogavam homens ao mar, para aliviar o peso do barco. Porém nada podia impedir que fosse ao fundo um batel podre ou seriamente avariado. Mesmo as pessoas que, num primeiro momento, se salvavam, agarradas a objetos que lhes permitiam manter-se na superfície, arriscavam-se a ser atingidas por pedaços do navio, perfuradas por lanças criadas pelo rachar do casco e dos mastros, pontas de madeira, pregos, ou engolidas pelo movimento das águas.

Aqueles que conseguiam embarcar em um batel em condições razoáveis para sair e se afastar do arrasto da nau que afundava compartilhavam da medonha visão do mar coalhado de caixas, lanças, pipas e pessoas se debatendo, engolindo água ou tentando boiar em meio a cadáveres que ainda flutuavam num oceano tingido de sangue.

SALVE-SE QUEM PUDER!

Os naufrágios da época povoaram a memória dos vivos com histórias trágicas.

O relato do fim dramático da nau Santiago nos informa como a escuridão da noite "tornou a perdição ainda mais medonha". Os embarcados mal conseguiam ver uns aos outros. O mar bramia, colocando apenas a figura triste e horrenda da morte diante dos olhos. Reinavam a gritaria e a confusão, enquanto a nau se esfacelava. Muitos anos depois, os sobreviventes ainda sentiriam arrepios ao lembrar-se do som da madeira estalando, prenunciando a tragédia.

Apesar de o navio ter naufragado junto a um recife cheio de coral branco e vermelho, coberto por um musgo verde, os sobreviventes não puderam se considerar afortunados. Andar pelo recife era perigoso como caminhar sobre cacos de vidro e causava feridas peçonhentas.

Os que escaparam no batel procuraram fugir também dos recifes. Antes de se lançarem ao mar, constataram que o batel estava avariado. O capitão ordenou que fosse, então, consertado e rapidamente embarcou no esquife, acompanhado do mestre da nau, o mestre dos calafates, de alguns marinheiros e de 2 fidalgos, num total de 19 pessoas, prometendo aos que ficaram de fora voltar para socorrê-los. Duvidando disso, um homem escondeu seu filho no barco salva-vidas do capitão.

Embora o comandante tivesse prometido retornar ao baixo assim que possível, nem os clérigos que haviam sido deixados de fora manifestaram fé na promessa. Um certo padre tentou embarcar no esquife, usando uma agulha de marear na mão como desculpa, dizendo que tinha em sua posse um instrumento indispensável à sobrevivência de todos. Mas o capitão expulsou o clérigo com uma espada.

De fato, o capitão nunca voltou para socorrer os outros. Procurou, antes de tudo, salvar-se e abandonou-os à própria sorte, a despeito da distância entre o recife e a costa ser curta, ou seja, poderia ter voltado para resgatá-los se quisesse.

Os homens que haviam ficado no recife logo perceberam a estupidez de terem deixado partir o esquife. Puseram-se a consertar o batel, sua última esperança. À vista dessas calamidades, um escravo, que pertencia a um passageiro morto no desastre, começou a festejar, comendo os doces disponíveis e saltando de contentamento na água que se acumulou dentro da nau encalhada. Zombava de todos, gritando que já era forro (liberto) e não devia mais nada a ninguém.

Quando os reparos permitiram que o batel flutuasse, ainda que de forma precária, e depois que a maré começou a subir cobrindo o recife, algumas pessoas puderam escapar do encalhe. Aqueles que não embarcaram haviam construído jangadas com pedaços do navio, atando-os com cordas. Com receio de que as jangadas improvisadas afundassem, muitos homens haviam, igualmente, amarrado restos da nau a si, dando muitas voltas com cordas pela cintura e pelo pescoço. Tal manobra, entretanto, condenou-os à morte, pois a alta da maré fez com que se afogassem com o peso do metal dos restos do navio.

Os tripulantes do batel que se afastava do recife já submerso assistiram impotentes a essa triste cena. Eles próprios ainda não estavam a salvo, precisavam continuar mantendo a embarcação emersa pelos vários dias em que ficaram à deriva, pois não conseguiam movimentá-la, tampouco direcioná-la para a costa que estava ali, bem diante de seus olhos e, ao mesmo tempo, tão longe. Passaram fome e sede. Não beberam mais do que vinho puro, comendo uma talha de marmelada e outra de queijo. Passaram a primeira noite com água pela cintura. As noites que se seguiram, ainda que com menos água, também foram desconfortáveis: eram muitos no batel.

Para aliviar o peso, alguns ficavam do lado de fora agarrados ao bote, com água pelos peitos. Porém, isso não foi suficiente. Ele não parava de fazer água, exigindo uma solução drástica. Estando em quarenta, assentaram entre si que se lançassem fora, ao mar, algumas pessoas. Com as espadas nas mãos, os mais fortes executaram as sentenças dos condenados. Dezessete pessoas, vivas ou mortas, foram jogadas ao mar. Nenhum dos religiosos se intrometeu, temendo, provavelmente, compartilhar o mesmo destino.

Somente depois de oito dias sofrendo com o frio da noite e o calor da manhã, os sobreviventes, aboletados no batel, conseguiram finalmente chegar à costa.

DRAMAS E TRAGÉDIAS

A exemplo da Santiago, a nau São Tomé também viveu momentos trágicos, que puderam ser narrados por alguns poucos sobreviventes. Naufragou na "terra dos fumos", atualmente parte do litoral norte de Moçambique, em 1589.

Depois de lançar o batel ao mar – com muito trabalho, porque os marinheiros não queriam liberar o bote se não tivessem direito a entrar nele –, o capitão empunhou uma espada para fazer valer suas ordens. Havia apanhado algumas senhoras "bem-nascidas", todos os religiosos e os fidalgos da São Tomé, e queria salvá-los.

Felizmente, o batel estava em bom estado. Porém a nau condenada dava grandes balanços, metendo medo em todos, forçando o batel a se afastar rapidamente. Foi quando uma das mulheres se deu conta de que havia esquecido a filha de 2 anos, entregue a uma ama de leite, no navio. Em prantos, conseguiu convencer os tripulantes a fazer o batel reaproximar-se da embarcação. Pediu à ama que jogasse a menina para baixo, para que fosse resgatada. A ama recusou-se a fazê-lo, pedindo que também a levassem, caso contrário não entregaria a menina. Como a nau balançava perigosamente, ameaçando todos no batel, a mãe, segundo palavras de uma testemunha dos fatos, preferiu deixar a filha morrer a levar consigo a negra. Sua última visão do acidente foi a da menina entregue às ondas implacáveis que tragavam o navio, enquanto o batel se afastava mar adentro.

Enquanto esse drama se desenvolvia, um padre, que não quisera embarcar no batel sem antes confessar todos que tinham ficado na nau, após ter consolado muita gente, chorando com eles suas misérias e absolvendo os pecadores que pediam perdão em voz alta, lançou-se ao mar e, a nado, alcançou aquele barco. Foi bem recebido a bordo e festejado por sua virtude e exemplo.

Passado o sufoco do naufrágio, examinando o batel, os oficiais constataram que ele estava muito carregado, com o grosso da quilha debaixo de água. Para salvar algumas pessoas, lançaram outras ao mar. Garantiram, assim, a sobrevivência de 104 seres humanos.

SOBREVIVENTES

Naufrágios repentinos não deixavam sobreviventes. Quando ocorriam distantes de terra firme, tampouco. Na maioria das vezes, obter um lugar no batel significava, apenas, morrer mais lentamente, à deriva. Os poucos privilegiados, embarcados no salva-vidas, não escapavam de perecer à mingua de mantimentos e água doce, observando destroços e corpos inchados que ainda flutuavam a sua volta.

Nos raros casos em que os sobreviventes atingiam a costa, davam muitas graças pela dádiva. Procuravam, então, por outros sobreviventes, manifestando contentamento ao encontrarem parentes e amigos vivos, e lastimando os desaparecidos. Reagrupados, os náufragos ficavam dias à beira-mar sem saber bem o que fazer. Além dos vivos, a praia acolhia corpos inanimados – cobertos de areia, uns por cima dos outros e alguns rígidos, perpetuando gestos disformes que evidenciavam as penosas mortes que haviam tido – e pedaços de gente, não muito mais que pernas e braços soltos.

A praia também acolhia caixas e restos de madeira. Os náufragos se atiravam a elas com grande aflição. Buscavam roupas e disputavam biscoitos molhados. Só após satisfazer necessidades básicas é que reparavam nos eventuais baús de especiarias ou outras preciosidades trazidas pelas águas, que nem sempre estavam em bom estado ou seriam mais úteis.

As pobres almas que tinham a sorte de encontrar por perto um ribeirão podiam lavar as bocas do sal e aplacar a sede. Buscavam, então, algo para comer. Em se tratando de alguns pontos do litoral africano e asiático, de terra despovoada e estéril, sem árvores e água doce, não havia nada para caçar, pescar ou colher. Crescendo a necessidade, muitos mastigavam os próprios sapatos. Algumas pessoas buscavam ossos de animais, que, depois de carbonizados, devoravam. Outras comiam as favas dos matos que nasciam junto da areia, pagando por isso, mais tarde, com dores e vômitos.

No litoral africano e no asiático, os sobreviventes arriscavam-se a ser atacados por leões ou tigres. Temiam também os habitantes locais, que consideravam grandes ladrões, capazes de matar. Além de terem que se preocupar com nativos hostis e animais selvagens, os náufragos passavam frio durante a noite e calor durante o dia, com o sol inclemente castigando a pele desprotegida.

Em tais circunstâncias desalentadoras, os oficiais dificilmente conseguiam manter em terra a mesma disciplina imposta a bordo. Os subordinados costumavam se rebelar contra seus superiores hierárquicos ou os abandonar à própria sorte, subvertendo a antiga ordem social em nome de um valor maior: a própria sobrevivência.

BUSCANDO SOCORRO

Quando se davam conta da situação em que se encontravam, muitos sobreviventes eram tomados pelo desespero. Os crentes consideravam suas agruras um castigo de Deus por seus pecados, um castigo áspero demais para quem havia recém-saído de um desastre horroroso e perdido companheiros e bens. Imploravam às chagas de Cristo por sua segurança, por algum alimento ou por uma simples gota d'água.

Os mais práticos ou otimistas optavam por construir jangadas e enfrentar o mar novamente. Alguns até aproveitavam os destroços do navio na confecção improvisada. Essa prática explica a prioridade de embarque no batel de pelo menos alguns carpinteiros e calafates com suas ferramentas, já que sua presença podia fazer a diferença entre o sucesso e o fracasso da fuga. Entretanto, a verdade é que, dessa forma, pouquíssimos conseguiam alcançar terra outra vez. Em alguns casos, nos quais isso foi possível, a terra alcançada graças à maré favorável foi apenas uma ilha deserta e inóspita.

Outros procuravam alcançar a pé alguma feitoria portuguesa que os abrigasse e socorresse. Punham-se, então, a caminhar mesmo debilitados, empreendendo longas jornadas por território desconhecido. Vários caíam pelo caminho, sabendo que morreriam em poucas horas, desamparados. De fato, muitos pereciam na tentativa.

Como ocorre nas situações extremas, podia haver momentos de solidariedade humana, mas o mais comum eram as simpatias se desvanecerem. Andavam juntos por uma questão de sobrevivência, mas cada um pensava apenas em si. Nas selvas em que se embrenhavam, atormentados por fome e sede, disputavam cada osso, fruta ou animal comestível encontrado no caminho.

O primeiro a falecer podia ser considerado um felizardo: pelo menos, teria quem o sepultasse se os companheiros tivessem forças e ânimo para tanto.

Quando a escuridão da noite chegava, as condições de sobrevivência pioravam. Sem poder enxergar direito, não atinavam uns por onde iam os outros. Com as vozes, tentavam manter unido o bando. Contudo, alguns acabavam se desgarrando, perdendo-se na mata, para sempre.

Nessas marchas forçadas, ter sorte era crucial, mas também extremamente raro. Nesse sentido, os náufragos da nau São Bento foram privilegiados: cruzaram em seu caminho com um europeu, também ele sobrevivente de um navio afundado, que vivia integrado aos nativos na costa ocidental da África e que lhes foi de grande ajuda.

Lá pelas tantas, em seu percurso repleto de agruras, depararam-se com um grupo de negros saindo do mato, acompanhados de um homem branco nu, com um molho de zagaias às costas, que aparentava não ser diferente de nenhum outro africano, a não ser pelo tom de pele, a textura do cabelo e por falar português. Souberam que o tal homem vivia há três anos naquelas paragens. Ele conduziu os compatriotas até a tribo que o abrigava e lhes proporcionou cuidados e víveres que lhes permitiram continuar seu trajeto.

Em se tratando da rota da Índia, com armadas anuais que aportavam em diferentes pontos do litoral, os náufragos só tinham chances reais de ser resgatados por *expedições de busca e salvamento*, organizadas pela Coroa, apenas nos casos de naufrágios que envolvessem figurões. Isso, claro, se chegassem a sobreviver aos anos de espera pela "bênção".

HOSTILIDADE DOS NATIVOS

Na África Ocidental, apesar de a maior parte dos nativos temer cruzar com os portugueses, e fugir, espantados por conta da sua cor, suas armas, seus trajes e suas disposições, constituíam uma ameaça aos lusos. Por conta da fama espalhada pela região de que os portugueses eram gente cruel, os africanos, temendo por suas vidas, costumavam reunir-se em grupos numerosos, armados de paus e algumas lanças para atacar os estranhos, antes que estes pudessem confrontá-los. Algumas vezes, os africanos apenas despiam os brancos encontrados; em outras, os aprisionavam. Além

Embora os náufragos pudessem encontrar aliados com maior facilidade no Brasil do que na África, muitos chegaram a ser torturados por tribos canibais que já haviam tido antes contatos nada amistosos com os portugueses.

Os nativos tinham motivos de sobra para receber mal sobreviventes europeus de naufrágios. Portugueses e espanhóis tinham por praxe atacar inadvertidamente aldeias indígenas, matando homens, mulheres e crianças.

disso, não faltavam tribos caçadoras de cabeça e praticantes do canibalismo, que aniquilavam sem piedade os náufragos que eventualmente cruzavam seu caminho.

Em boa parte da África Oriental e em quase toda a Ásia, dominada pelos potentados muçulmanos, os náufragos portugueses, quando encontrados por nativos, acabavam aprisionados e, depois, libertos a troco de resgate, como ocorreu com os sobreviventes do naufrágio da Santiago. Os portugueses, capturados após pedirem auxílio para um negro de chapéu de tafetá preto que falava português e declarou ser sobrinho do xeique de Luranga, foram colocados nus em um curral, onde mal cabiam, forçados a ficar em pé, encostados às paredes de pedra áspera, até caírem de fraqueza. Detidos nessas condições, só conseguiram a liberdade depois que se tratou do resgate com seus parentes em Portugal.

No Brasil, também havia canibais e diversos náufragos lhes serviram de repasto. Por outro lado, aqui os sobreviventes de desastres marítimos tinham a possibilidade de encontrar tribos aliadas dos portugueses e obter socorro entre elas.

O intenso tráfego marítimo de cabotagem, a partir do final do século XVI, quando aumentou o trânsito na rota do Brasil, frequentemente possibilitava o resgate de náufragos nas costas brasileiras. Esse elemento, entre outros, que tornavam mais suave a penetração lusitana na Terra de Santa Cruz, facilitou o cotidiano dos sobreviventes de naufrágios em seu litoral.

OS RELATOS DOS NAUFRÁGIOS

Poucos naufrágios deixavam sobreviventes. Poucos viajantes conseguiam vencer as dificuldades oferecidas aos náufragos. Aqueles que sobreviviam, ao retornarem ao reino, davam conta à Coroa dos martírios pelos quais haviam passado.

Esses relatos terminavam circulando de boca em boca. Alguns foram registrados em folhetins semelhantes a cordéis. Passaram, então, a influir diretamente na concepção popular das viagens marítimas, afastando muitos homens da ideia de embarcar em um navio e enriquecer além-mar.

A carreira do Brasil foi favorecida nesse aspecto, pois os que se aventuravam pelos mares a partir do século XVII, quando podiam escolher, optavam por servir nela e até migrar para a Terra de Santa Cruz. As conhecidas privações podiam ser mais bem suportadas em um trajeto menor. E as oportunidades criadas em torno dos engenhos de açúcar brasileiros alimentavam o sonho do homem comum de se tornar nobre da terra, com escravos e *status* de senhor feudal.

A tentativa de impor a fé cristã aos nativos muitas vezes resultou em verdadeiras tragédias para ambos os lados, como neste caso retratado por Theodor de Bry no século XVI, quando um contingente de eclesiásticos foi martirizado por tupinambás.

ENCONTROS E DESENCONTROS NA ÁFRICA E NA ÁSIA

Embora o cotidiano dos navegantes estivesse, em grande parte, circunscrito ao interior dos navios, não ficou restrito a esse ambiente. Em seu ir e vir pelos mares, aportando em terras exóticas, os lusos depararam com realidades inéditas, encontraram pessoas, animais e plantas totalmente diversos do que conheciam até então.

Ao mesmo tempo em que empreendiam expedições de exploração pela costa africana, os navegadores estabeleceram os primeiros contatos com os nativos. Esses encontros de povos com referenciais distintos deram origem a múltiplas confusões culturais.

Os valores dos africanos eram muito diferentes daqueles dos portugueses. O contato com os nativos na África anunciou os estranhamentos culturais que se repetiriam, em outros termos, no Oriente e no Brasil. Por vezes, desembocaram em aprendizados. Por outras, em trágicas violências.

EUROPEUS: DEUSES OU DEFUNTOS?

O desembarque inédito de portugueses na África provocava curiosidade de parte a parte. As pessoas, então, procuravam encaixar o desconhecido nos referencias mais próximos do seu dia a dia.

Quando Diogo Cão chegou ao Congo, em 1482, os navios da sua frota foram confundidos com baleias pelos negros do Soyo, causando medo e admiração. Os estrangeiros foram inseridos no universo sagrado dos deuses e reverenciados enquanto tais.

Na atual Luanda, a chegada dos portugueses teve um impacto ainda maior. Os africanos, aterrorizados, tomaram os navegantes por cadáveres vivos, os *vumbi* (que os negros escravizados, vivendo nas colônias europeias da América Central, chamariam de zumbis), pois, segundo sua cosmologia, a morada dos defuntos

Diogo Cão chega à foz do rio Zaire, no Congo, e manda colocar um marco para reivindicar a soberania portuguesa.

situava-se na água e os espíritos dos antepassados encarnavam no outro mundo em corpos brancos e vermelhos.

Desfeita a primeira impressão, os portugueses rapidamente revelavam suas intenções, passando a ser considerados perigosos pelos da terra.

Mas, mesmo sem mostrar sua face predatória, os portugueses, em diversos momentos, chegavam a assustar até com pequenos gestos, por conta da incompreensão do outro. Quando Vasco da Gama passou pela África do Sul, o simples fato de os portugueses recusarem a comida oferecida pelos nativos originou um ataque, pois a recusa foi considerada uma ofensa grave e deixou os africanos exaltados.

Estes, apesar de se esforçarem mais que os europeus para compreender o outro, tentando entender quem eram os estrangeiros antes de atacar, ficaram enraizados em suas tradições, enquanto os portugueses, apesar de possuírem uma certa tolerância cultural e racial para com outros povos (em comparação com os outros europeus), não abriram mão dos dogmas de sua fé, forçando, sempre que possível, os nativos a se converterem ao cristianismo.

A intolerância religiosa dos lusos gerou, por sua vez, ataques à cultura do outro. Baseados no que acreditavam ser a autoridade da Bíblia, não faltaram teóricos para dar explicações e justificativas que inferiorizavam as outras culturas diante da europeia.

No início, os europeus não esperavam encontrar variações da espécie humana para além daquelas já conhecidas, tampouco fauna e flora exóticas. Sua experiência nas ilhas atlânticas e no norte da África só os havia preparado para diferenças tênues ou, ao menos, previsíveis.

NOVOS CHEIROS E SABORES

As florestas africanas de difícil penetração, repletas de perigosas feras, como leões, leopardos e rinocerontes, pareciam quase intransponíveis aos portugueses. As planícies, por sua vez, não eram mais acessíveis, pois seus crocodilos e cobras venenosas mostravam-se igualmente ameaçadores.

Para além do medo diante do desconhecido, os portugueses na África tiveram a oportunidade de conhecer novas espécies de animais e plantas. Estranhas e fascinantes. Para melhor aproveitar tais descobertas, a Coroa encarregava os sábios e estudiosos de acompanharem as expedições, para coletar e classificar tudo o que fosse encontrado em cada desembarque.

O matiz da curiosidade não era gratuito, tinha implicações sociais, novas possibilidades de ver o mundo aos olhos de outras culturas, absorvendo e adaptando comportamentos e mentalidades dentro da tradição lusitana de miscigenação, forjada ao longo do processo de formação da nacionalidade portuguesa. Porém,

Quando os portugueses chegaram às Índias, tomaram contato com novas espécies vegetais, como cocos e bananas, que se tornariam símbolos do Brasil, tidas erroneamente por muitos como nativas depois de introduzidas em território brasileiro pelos lusos.

Os novos sabores – propiciados por mangas, cajus, jambos, jacas e abacaxis, frutas típicas da Índia, assim como a pimenta, encontradas somente por lá até o século XVI – encantaram os portugueses a ponto de estimularem sua introdução e disseminação pelo mundo todo.

a vertente econômica era o que realmente motivava a coleta de espécimes. Novas plantas e animais poderiam ter utilidade em outras terras e, uma vez transpostas para Europa ou possessões lusitanas, ser lucrativas ou, ao menos, servir, segundo expressão da época, como "pão da terra", para os súditos da Coroa, substituindo o trigo e os pescados como principal alimento.

Assim, natural da África, a banana seria introduzida pelos portugueses na ilha da Madeira e no Brasil. O coco e as palmeiras seriam transpostos do Índico e do Pacífico para o Atlântico, o arroz se tornaria popular na América do Sul e a batata americana, um alimento típico da Europa.

O intercâmbio não ficaria restrito ao fenômeno que daria origem ao enraizamento de alimentos alienígenas nos hábitos culturais de várias partes do mundo. A transposição de espécimes vegetais seria acompanhada da de animais, como a galinha-d'angola e o gado zebu da Índia, hoje a espécie bovina mais popular do Brasil.

PRAGAS E MORTANDADE NA ÁFRICA

Infelizmente, para os europeus, a África do século XV não era apenas terra de riquezas potenciais. Era também fonte de doenças até então desconhecidas. Debilitados por conta da viagem, ao desembarcarem os portugueses frequentemente se contaminavam com doenças peculiares às regiões tropicais, como a malária, transmitida pelos mosquitos que infernizavam os europeus em solo africano.

Praticamente impedidos por esses e outros motivos de avançar para o interior africano, os portugueses optaram por fixar entrepostos de troca com os nativos, as famosas feitorias, ou construir fortalezas no litoral, que deviam dar conta de abastecer a si mesmas e aos navios que fizessem escala por lá.

Na época, os portugueses, na África, não conseguiam contornar as pragas que atacavam suas lavouras e os impediam de tirar o sustento da terra. Daí, também, a opção privilegiada pelo escambo ou o comércio na região.

Uma das pragas mais comuns a assolar as plantações portuguesas na África eram as locustas, grandes gafanhotos que avançavam em densas nuvens e

Nativos da África, nomeados pelos portugueses como cafres. Eram considerados pessoas rudes, estúpidas e ignorantes pelos lusitanos.

consumiam toda a erva ou o grão de onde passavam. Em poucas horas, um ataque de locustas era capaz de destruir o trabalho agrícola de muitos meses. Da noite para o dia, comunidades inteiras ficavam ameaçadas pela fome.

Embora os nativos também fossem vítimas das pragas, anos de desenvolvimento civilizacional tinham lhes fornecido a necessária preparação para os períodos de carestia. Os portugueses, entretanto, em meio a um ambiente hostil em muitos sentidos desconhecido, não conseguindo combater as pragas e ignorando a sabedoria local, sucumbiam diante da fome e das doenças, que seguiam a corrupção gradual da saúde.

Outro problema enfrentado pelos lusos que se arriscavam a sair de suas fortalezas ou feitorias era ser atacado pelos nativos, com os quais não mantinham relações amigáveis nem faziam negócios. Para diversos povos da África, os portugueses eram gente odiosa, arrogante e impaciente, perfeitamente capaz de massacrar as pessoas, ao menor motivo. Além disso, os portugueses não respeitavam as regras de conduta, os veneráveis espíritos ancestrais, os direitos das pessoas comuns e as hierarquias africanas. Em sua soberba, não consultavam sequer os líderes de maior prestígio, quanto mais o conselho formado pelos sábios anciãos e os guerreiros, como era prática entre os nativos.

Assim, ao tentar reproduzir e impor na África a estratificação social europeia, seus interesses e valores específicos, os portugueses, na maioria das vezes, não fizeram mais que despertar a ira dos nativos contra os seus desmandos. E pagaram por isso nas diversas ocasiões em que sofreram ataques sangrentos e impiedosos por parte dos africanos.

A CHEGADA À ÍNDIA

Os portugueses se acostumaram a resolver os impasses com os nativos através do bombardeio às povoações que se recusavam a servir aos seus interesses. Mesmo quando, a princípio, faziam aliados, aproveitando as rivalidades locais e unindo-se a um grupo contra outro, em um segundo momento desfaziam as alianças, pois nada poderia colocar obstáculos aos desejos portugueses.

Um bom exemplo da dificuldade de manter as alianças diante do menor desentendimento é o caso da feitoria fundada por Pedro Álvares Cabral, em 1500. Logo depois da partida desse capitão-mor, a feitoria foi atacada e destruída pelos indianos insatisfeitos, liderados pelo samorim, o soberano local. Os portugueses que serviam no entreposto foram todos massacrados.

Por enfrentar a oposição dos nativos na África, os portugueses só conseguiam enxergar potenciais cristãos ou infiéis quando chegaram à Índia.

Na Índia, encontraram uma população dividida culturalmente por idiomas (hoje, existem oficialmente mais de 21 línguas no país), dialetos, crenças, etnias e governos, mas relativamente tolerante em termos religiosos e culturais, a despeito da estratificação social imposta pelo regime de castas vigente.

Quando os portugueses chegaram à Índia, já havia uma ampla rede comercial estabelecida, o mercado de Goa. Abastecido de mercadorias de toda a Ásia, negociava especiarias que alcançavam a Europa, intermediadas por mercadores árabes e italianos.

O chamado subcontinente indiano tinha sido invadido, no século VIII, pelos árabes de origem omíada, que haviam estabelecido Estados independentes, professavam a fé islâmica e conviviam pacificamente com os Estados drávidas, de origem indo-europeia, divididos entre seguidores do budismo e do hinduismo. Somando-se a esse panorama, existia na região o Império Grão-Mongol, muçulmano, fundado em 1526, que já detinha a tecnologia dos canhões. Era tão poderoso que foi responsável pela construção do Taj Mahal, assim como pela conquista das regiões do Paquistão e da Sibéria, adotando uma política de integração com a cultura indiana mais antiga, representada pelo casamento dos sultões muçulmanos com a realeza local dos marajás. Em suma, foi isso que os portugueses encontraram por lá.

Em sua tentativa de estabelecimento na Índia, não passaram de feitorias e cidades fortificadas em pontos estratégicos do litoral. Entretanto, chamaram pretensiosamente o conjunto de suas possessões portuguesas de Estado da Índia (que englobava possessões no atual subcontinente indiano e também na costa oriental da África).

Para os habitantes locais, há muito acostumados ao comércio, o ouro e a prata eram as principais moedas de troca e sinalizavam a possibilidade do estabelecimento de relações comerciais amigáveis. Antes de os portugueses chegarem, já havia por lá uma intensa venda de mercadorias para os intermediários dos mercadores italianos. Quaisquer estranhos que tivessem a intenção de estabelecer embaixada em suas terras precisavam demonstrar que possuíam recursos para pagar pelas mercadorias orientais. Caso contrário, seriam considerados potenciais invasores.

Quando o navegador Vasco da Gama chegou pela primeira vez à Índia, entregou como presente da Coroa portuguesa ao monarca de Calecute quatro capuzes, seis chapéus, quatro corais, um fardo de bacias, quatro barris de azeite e dois de mel, além de duas cartas de D. Manuel, propondo um termo de paz entre os dois reinos.

Além da escassez de metais preciosos em Portugal no período, que os impedia de dar grandes presentes desse tipo, os portugueses acreditavam poder agradar os nativos da Índia com suas quinquilharias (que, de fato, fariam sucesso na América), mas estavam enganados. Diante das bugigangas, os indianos simplesmente começaram a rir. Pela ótica indiana, aqueles seriam presentes de um pobre mercador, nunca de um rei poderoso, como o alardeado por Vasco da Gama. Tentando amenizar a situação, o capitão-mor ofereceu ao soberano local uma imagem santa. Obteve como resposta uma irônica indagação pelo ouro e pela prata.

Os mercadores malabares e guzerates, que controlavam o comércio de especiarias no oceano Índico, ao final das conversações, não ficaram bem impressionados com os recém-chegados portugueses, gente que lhes pareceu arrogante e esfarrapada, além de ter fama de pirata.

Um homem de Túnis, que já conhecia o procedimento adotado pelos portugueses na África, ao avistar os membros da armada de Gama, "saudou-os" com as seguintes palavras: "O diabo te leve. Que coisa te traz aqui?".

A resposta dos portugueses à altura das imprecações não tardaria. Depois que o capitão-mor regressou a Portugal, a Coroa enviou à Índia várias expedições de saque e pilhagem.

INTOLERÂNCIA RELIGIOSA E DIABOLIZAÇÃO DO INIMIGO

Os navegantes portugueses já partiam de Lisboa levando consigo vários preconceitos. Assim que viram certas figuras simbólicas da fé hindu, identificaram-nas com representações do diabo.

Não percebiam que, segundo a ótica do outro, eram eles os adoradores do diabo, indo "levar seus votos" (impor seus preceitos religiosos) pela propagação do cristianismo a seis mil léguas de sua pátria, para trocá-los por riquezas. Usavam a causa da expansão da fé como desculpa, na falta dos metais preciosos exigidos no comércio com o Oriente, para tentar obter as especiarias ali produzidas.

É verdade que, em um primeiro momento, alguns portugueses procuraram identificar os deuses hindus com os santos católicos. Contudo, rapidamente o engano foi desfeito. As religiões presentes na Índia, tanto a hinduísta quanto a budista e a islâmica, foram associadas pelos portugueses com o culto do demônio, o que justificou um processo de conversão forçada, que incluiu a destruição de muitos templos locais. Sem se importar com a multiplicidade cultural e a convivência pacífica de religiões díspares na Índia, os lusos tentaram simplesmente aniquilar toda a fé que não fosse a sua própria e, assim, subjugar os indianos.

Diferentemente do que ocorreria na América, essa atitude só ampliou a resistência nativa, pois, em contrapartida à intolerância religiosa portuguesa, o "gentio" se tornou ainda mais obstinado. Isso a despeito da dianteira tecnológica lusitana infligir pesadas perdas àqueles que se opunham aos desmandos de Portugal.

Essa situação, desde o início, dificultou a penetração portuguesa na Índia. Ela ocorreu, mas lentamente e não sem grandes trabalhos e moléstias. Ataques esporádicos e uma guerrilha ativa confinaram os lusos ao interior das muralhas de suas fortalezas também na Ásia por conta de cercos prolongados. Esses cercos, não raro, obrigaram os portugueses que fundaram o Estado da Índia a pedir socorro à Coroa.

Os nativos costumavam atacar os portugueses que resolviam sair das protegidas feitorias e fortalezas, localizadas na costa ou às margens de rios, e se aventurar nas florestas em busca de contatos comerciais. Quando menos esperavam, funcionários do Estado português e particulares podiam ser atacados, assaltados e mortos. A tática obteve tal sucesso que não tardou a se generalizar. Grupos maiores de nativos hostis foram se formando, muitas vezes financiados por Estados indianos que se diziam aliados dos portugueses. Esses grupos passaram a atacar também os comboios que saíam das fortalezas em busca de víveres. Para os que ficavam a salvo nas fortificações, restava pensar que o pior ocorrera aos parentes e conterrâneos que haviam saído, mas não voltado.

Logo os lusos perceberam que boa parte do abastecimento das feitorias e fortalezas teria que ser feito por mar, com víveres importados de outras partes da Ásia e até mesmo trazidos do reino. Alternativamente, os comandantes portugueses teriam que se curvar aos preços fixados por mercadores nativos, com livre passagem pelos combatentes indianos escondidos nas matas, que entregavam alimentos em sua porta.

Não obstante, a feroz resistência nativa estimulou os portugueses a reforçarem sua intenção de destruir completamente o outro, arrasando com sua religião e sua cultura.

O DOMÍNIO ATRAVÉS DA RELIGIÃO

Um desdobramento da política de arrasar para conquistar era a providência de, assim que uma feitoria ou fortaleza portuguesa fosse instalada, erguer em seu interior um pequeno hospital, uma escola e uma igreja. Os lusos pretendiam não só criar para si nesses locais condições de vida semelhantes às que encontravam nas cidades da Europa como também demonstravam claramente sua intenção de transformar os nativos a sua volta em bons cristãos e súditos da Coroa. Acenavam com saúde, educação e conforto espiritual aos indianos que estivessem dispostos a renegar sua cultura.

Destarte, apesar dos esforços dos religiosos portugueses e do apoio militar dos capitães, as conversões na Índia tocaram apenas os elementos das castas inferiores, notoriamente aquelas que tinham atividades ligadas ao mar, uma vez que, socialmente, à luz do direito hindu, estava regrado que o contato com o mar significava impureza. Para estes elementos, a conversão ao cristianismo representava a possibilidade de uma maior mobilidade social, algo que seria impossível dentro do rígido sistema indiano de castas.

O fato de a estratégia de dominação pela fé ter sido executada sem levar em consideração a cultura do outro praticamente inviabilizou o sucesso da operação. Por exemplo, a maioria dos sacerdotes cristãos nem ao menos conhecia as línguas locais, o que dificultava a comunicação e, consequentemente, as conversões.

Foi somente com a chegada dos jesuítas, a partir de 1541, que a política de conversões começou a ter algum sucesso. Eles foram responsáveis pela fundação do Colégio de São Paulo, em Goa, inaugurando o primeiro seminário de Teologia e Filosofia da Ásia. Inseridos no projeto lusitano de domínio religioso, os jesuítas foram, contudo, responsáveis por uma das poucas tentativas de compreensão da cultura do outro, não só na Índia, como também na China e no Japão. Eles se instalavam no seio das comunidades locais, aprendendo a língua

Português encontra-se com representantes da população indiana convertida ao cristianismo.

Malabares convertidos ao cristianismo.

e os costumes, tentando convencer, por meio da persuasão pacífica, os nativos a se converterem à fé cristã. Com esse procedimento, obtiveram um relativo sucesso, apesar de, em algumas ocasiões, terem sido assassinados pelos populares que deles discordavam.

O trabalho realizado pelos jesuítas no Oriente sofreu um retrocesso com o estabelecimento do Tribunal do Santo Ofício na Índia, sediado em Goa, em 1560, quando então os portugueses passaram a usar cada vez mais a força para tentar converter e submeter os indianos. A violência dos portugueses despertou o ódio e aumentou a resistência contra sua presença no Oriente. Pouco mais tarde, essa atitude fez com que nativos passassem a apoiar os inimigos de Portugal e, sem saber, suas pretensões de substituir os lusos como senhores do Índico.

Inglaterra e a Holanda também não tinham qualquer respeito para com a cultura do outro. Entretanto, essas nações protestantes demonstravam uma certa tolerância religiosa e facultavam aos outros povos, mesmo os dominados, uma liberdade espiritual relativamente maior do que a permitida pelos portugueses.

Pode-se dizer que, no caso específico da penetração lusitana na Índia, mais do que os desentendimentos culturais, a intolerância religiosa e a vontade de impor ao outro pela violência a sua própria fé fizeram com que os portugueses enfrentassem dificuldades redobradas. Tais dificuldades pesaram muito entre os fatores que levaram ao declínio da carreira da Índia.

TEMIDOS E ODIADOS

A má fama dos portugueses fez com que, rapidamente, eles passassem a ser, ao mesmo tempo, temidos e combatidos. Quando Vasco da Gama, pela segunda vez no comando de uma armada, chegou à Índia em 1502, sua primeira atitude foi justamente, confirmar a má fama. Ciente do massacre de portugueses em Calecute (no caso, trata-se da dissolução da feitoria fundada por Pedro Álvares Cabral), impôs condições de comércio extremamente desfavoráveis aos indianos como forma de retaliação.

Diante da resposta negativa – a única possível – a suas exigências, ordenou o enforcamento de alguns mouros apanhados em Padarane – pescadores muçulmanos que nada tinham a ver com a história – e de alguns africanos que trazia consigo, pois, embora desejasse montar uma cena teatral que arrepiasse os indianos, não queria arriscar um desembarque para capturar nativos. Mandou matar, ao todo, 34 homens, deixando os enforcados pendurados no lais da verga de seu navio, para que fossem vistos à distância, provocando horror e pânico entre aqueles que observavam em terra a cena. Em seguida, bombardeou a cidade.

Não satisfeito com a carnificina, ao anoitecer, o almirante mandou desamarrar os enforcados e ordenou que lhes cortassem as cabeças, as mãos e os pés, e, depois, deitassem os toros ao mar. Colocou os pedaços dos corpos dos mortos em uma almadia (uma embarcação nativa, comprida e estreita, esculpida em uma só tora), com um bilhete, escrito em língua local:

> Eu vim a este porto com boa mercadoria para vender, comprar, e pagar os vossos gêneros; estes são gêneros desta terra; eu vo-los envio de presente, como também a El-rei. Se quereis a nossa amizade, tendes que principiar por pagar o que roubastes neste porto, debaixo de vossa palavra e seguro, depois pagareis a pólvora que constar nos fizestes gastar; e se depois de isto feito quiserdes a nossa amizade, seremos amigos.

A estratégia de intimidação surtiu efeito. Os portugueses fixaram uma imagem aterrorizadora que lhes permitiu fazer bons negócios e empreender conquistas altamente satisfatórias em outros pontos do litoral indiano por onde passaram. A fama que os precedia, a partir do episódio, fazia com que os navios nativos ancorados fossem imediatamente abandonados pelas tripulações, receosas das consequências a cada aproximação de uma armada portuguesa.

A violência tornou-se o principal método empregado pelos portugueses na Índia. Paralelamente, quando Afonso de Albuquerque assumiu o cargo de vice-rei, em 1509, foram estimulados casamentos entre portugueses e indianas de baixo *status* social, visando integrar a cultura indiana à portuguesa. Entretanto, isso não funcionou como esperado.

Não restando outra saída, algumas cidades indianas fingiram aceitar a amizade da Coroa portuguesa e, simultaneamente, incentivavam os rebeldes clandestinos, que lutavam contra a presença lusitana e puniam aqueles que colaboravam com os invasores.

Na primeira década de Quinhentos, na época em que o rei de Cochim era aliado dos portugueses, três indianos que haviam vendido vacas (consideradas sagradas) aos portugueses foram presos e executados pelas autoridades locais não só por terem desrespeitado a religião hindu, como também por terem dado de comer aos lusos.

Como já foi visto, pouco a pouco, a resistência indiana confinou os portugueses ao interior das muralhas de fortalezas e feitorias. Contudo, mesmo nessa situação, o poder de fogo das naus permitiu-lhes controlar com eficiência as zonas litorâneas acessadas por via fluvial, possibilitando a reboque, até a chegada dos ingleses e holandeses, o domínio português sobre as áreas produtoras de pimenta.

Até a decadência final da carreira da Índia, substituída em prestígio pela do Brasil, os portugueses se equilibraram, bem ou mal, por bastante tempo, como os senhores da região. Na China, a situação seria outra. O confronto cultural e militar entre portugueses e chineses seria mais dramático. Muralhas e naus artilhadas não foram suficientes para contorná-lo.

OS PORTUGUESES NA CHINA

Com relação à China, os portugueses resolveram fazer um pouco diferente do que haviam feito na Índia. Antes de aportar por lá, em 1509, recolheram informações junto à costa indiana sobre os chineses, "um povo branco", que há mais de sessenta anos não navegava por aquelas águas. Imediatamente, associaram a cor da pele atribuída aos chineses não aos infiéis, mas, sim, aos gentios, interessando-se vivamente por sua cultura e história.

Entre os chineses, a ascensão de uma nova dinastia ao poder fora concomitante com o declínio e posterior extinção de um período de comércio marítimo efervescente, quando possuíam uma frota naval que chegou a ser composta por 63 grandes *juncos* (embarcações tecnicamente superiores aos navios europeus), tripulados por trinta mil marinheiros.

A nova dinastia considerava desonrosa a atividade comercial marítima. Entretanto, permitia o desenvolvimento de uma marinha de guerra, então em franca expansão. E essa foi a situação encontrada pelos portugueses, ao chegarem ao litoral chinês.

Cada província costeira, governada por um representante direto do imperador da China, o mandarim, possuía sua própria marinha de guerra, encarregada de patrulhar uma zona restrita, possibilitando a cada armada não tardar mais do que três ou quatro dias para retornar à primeira cidade por que havia passado e dificultando a pretensão lusitana de conquista pela força das armas.

Para termos uma ideia do peso das armadas chinesas, quando um capitão português, à frente de três naus fortemente artilhadas, esteve no mar da China à procura de seda por volta da metade de Quinhentos, a simples menção de que a

A imensa quantidade de juncos (observe as velas) – aqui retratado pelo olhar de um holandês que esteve embarcado em uma nau portuguesa – garantia aos chineses uma superioridade naval que os lusos nunca ousaram desafiar.

armada do mandarim de Buhaquirim estava sendo reabastecida, preparando-se para partir em patrulha em um lugar a sete léguas dali, fez os portugueses recuarem.

Cada armada chinesa era composta por quarenta juncos, tripulados por cinco mil soldados e dois mil marinheiros. A despeito da vantagem lusitana do uso de canhões e armas de fogo, equipamentos desconhecidos pelos nativos, que tinham outros usos para a pólvora, o tamanho e o poder de manobra das embarcações chinesas amedrontavam e faziam os portugueses evitarem os confrontos em mar.

Tendo, afinal, encontrando um povo devidamente preparado para resistir à invasão, os portugueses procuraram se aproximar dele através da diplomacia. Para além de uma marinha de guerra forte e um exército terrestre numeroso, a própria forma de governo centralizada existente na China impedia que fossem encontrados grupos aliados isolados entre os nativos, não deixando outra opção aos portugueses.

CONTATO E DIPLOMACIA

Ao contrário do ocorrido com relação a outros povos com quem travaram primeiros contatos, os lusos ficaram muito impressionados com a organização social chinesa, suas cidades, sua tecnologia e, diga-se de passagem, especialmente com a tipografia. Consideraram os chineses "mui corteses", o que era um grande elogio.

Os relatos que chegavam a Portugal, dando conta das novidades observadas na China, classificavam as obras de arquitetura como preciosas e engenhosas, fazendo notar que as ruas, nas cidades e aldeias, eram empedradas e pavimentadas, todas construídas de forma perpendicular, de modo que quem estava de um lado podia ver até o fim da rua, por mais comprida que fosse, por causa da sua retidão.

As casas também impressionaram os navegantes. Eram baixas e térreas, cheias de todo o gênero de curiosidades e ornamentos, com ricos e impressionantes detalhes. Tinham um interior muito espaçoso, com grandes divisões e jardins de recreio. Até as casas pobres eram dotadas de beleza aos olhos lusitanos.

Fica fácil imaginar o impacto provocado em Portugal pelas notícias que chegavam da China. O contraste entre as capitais impressionava tanto que alguns, com evidente exagero, chegaram a dizer que Lisboa, em se tratando das condições de saneamento, moradia e calçamento das ruas, não chegava aos pés de uma simples aldeia chinesa, muito menos de suas principais cidades.

A disparidade entre a capital chinesa e a portuguesa era gritante. Pequim, a "cidade celeste", por ser a residência do imperador era cercada por uma muralha, com vários portões e entradas, a qual, de tão grande, segundo relatos de portugueses, um homem a cavalo não poderia percorrer em todo um dia a distância entre um portão e outro. A rica arquitetura e a organização da cidade chinesa

Sujos, vestidos em farrapos, com hábitos precários de higiene, constantemente bêbados pelo vinho de regra que recebiam diariamente como parte da ração e castigados pelos rigores de meses no mar: não é à toa que os portugueses foram confundidos com mendigos pela população chinesa.

contrastavam com as características precárias de Lisboa, estimulando o respeito português perante os chineses e, consequentemente, levando-os a estabelecer relações diferenciadas com esse povo.

Os navegantes portugueses puderam constatar também que, enquanto a imensa maioria dos portugueses era analfabeta, entre os chineses os livros circulavam fartamente graças, também, ao uso difundido da tipografia. Ficaram impressionados a ponto de considerarem o nível cultural chinês superior ao de gregos e romanos da Antiguidade.

Encontrando uma civilização que, em muitos aspectos, ultrapassava o que havia de melhor na Europa, os lusos chegaram a tomar a China como modelo para uma visão crítica da sua própria realidade. Alguns pensadores portugueses deixaram registrada sua admiração pela civilização chinesa, o que influiu decisivamente no modo de lidar com o outro, forjando uma mentalidade que, pouco a pouco, apregoava a humildade e a tolerância. Entretanto, a mentalidade dominante ainda estava fixada na ideia de que os indivíduos eram apenas uma das muitas peças necessárias à gloria de Portugal, e os portugueses estavam destinados a dominar o mundo.

Enquanto os portugueses viam os chineses com admiração e, não fosse a diferença religiosa, até mesmo como potenciais aliados, devido ao receio de uma invasão bárbara e ao espanto que causava ter contato com mar, a imensa maioria dos chineses enxergava os portugueses como gente de "mau título", mendigos a andarem esfarrapados em busca de riquezas, oferecendo, em troca, quinquilharias inúteis.

O primeiro embaixador português enviado à China foi aprisionado, espoliado de seus bens e dos presentes que levava por ordem do imperador chinês, em função de ter cometido gafes, até hoje desconhecidas, consideradas como sinal de desrespeito. Apesar disso, pode-se dizer que os primeiros contatos entre chineses e portugueses foram até certo ponto cordiais, embora os lusos invariavelmente despertassem desconfiança.

No entanto, em 1519, as relações diplomáticas luso-chinesas entraram, definitivamente, em declínio. O ponto de partida foi a chegada a Catão da armada portuguesa capitaneada por Simão de Andrade. Para fazer frente à ação de piratas nativos do lugar, o comandante resolveu iniciar a construção de uma fortificação ali mesmo. Essa era uma prática comum dos portugueses com relação aos territórios de seu interesse, mas ofendeu o sentimento de soberania chinês. Sem se importar com suscetibilidades, Simão de Andrade também impediu mercadores estrangeiros de comercializar antes de ele próprio concluir seus negócios. Tudo isso causou indignação entre os oficiais chineses, pois, na ótica deles, o capitão português ousava exercer poderes que só caberiam ao imperador.

O imperador da China era considerado por seus súditos "rei e senhor do mundo e filho do céu", quase um deus. Na ótica portuguesa, isso era inaceitável, uma vez que cabia somente ao rei de Portugal decidir sobre os rumos do Oriente por intermédio de seus navegantes, sendo estes, sim, guiados pelo verdadeiro e único Deus.

Nessas condições, nada seria mais natural que um confronto direto entre chineses e portugueses que certamente teria culminado com a derrota dos últimos e, talvez, até mesmo com a expulsão das naus lusitanas do Índico. Porém, quando Simão de Andrade cometeu seus desatinos, governava o imperador Wu-Tsung, homem velho e mais afeito à diplomacia que ao enfrentamento. O caminho seguido, então, foi o do entendimento pacífico: os chineses permitiriam o livre comércio em suas terras e os portugueses passariam a respeitar a soberania chinesa, administrada pelos mandarins, frequentando o litoral da China sem tentar fundar feitorias ou fortalezas.

Entretanto, quando Wu-Tsung faleceu, tudo mudou.

DIFICULDADES E COMPENSAÇÕES NO MAR DA CHINA

Há tempos, os conselheiros do imperador Wu-Tsung clamavam pela expulsão dos portugueses, vistos como agressivos e uma ameaça em potencial à hegemonia chinesa na região do Índico. Seu sucessor, o novo imperador, acatou esses argumentos e proibiu oficialmente os portugueses de comercializar em suas águas. Com isso, o entendimento, que apenas engatinhava, foi por água abaixo.

A partir de então, por mais respeito mútuo que houvesse entre as partes, segundo a ótica dos observadores lusitanos contemporâneos dos fatos, os portugueses passaram a ser tratados por toda a China com ingratidão e descortesia. Os chineses deveriam ter recebido os navegantes lusitanos como portadores de boas-novas, já que traziam consigo a fé cristã e a possibilidade de um lucrativo comércio com a Europa. Mas não o fizeram.

A má fama que os portugueses haviam forjado na África e na Índia espalhou-se também pela China e foi confirmada por Simão de Andrade. Os chineses não iriam facilitar as incursões portuguesas em seus domínios.

Por esse motivo, a Coroa resolveu entregar o comércio com a China a particulares, aventureiros dispostos a arriscarem-se. Tal situação durou até 1554, quando o imperador chinês finalmente autorizou o comércio com os portugueses. Mesmo assim, restrito a Macau. Por que ele cedeu? Não havendo como eliminar totalmente a presença lusitana clandestina nos mares da China e atendendo ao interesse de alguns dos seus súditos, que, em nome do lucro, teimavam em comercializar com os portugueses, o Estado chinês resolveu oficializar uma prática que já tinha se enraizado: a troca de porcelana e seda chinesa por especiarias trazidas pelos lusos da Índia.

A Coroa portuguesa, então, retomou e forçou as rédeas do intercâmbio com a China, incrementando as trocas comerciais com a prata obtida no Japão. Observando o sucesso do comércio, os crescentes ganhos de seus súditos e o aumento na arrecadação de impostos, o imperador chinês decidiu centralizar o trânsito de mercadorias e restringi-lo a uma única cidade: Macau, que foi oficialmente entregue aos portugueses em 1557. Assim, o Estado chinês poderia controlar mais ativamente a entrada e a saída de mercadorias, fiscalizando de perto o pagamento de impostos e intermediando as trocas comerciais ao monopolizar o transporte de gêneros de vários pontos do litoral da China para Macau, de onde os portugueses levavam a porcelana e a seda para a Índia e, de lá, para a Europa ou para o Japão, fazendo o caminho inverso com outras mercadorias, que se somariam às especiarias e à prata.

No período em que os portugueses estiveram proibidos de navegar no mar da China, os aventureiros lusitanos conseguiam frequentar apenas três cidades – Sanchoão, Liampó e Lampacau –, os únicos locais onde as autoridades chinesas aceitavam suborno para fazer vista grossa à sua presença. Talvez até mesmo com a conivência do imperador ou de seus assessores mais próximos, já que o Estado lucrava com os tributos pagos pelos comerciantes daquelas cidades e o fruto dos subornos era distribuído entre vários segmentos do funcionalismo público, atingindo até mesmo aqueles aparentados com o imperador. Contudo, mesmo nessas zonas, o temor e a aversão aos portugueses imperavam entre os nativos, que, por sua vez, não se mostravam dignos da confiança portuguesa.

Em certa ocasião, depois de fazer negócio e trocar especiarias por seda, o capitão português Antônio de Faria foi ludibriado pelo madarim de Liampó, que lhe indicou o rumo errado para uma cidade que supostamente teria interesse em comercializar com os lusos. O ambicioso capitão português seguiu as indicações seguro de chegar ao destino e só depois de dois meses e meio passou a desconfiar do que lhe dissera o chinês. O resultado do episódio do navio perdido foi um miserável naufrágio. Seus sobreviventes acabaram em uma prisão, nos arredores de Nanquim, com grilhões nos pés, algemas nas mãos e corrente no pescoço. Como ordinariamente ocorria com aqueles apanhados fora das áreas de tolerância, infringindo a proibição de comercializar na China, esses portugueses foram maltratados com açoites e fome.

Não obstante, tanto antes como depois de 1554, a maioria dos piratas chineses priorizava a caça às naus portuguesas. Procurando contornar esse assédio, muitos contrabandistas portugueses deixaram de lado o uso de naus e passaram a utilizar embarcações nativas. Porém, o artifício de tentar passar sem chamar atenção nem sempre funcionava.

Pela altura da metade do século XVI, Fernão Mendes Pinto, navegando em uma *lanchara* (embarcação típica do oceano Índico usada na pesca, movida a vela e dotada de remos), foi atacado por piratas. Saiu-se bem e conseguiu aprisionar a embarcação inimiga. A bordo dela, encontrou quatro portugueses que haviam sido pegos em um ataque ao barco chinês que utilizavam, um junco. Na manhã

Gravura do século XVI retrata um português portando arma de fogo e espada. Nem mesmo as temidas espingardas e os canhões foram capazes de garantir aos portugueses sua presença nos mares da China, onde eram considerados não mais que piratas, os quais deveriam ser combatidos a todo custo.

seguinte, o navegador avistou mais gente à deriva, equilibrada em paus. Eram 14 portugueses que haviam sobrevivido ao naufrágio de um outro junco, causado, também, por um ataque de piratas chineses.

O sucesso de Fernão Mendes Pinto foi um caso raro, pois, em confrontos com piratas chineses, na maioria das vezes os portugueses saíam derrotados. De fato, o assédio deles era considerado o maior inimigo da aventura portuguesa no mar da China.

Verdadeiras exceções à regra, em algumas ocasiões, os lusos aliaram-se a tripulações piratas mistas formadas por chineses e guzerates (indianos), em batalhas contra as autoridades chinesas. Mesmo quando inicialmente levavam vantagem, cedo ou tarde acabavam sofrendo represálias.

Em um episódio emblemático, o já citado capitão Antônio de Faria se envolveu em um confronto direto com o mandarim de Nouday, uma pequena cidade costeira, sem grande importância estratégica, estando, por isso mesmo, quase desprotegida. Venceu a contenda, mas levou o troco mais tarde, ao ser ludibriado pelo mandarim de Liampó. Acabou preso e levado à presença do imperador para responder por seus antigos crimes.

O encontro do navegador com o mandarim de Nouday acabara em conflito, aparentemente, por conta de um mal-entendido entre os dois. O mandarim tinha consigo cinco prisioneiros portugueses e Antônio de Faria era o encarregado pela Coroa de negociar sua libertação. Ao solicitar uma audiência com a autoridade chinesa para tratar do assunto, Faria escolheu mal as palavras de sua mensagem. Afirmou ser:

> um mercador estrangeiro, português de nação, que ia de Veniaga para o porto de Liampó, onde havia muitos mercadores que pagavam seus direitos, sem nunca fazerem roubos nem males como se dizia dos lusos, e que o rei de Portugal, seu senhor, era com verdadeira amizade irmão do rei da China, indo a terra, como também aos chineses, com respeito, esperando encontrar justiça.

As diferenças civilizacionais fizeram com que os signos de amizade e cordialidade expressos pelo português fossem interpretados como a mais pura grosseria. Tendo escutado essas palavras da boca dos intérpretes enviados por Antônio de Faria, o mandarim mandou açoitar os mensageiros e cortar suas orelhas. Como resposta, enviou, em um papel roto, a seguinte mensagem:

> Vareja triste, nascida de mosca encharcada no mais sujo monturo que pode haver em masmorras de presos que nunca se alimparam, quem deu atrevimento a tua baixeza para parafusar nas coisas do Céu? Porque mandando eu ler a tua petição, em que, como o Senhor me pedias que houvesse piedade de ti que eras miserável e pobre, à qual eu, por ser grandioso, já me tinha inclinado, e estava quase satisfeito do pouco que davas, tocou no ouvido de minhas orelhas a blasfêmia de tua soberba, dizendo que o teu rei era irmão do filho do sol, leão coroado por poderio incrível no trono do mundo debaixo de cujo pé estão submetidas todas as coroas dos que governam a terra com real cetro e manto, servindo-lhe contínuo de brochas de suas alparcas, esmagados na trilha do seu calcanhar, como os escritores de ouro testemunharam na fé de suas verdades em todas as terras que as gentes habitam. E por esta tamanha heresia mandei queimar o teu papel, representando nele por cerimônia de cruel justiça a vil estátua de tua pessoa, como desejo fazer a ti também por tamanho pecado, pelo qual te mando que logo e logo, sem mais tardar faças à vela, porque não fique maldita do mar que em si se sustenta.

Não possuindo os dotes diplomáticos requeridos, uma vez que era, como ele mesmo se definiu, apenas um mercador, em vez de tentar corrigir o erro, Antônio de Faria optou por se aliar ao pirata chinês Quiay Panjão contra o mandarim. Quiay Panjão viu na ocasião a oportunidade ideal para saquear Nouday e colocar a culpa exclusivamente nos portugueses. Os aliados de ocasião atacaram a cidade. Os 300 homens de Faria e mais 160 soldados de Quiay Panjão conseguiram derrotar os 600 chineses que ofereciam resistência. Como isso foi possível? Talvez a aliança com os piratas tenha feito a diferença, já que vencer os chineses em batalha não era algo comum para os portugueses.

Como dá conta um soldado português que serviu no Oriente, os lusos tinham práticas militares arcaicas:

> [Entre os portugueses] imperava a desordem e indisciplina em combate. Quando atacavam, arrancavam logo todos contra a praia, repartidos por duas ou três bandeiras sob seus respectivos cabos, mas o comando era puramente nominal, pois, enquanto o capitão

dava as ordens, cada um, sem se importar nem com o chefe, nem com os camaradas, rompia avante, guiando-se em toda a refrega pelos próprios impulsos. Este arranque era acompanhado por uma vertiginosa sensação de medo e despreparo, compensada, quando por ocasião da entrada em uma povoação, através de golpes para todos os lados, todo ser vivo era metido à espada, velhos, mulheres, crianças e até animais, não só por crueldade, própria da época, como por ser este o costume entre os soldados portugueses.

Mesmo quando a cadeia de comando era respeitada, mas um nobre de sangue estava à frente de uma companhia, o comportamento dos soldados era tão caótico que parecia não haver comandante algum. Isso ocorria porque, do mesmo modo que com os cargos de confiança a bordo das naus, o privilégio de liderar uma tropa portuguesa era conseguido muitas vezes mediante relações de parentesco ou simplesmente através da compra do cargo. O resultado era desastroso, como, aliás, costuma ocorrer em sociedades em que a liderança é conseguida pelo nascimento, e não pelo mérito.

Coisa diversa acontecia na China, onde não havia cargos administrativos e militares ocupados sem a permissão do imperador, que os outorgava baseado em critérios de merecimento. Quando um mandarim morria, por exemplo, sua posição "voltava" para as mãos do imperador e este podia, ou não, transmitir o cargo para um filho do falecido, conforme julgasse sua capacidade para exercer a função. Esse procedimento garantia uma cadeia de comando mais eficiente e fiel, com líderes verdadeiramente respeitados por seus comandados.

Enquanto a principal motivação dos aventureiros portugueses na China era o lucro pessoal, o enriquecimento fácil, a pretexto de servir ao rei e a Deus, a imensa maioria dos chineses atacados por eles era submissa ao imperador e aos seus senhores, seguindo um rígido código de conduta militar e moral. Assim, fica mais fácil entender as inúmeras dificuldades dos portugueses em suas incursões militares.

Apesar de tudo, o comércio com a China era um negócio lucrativo, que incrementou os produtos transportados pela carreira da Índia. Depois do declínio dos negócios na Índia, a China chegou até mesmo a garantir a sobrevivência da rota.

A CHEGADA DOS PORTUGUESES AO JAPÃO

Quando os portugueses chegaram ao Japão, em 1543, as relações comerciais entre japoneses e chineses estavam interrompidas. Logo os lusos perceberam que poderia ser muito lucrativo trocar a seda e a porcelana chinesas pela abundante prata japonesa. A seus olhos, isso resolveria em parte o problema da escassez de metais preciosos entre os portugueses, proporcionando-lhes metal suficiente para garantir trocas pacíficas na China.

Entretanto, a realidade não era assim tão simples. A despeito do cabedal oferecido pelos portugueses ser mais do que bem-vindo no Japão, por aquela altura os japoneses encontravam-se praticamente isolados do mundo exterior e em um território compartimentado. O arquipélago, formado por quatro grandes ilhas e mais de três mil pequenas ilhas, estendidas pelo oceano Pacífico e proximidades do mar da China, tinha os potenciais consumidores dos produtos intermediados pelos lusos espalhados em uma grande extensão territorial, dificilmente coberta pelos navios portugueses disponíveis na região.

Além disso, no território japonês, as forças da natureza se manifestavam brutalmente, com bastante frequência, dificultando os desembarques e deslocamentos de mercadorias e gente, em meio às tempestades e mudanças de orientação na direção dos ventos.

Vencendo todos os obstáculos, os portugueses foram os primeiros ocidentais a aportar no Japão. Receberam dos japoneses o epíteto de *nambajin* ("bárbaros do sul", por terem desembarcado, pela primeira vez, na ilha de Kyushu).

À época da chegada dos portugueses, o Japão era governado nominalmente por um imperador, que, apesar de oficialmente ser o senhor absoluto do território, na prática não era assim tão poderoso. O controle efetivo das terras distribuía-se entre os membros da nobreza e os chefes militares. Em cada um dos domínios, cada senhor tinha seus vassalos num sistema político semelhante ao feudalismo, ou seja, o imperador não era muito mais que um senhor feudal, com poderes um pouco estendidos dentro do âmbito das relações de soberania e vassalagem.

Por conta dessa pulverização política, o Japão vivera um longo período de guerras civis e estava bastante desgastado em meados do século XVI. A chegada dos portugueses, o contato com outros europeus e o exemplo próximo da China, com seus governos estáveis, poderosos e até ameaçadores, abriu os olhos dos poderosos do Japão para a necessidade de unificar politicamente o território, promovendo a centralização do poder e a criação de um Estado forte que pudesse fazer frente aos estrangeiros.

Iniciava-se o processo de unificação do Japão, que ocorreu em etapas e foi concluído apenas no início do século XVII, à custa de muito sangue derramado em batalhas pela retomada da autoridade central. A figura simbólica do imperador foi usada como base para dar legitimidade ao movimento, mas quem o conduziu, até que finalmente um único chefe fosse reconhecido como a autoridade máxima de um poder central, foram os poderosos militares. Ao final do processo, essa autoridade era o generalíssimo, o xogum. O imperador continuou com seu papel de líder simbólico, mas o governo, de fato, ficou a cargo dos sucessivos xoguns.

O território japonês permaneceu dividido em domínios, comandados por senhores de terra, que pagavam impostos a seus superiores hierárquicos e assim sucessivamente, até chegar ao xogum, no topo da hierarquia. A estrutura montada permitiu um controle central e maior sobre o território, ao mesmo tempo em que se inaugurava, a partir do início do século XVII, um período de relativa paz interna.

A chegada dos portugueses ao Japão, retratada em um biombo japonês do século XVII.

Os portugueses chegaram ao Japão na época em que as disputas sangrentas entre os senhores feudais japoneses ainda assolavam o país. E tiraram o melhor proveito que puderam da situação.

APROVEITANDO AS DIVISÕES INTERNAS

As lutas internas no Japão inicialmente facilitaram o trânsito de naus portuguesas, embora não tenham ajudado na fixação de entrepostos mercantis. Como cada senhor era soberano em seu domínio, para os portugueses era fácil encontrar senhores dispostos a permitir o trânsito de embarcações lusitanas e adquirir produtos da China e da Índia em troca de prata.

Mesmo quando uma mudança de comando sobre um feudo interditava um ponto de comércio, os portugueses podiam sempre explorar as rivalidades internas para obter permissão de frequentar zonas próximas, sem prejuízo algum. Ou podiam explorar as intrigas familiares, para colocar no poder um senhor mais condizente com seus interesses.

Os portugueses aproveitaram as divisões internas reinantes entre os japoneses para comercializar nos mares do Japão. Quando não eram bem recebidos em um porto, podiam sempre encontrar desafetos daquele que lhes tinha recebido mal, utilizando as desavenças para penetrar no Japão.

Pela altura da chegada dos lusos, ao contrário do que ocorria no mar da China, os japoneses não tinham qualquer tipo de marinha de guerra ou piratas em seu litoral. Isso permitiu aos portugueses preencherem a demanda por embarcações que ligassem o Japão com a China, no vácuo criado pelos séculos de guerras entre japoneses e chineses.

DIFERENÇAS CULTURAIS

Inicialmente, o comércio com o Japão esteve nas mãos de particulares, motivo pelo qual, durante as primeiras décadas, os portugueses não frequentaram sistematicamente o mesmo porto, já que, oportunistas, os aventureiros aportavam os navios onde calhassem, conforme a conveniência do momento, sem se preocupar em manter rotas regulares, obrigação e preocupação somente das embarcações oficiais do Estado português. Entretanto, dado o regime das correntes marítimas, a partir do mar da China, era corriqueiro os navegadores passarem no Japão ao menos pelo porto de Bungo ou pela ilha de Hirado.

Em um desses primeiros contatos, aventureiros portugueses chegaram à ilha de Tanixumma, em uma cidade chamada Quangeparuu, que teria 15 ou 20 mil habitantes. Foram bem recebidos pelos japoneses, mas despertaram nos anfitriões alguma repulsa por seus hábitos, considerados bárbaros: comiam com as mãos, vestiam-se com farrapos, exalavam mau cheio e usavam barbas compridas. Foram, também, considerados inofensivos por aquele povo acostumado a um rígido padrão de conduta militar.

No Japão, uma boa espada, de preferência feita por um mestre antigo e renomado, era um objeto bastante valorizado, verdadeira preciosidade. Já os portugueses mostraram aos japoneses seu grande interesse por pedras preciosas e joias, algo que os nativos não valorizavam tanto assim.

Refletindo sobre a experiência vivida na China, cedo ficou evidente para os portugueses que o comércio com o Japão deveria ser estabelecido principalmente com o auxílio da diplomacia. Contribuiu para essa opção também o fato de Portugal ver os japoneses com uma certa admiração, considerando-os inteligentes e capazes de aprender tudo rapidamente.

A despeito da insistência dos portugueses em se apresentar como mercadores e gente de posses, o estado lastimável que a vida no mar suscitava aos navegantes fazia-os com frequência, nos primeiros contatos, serem tomados como mendigos pelos japoneses. Em certa ocasião, por exemplo, uma tripulação lusitana que passou por Tanixumma foi interpelada por nativos que queriam ajudá-los com esmolas, "como tinham por costume fazer aos pobres da terra".

Por essa razão, alguns lusos adotaram o hábito de, quando chegavam a uma localidade japonesa onde nunca haviam estado antes, fazerem-se passar por naturais de Malaca, buscando fugir da fama de mendigos impingida aos portugueses. Entretanto, isso, algumas vezes, não fazia mais que aumentar a confusão, pois, simplesmente por mencionarem que vinham da China, eram tidos como ladrões, que tinham vindo roubar e matar. Alguns portugueses que aportaram em Pongor, dizendo ser malaqueses, chegaram a ficar presos por quase dois meses, até que o engano fosse finalmente desfeito e eles pudessem mostrar terem vindo em paz.

INTRODUÇÃO DE ARMAS DE FOGO NO JAPÃO

Para além da necessidade de intermediários que dessem conta de ligar o Japão à China, cedo os portugueses despertaram o interesse dos japoneses por suas armas de fogo.

Biombo japonês do século XVII que retrata os habitantes locais observando com atenção os lusos. Ao introduzirem armas de fogo no Japão, os portugueses desequilibraram a estrutura de poder na região.

As armas fornecidas pelos portugueses abriram as portas do Japão para as naus lusitanas. Dessa vez pelo comércio, não mais com a violência como ocorrera na Índia e na África. Os portugueses trocavam suas armas pelo livre trânsito por entre os feudos japoneses e, então podiam oferecer e aceitar outras mercadorias.

Tão logo os japoneses adquiriram os primeiros mosquetes e espingardas, passaram a tentar reproduzi-los pelas mãos de seus próprios artesãos. A introdução da espingarda, no Japão, terminou garantindo um maior poder de barganha nas negociações dos lusos com os nipônicos e, ao mesmo tempo, uma enorme vantagem estratégica para alguns senhores japoneses, em seus enfrentamentos com outros. Podemos dizer, com isso, que a chegada das armas de fogo contribuiu para o processo de unificação política do Japão, tornando-o, em seguida, militarmente ainda mais forte diante dos outros Estados asiáticos, a ponto de desequilibrar o jogo de poder na Ásia.

Como toda história tem um começo, real ou imaginário, essa também teve. Segundo consta, quando aventureiros portugueses aportaram em Nautaquim, por volta de 1550, estabeleceram sem grandes problemas relações amigáveis com os japoneses. Depois de um tempo no local, o navegador Diogo Zeimoto resolveu, por passatempo, dar alguns tiros com sua espingarda.

Os japoneses que o observavam enxergaram naquilo uma feitiçaria, porque, naquela terra, nunca se tinha visto tiro de fogo. Entretanto, o senhor local logo percebeu as possibilidades de uso do artefato para superar seus inimigos e acabou comprando uma única arma de Diogo juntamente com seus métodos de fazer pólvora, em troca de uma grande quantidade de prata e o trânsito livre por seus domínios.

Artesãos de Nautaquim puderam, então, desmontar a espingarda, passando a entender seu funcionamento. Em cinco meses e meio, já haviam aperfeiçoado e desenvolvido um sistema de fabricação, a ponto de contabilizarem por lá mais de seiscentas espingardas.

A utilidade da arma logo virou notícia, que se espalhou por outros domínios e fez com que outros senhores começassem a procurar os portugueses para trocar o livre trânsito em suas terras por uma única espingarda e o segredo da fabricação da pólvora, tal como havia procedido o senhor de Nautaquim. Adquirindo um exemplar, rapidamente esses senhores passaram, eles também, a fabricar espingardas. Em apenas seis anos, o senhor de Funcheo conseguiria produzir mais de trinta mil armas.

TENTATIVAS DE ESTABELECIMENTO

Ao contrário do que aconteceu na China, a despeito das facilidades representadas pela divisão política interna e pelo poder de barganha das espingardas, no Japão os portugueses nunca conseguiram estabelecer uma base avançada e, como se não bastasse, seriam expulsos e impedidos de frequentar o litoral japonês, depois de apenas algumas décadas de sua chegada por lá.

Enquanto o ir e vir das naus portuguesas esteve restrito aos aventureiros, o pequeno número de missionários que chegavam com eles e tentavam converter os japoneses não foi malvisto no Japão. No entanto, quando, graças a esses mesmos aventureiros, descobriu-se que além da prata o Japão tinha outros produtos a oferecer, a situação mudou.

Os portugueses interessaram-se também por obter dos japoneses ferro, aço, chumbo e estanho, necessários, entre outras coisas, para o reparo das naus da Índia e para a construção dos navios no Brasil. Cobiçavam, também, salitre, enxofre, mel, cera e diversas espécies de madeira japonesas, essenciais para os novos estaleiros portugueses da Índia. Em 1550, as autoridades portuguesas em Goa tornaram o comércio com o Japão um monopólio da Coroa lusitana e, sete anos depois, estabeleceram uma carreira entre Malaca, Macau e Japão. A partir dessa data, a presença de religiosos nas naus portuguesas foi intensificada.

Diante de um povo preparado para repelir qualquer tentativa de invasão, os lusos optaram por tentar intensificar o comércio com o Japão através da fé.

Procuravam servir-se dos "soldados de Cristo", os jesuítas, para persuadir pacificamente os japoneses a se converterem ao cristianismo e, assim, criar um ambiente favorável às alianças e ao comércio nipo-português. Buscavam, com isso, reaver a lucratividade que a carreira da Índia não mais lhes proporcionava.

Para além do povo miúdo, em 1562 os jesuítas conseguiram converter o *daimio* (senhor feudal) Omura Sumita, que, por sua vez, cedeu aos portugueses o porto de Yokoseura. Esse primeiro êxito não durou mais que um ano, pois, em 1563, o porto foi arrasado pelos próprios subordinados de Sumita em uma revolta contra o que diziam ser uma traição à tradição de honra japonesa. Os portugueses acabaram expulsos do feudo.

Embora tenha fracassado, a primeira tentativa de fixação lusitana em solo japonês ajudada pela fé serviu de estímulo à intensificação da presença de clérigos no Japão, patrocinada pela própria Coroa portuguesa. Após várias tentativas, em 1571 os jesuítas conseguiram se estabelecer em Nagasaki, ao mesmo tempo que os mercadores portugueses obtiveram a proteção do senhor local e a permissão para frequentar o porto da cidade.

No entanto, os japoneses tinham suas crenças, seus ídolos e sacerdotes muito respeitados pela população. Após a chegada dos jesuítas, alguns líderes religiosos se converteram ao cristianismo. Isso provocou a indignação daqueles que se mantinham fiéis ao budismo e ampliou seu combate ao cristianismo.

Depois de obter a proteção do daimio de Nagasaki, os jesuítas conseguiram batizar três outros senhores – de Bungo, Arima e Omura –, os quais mandaram seus filhos e primos com os jesuítas à Índia, para seguirem dali para Portugal e assim por diante até Roma, na intenção de jurar obediência ao papa. Em 1587, alguns desses homens retornaram ao Japão, trazendo cartas do papa e objetos santificados, como, por exemplo, relíquias da cruz de Jerusalém. Vinham com a firme convicção de converter todo o povo. Isso foi a gota d'água para certos líderes japoneses que, aliás, vinham se mostrando mais tolerantes com os jesuítas que muitos de seus próprios súditos.

Com a ascensão de Toyotomi Hideyoshi ao poder, em 1582, o Japão pôde avançar politicamente ainda mais no sentido da unificação iniciada no governo do antecessor Oda Nobunaga, apoiada fortemente na capacidade bélica das armas de fogo recém-obtidas. Hideyoshi encarou o retorno dos parentes dos senhores de Bungo, Arima e Omura – a seu ver, cristãos fanáticos –, favoráveis mais a Portugal que ao Japão, como uma ameaça ao Estado centralizado. Ouviu também os apelos dos líderes religiosos budistas para que expulsasse do país os portugueses que desrespeitavam as crenças nativas. E percebeu que os portugueses poderiam usar os religiosos como ponta de lança para futuras conquistas militares no território japonês. O decreto expulsando exclusivamente os religiosos portugueses do Japão, embora não os cristãos ou católicos como um todo, data de 1587.

Os produtos mais preciosos adquiridos eram guardados na câmara do capitão-mor. Apesar das relações comerciais, os portugueses seriam expulsos algumas décadas depois por razões religiosas e políticas.

O trânsito de naus lusitanas continuou livre, embora o Estado japonês não fornecesse qualquer tipo de garantia de segurança contra a ira eventual dos populares. Alguns navegadores podiam contar apenas com a proteção de determinados senhores locais, e nada mais.

Depois de quase meio século de contato, trocas comerciais e aprendizado mútuo, cresceu no Japão a convicção de que os ocidentais, em especial os portugueses, ameaçavam a ordem social estabelecida, minando o senso de lealdade e obediência tradicional no qual essas relações se baseavam.

A EXPULSÃO DOS PORTUGUESES

A partir da expulsão dos clérigos, longe da influência dos jesuítas, alimentou-se entre a arraia-miúda a opinião de que um português não passava de um "cão fedorento", incapaz de observar os requisitos mínimos de civilidade e moral na lógica nipônica.

Houve um rápido retrocesso da presença da fé cristã no Japão, o que, em poucas décadas, traria grandes problemas para os comerciantes portugueses.

Em 1588, Hideyoshi faleceu. O impasse relacionado à sucessão desembocou em violentos conflitos internos, até que, finalmente, o guerreiro e senhor de terras Tokugawa, vencendo seus inimigos, tornou-se o chefe supremo do país com o título de xogum, obtido das mãos do imperador em 1603. Seu governo, além de completar o processo de unificação política sob um poder forte e central, lançou as bases administrativas e sociais que propiciariam mais de duzentos anos de estabilidade interna e a hegemonia da dinastia Tokugawa no comando dos japoneses até 1868.

O caos interno provocado pela guerra civil estimulara alguns fidalgos e mercadores portugueses a transportarem missionários clandestinamente, em uma tentativa de reverter o quadro contrário à presença de cristãos lusitanos no Japão. Infelizmente, para os lusos, a vigilância acirrada dos japoneses empenhados na tentativa de acabar com a guerra civil, através da união em torno do combate à nociva presença de estrangeiros no Japão, acusou os portugueses de corruptores da tradição nipônica, não permitindo a volta dos clérigos ao Japão e perseguindo os que ainda se encontravam em suas terras. Em 1596, por exemplo, 19 católicos japoneses, 6 franciscanos espanhóis e 3 jesuítas portugueses foram crucificados, e 120 igrejas foram queimadas.

Ainda antes da reunificação política do Japão, a chegada dos holandeses às ilhas nipônicas, em 1600, seguida pouco depois pela entrada dos ingleses no cenário, dificultou ainda mais a situação dos oriundos de Portugal. Os protestantes recém-chegados, sabendo, por meio de espiões, da intolerância japonesa para com religiosos europeus, não traziam missionários a bordo de suas embarcações. Diziam-se inimigos dos portugueses e procuravam oferecer melhores condições de comércio.

Pouco a pouco, a utilidade da presença de naus portuguesas foi declinando no Japão. Depois que o inglês William Adams foi nomeado conselheiro do xogum em substituição a um jesuíta, um novo édito de expulsão dos missionários foi promulgado em 1613.

As perseguições e os martírios dos que insistiam em ficar intensificaram-se. No ápice da revolta de japoneses contra os cristãos em seu território, em 1637, milhares de cristãos foram martirizados. O fato serviu de pretexto para culpar os portugueses pela confusão reinante, culminado com uma ordem de expulsão de todos eles do Japão, em 1639.

Na verdade, com algumas raras exceções, nenhum estrangeiro poderia mais entrar no país a partir daquela data. Agastados com os europeus, os japoneses preferiram ver-se livres de sua presença. Com suas mercadorias, os europeus costumavam levar também para o Oriente suas disputas internas e seus conflitos religiosos. Obtinham aliados, mas também criavam inimizades. As situações de instabilidade que provocavam acabaram por levar o governo japonês a uma postura radical contra os ocidentais.

A perda do privilégio de comercializar com o Japão privou os portugueses da prata nipônica, contribuindo também para o declínio da carreira da Índia. Os portugueses ainda fizeram algumas tentativas de retomar o contato com os japoneses, mas não obtiveram sucesso. Os membros da missão pacificadora, enviada por comerciantes de Macau a Nagasaki em 1640, por exemplo, acabaram horrivelmente torturados e mortos.

No momento em que Portugal recuperou sua independência da Espanha pelas mãos de D. João IV, a recém-restaurada monarquia portuguesa optou por incrementar a rota do Brasil, em detrimento do projeto de Império Lusitano no Oriente. Contudo, a presença portuguesa em Macau e Goa ainda garantiu a sobrevida das armadas da Índia até 1865.

NO BRASIL

Apesar de a concepção popular sobre os martírios vividos pelos primeiros exploradores portugueses no Brasil ser verdadeira – principalmente por conta do canibalismo dos indígenas –, a partir da metade do século XVI o cotidiano dos marujos de passagem pela terra, dos soldados de prontidão nas fortalezas e dos colonos foi mais ameno se comparado aos apertos vividos pelos portugueses no Oriente.

A começar pela viagem marítima, cujo percurso era mais curto. Embora as mesmas privações das viagens para a Índia fossem vividas a bordo dos navios que partiam para o Brasil, não se pode negar que o destino dos tripulantes e passageiros das naus desta última rota era mais suportável. Sobretudo graças ao tempo gasto no trajeto.

Enquanto as naus da Índia levavam meses para chegar ao seu destino, as embarcações que rumavam à Terra de Santa Cruz, podiam alcançar a cidade de Salvador a partir da ilha da Madeira, com sorte, em apenas dez dias, os quais, convém lembrar, não deixavam de ter seus tormentos.

Na ocasião em que viajou em uma nau que veio ao Brasil, em 1583, apesar de ter permanecido apenas dez dias em alto-mar, o padre Fernão Cardim conviveu com a falta de bons mantimentos a bordo e o consequente adoecimento de vários clérigos embarcados.

As correntes marítimas e a direção dos ventos, que obrigavam os navios à vela a irem, primeiro, em direção à costa brasileira para, depois, contornar o cabo da Boa Esperança em direção à Índia, constituíam uma dádiva aos navegantes, aumentando a velocidade das embarcações.

Assim, os víveres, embarcados nas naus e caravelas do Brasil, mantinham-se frescos mais facilmente, quase eliminando a necessidade da formação de um mercado negro a bordo. Muitos tripulantes e passageiros podiam contar com seu próprio estoque de comida, o qual, no âmbito dos poucos dias necessários para cruzar o Atlântico, mantinha-se estável e mostrava-se suficiente. Quanto à água e ao vinho, o tempo de percurso também era insuficiente para estragá-los completamente.

Mulheres dançando em torno de um europeu capturado em Ubatuba, cidade litorânea do atual estado de São Paulo. O cotidiano no Brasil seria repleto de estranhamentos, mas também de um cruzamento de olhares responsável pela criação de uma cultura miscigenada.

Ao se alimentar melhor, os navegantes que rumavam para o Brasil não sofriam com a inanição – excetuando-se casos esporádicos, como na viagem do padre Fernão Cardim – e, portanto, tinham menos chances de adoecer em alto-mar. Além disso, a despeito de características como a falta de privacidade e higiene ou abusos sexuais serem comuns tanto na carreira da Índia como na rota do Brasil, nesta última elas podiam ser mais bem suportadas em vista da perspectiva de atingir terra firme em poucos dias, ao invés de em longos meses, como ocorria na demanda do longínquo Oriente.

Seja como for, inicialmente devido a seu exotismo, a Terra de Santa Cruz pareceu ser um purgatório para os vivos. Porém, diante das possibilidades vislumbradas e conforme as dificuldades de adaptação foram se diluindo, construiu-se em torno do Brasil uma imagem paradisíaca que alavancou a colonização portuguesa. Economicamente, o Brasil foi uma das principais "vacas leiteiras" de Portugal, explorado com afinco pela metrópole até 1822.

E como tudo começou?

O ACHAMENTO DO BRASIL POR PEDRO ÁLVARES CABRAL

Oficialmente, o Brasil foi descoberto em 22 de abril de 1500 pela segunda armada da Índia, capitaneada por Pedro Álvares Cabral e até então a maior frota

A armada de Pedro Álvares Cabral retratada em *Memória das armadas*, de 1568.

construída, com 22 navios (9 naus, 3 caravelas e 1 naveta de mantimentos), transportando mais de 1.500 homens. Entretanto, a história da descoberta do Brasil pelos portugueses começara antes.

Concretamente, após o retorno em 1499 da armada de Vasco da Gama a Lisboa, trazendo produtos da Índia com um extraordinário lucro sobre o capital investido, a Coroa portuguesa iniciou os preparativos para a construção de nova armada, dessa vez com um número de navios adequado para dar combate ao samorim de Calecute.

Para capitanear a armada, o rei D. Manuel escolheu um fidalgo da pequena nobreza de passado obscuro, mas que tinha se destacado por serviços prestados a D. João II, seu antecessor, e era muito hábil nas artes da política. O fidalgo Cabral partiu com ordens de acertar um tratado de paz com os governos indianos, pois a Coroa planejava obter aliados que pudessem auxiliá-la a tornar-se senhora do Índico. Sem aliados, seria muito difícil lutar contra uma população numerosa, organizada em torno de poderes centralizados.

Podemos conjeturar que Cabral tivesse ordens secretas para, navegando pelo Atlântico, tomar posse oficial de terras descobertas muito antes, pois a rota foi alterada para oeste deliberadamente. Foi então que "descobriu o Brasil", abasteceu os navios e prosseguiu rumo à Índia.

No Oriente, a expedição de Cabral foi um relativo fracasso. A despeito de seus dotes diplomáticos terem lhe valido algum sucesso na obtenção de concessões aos portugueses em algumas cidades orientais, ele voltou com seis naus a menos, afundadas na ida ou na volta, e teve a feitoria de Calecute destruída pelos nativos logo depois de sua partida. Cabral nunca mais comandaria qualquer frota, tampouco um único navio. Seu feito na América não foi considerado suficiente para cobri-lo de glórias. Pelo menos, naquela época.

Depois de observar sinais de terra firme no dia 18, no dia 21 de abril, desobedecendo a instruções fornecidas por Vasco da Gama em Lisboa, Cabral ignorou uma disposição favorável dos ventos para ir diretamente à Índia e decidiu investigar melhor o que lhe diziam os indícios. Avistando terra, lançou âncora na região hoje conhecida como Porto Seguro.

A "descoberta" de Cabral, na verdade, não constituiu mais que o achamento de terras que já eram conhecidas pelos portugueses empiricamente, por conta de expedições de reconhecimento que empreendiam no Atlântico há décadas.

O escrivão da armada, Pero Vaz de Caminha, assinalou que as terras em que se encontravam eram tão férteis que dariam tudo o que se quisesse aproveitar. Porém, com a Índia ao alcance das naus de Portugal – sendo suficiente controlar alguns pontos estratégicos para ter domínio sobre um comércio já estabelecido e sustentado por uma produção que não dependia da força de trabalho portuguesa –, tentar cultivar as novas terras da América parecia, comparativamente,

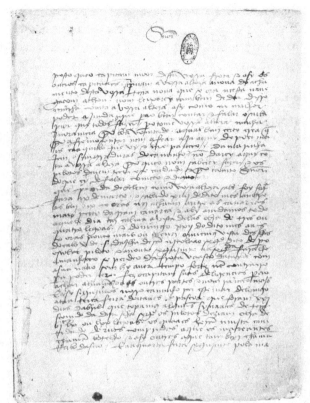
A carta de Pero Vaz de Caminha, relatando o achamento oficial do Brasil.

muito dispendioso. Era mais fácil, no século XVI, quando os portugueses ainda eram senhores do Atlântico e do Índico, obter lucro através da intermediação comercial de especiarias do que produzi-las e, ao mesmo tempo, comercializá-las.

Nessa época, o Brasil encaixava-se perfeitamente como ponto ideal de escala das embarcações da carreira da Índia. A passagem pelas proximidades da costa brasileira para reabastecimento dos navios era praticamente inevitável. Os navios eram obrigados a aportar em terras com solo rico e recursos hídricos abundantes, e a Terra de Santa Cruz passou a fornecer o apoio logístico necessário às armadas da Índia. A maravilhosa força de vento na direção exigida possibilitava isso, mas demandava grande atenção e vigia, dia e noite, para que o navio seguisse o rumo certo.

Segundo um contemporâneo dos fatos, o padre José Figueiredo, durante o reinado de D. Manuel as expedições ao Brasil não tiveram outro objetivo senão fazer indagações, verificações e tentativas de sondar o ambiente. Nos primeiros tempos, o governo português mandou à sua nova possessão apenas prostitutas e *forçados* (bandidos com pena comutada para degredo). Não tinha interesse real em incentivar colonos a habitar as terras descobertas. Os navios que carregavam os desterrados, ao voltarem à Europa levavam unicamente papagaios, macacos e paus para tinturarias. Num tempo em que o pau-brasil era um dos principais produtos obtidos no Brasil, os portugueses estavam bem longe de achar nessa imensa colônia um atrativo comparável às riquezas da Índia.

CABRAL NÃO FOI O PRIMEIRO

Moedas cartiginenses e romanas encontradas em escavações arqueológicas indicavam a presença desses povos da Antiguidade na América. No entanto, as teorias que defendiam datas anteriores à chegada de Colombo no continente americano eram, até recentemente, consideradas meras especulações.

É certo que, desde a Antiguidade, desbravar os limites do mundo conhecido, então simbolizado pelo oceano Atlântico, sempre fascinou os aventureiros. Textos hebraicos, hoje incorporados ao Antigo Testamento da Bíblia, mencionam que o rei Salomão teria estabelecido uma aliança com o monarca Hiram, da cidade fenícia de Tiro, tencionando participar de expedições marítimas para além das

Detalhe do quadro *A elevação da cruz em Porto Seguro*, em 1500. Oficialmente o Brasil foi descoberto por Pedro Álvares Cabral, mas indícios apontam para o fato de as terras brasileiras serem conhecidas pelos povos da Europa desde a Antiguidade.

Colunas de Héracles, nome pelo qual era chamado o estreito de Gibraltar, onde haveria uma terra conhecida como *Braazi*.

Entre os gregos, nas obras *Timeu* e *Crítias*, Platão falou da existência de uma civilização altamente avançada, localizada para além dos limites do mundo conhecido, difundindo a lenda de Atlântida.

Tais indícios demonstram que os antigos possuíam a noção da existência de terras habitáveis no que mais tarde seria identificado como mar Tenebroso (o que hoje chamamos de oceano Atlântico). O mar Tenebroso apareceu em uma lenda árabe como um oceano desconhecido, desprovido de terras, habitado por seres estranhos, composto por água fervente e cercado por uma escuridão perpétua, acabando em um imenso abismo sem retorno.

Crônicas latinas datadas de 750, estimuladas por lendas e relatos de marinheiros e pescadores, mencionam a existência de uma misteriosa ilha Brasil, um local paradisíaco que estaria fixado bem no meio do Atlântico. Um mapa catalão de 1375 foi o primeiro a retratar a localização da ilha, que passou, a partir de então, a aparecer com inúmeras variações quanto a sua posição no Atlântico em inúmeros outros mapas, ao longo da Idade Média.

Os relatos conhecidos que mencionam a existência da ilha Brasil são nebulosos, envoltos em misticismo. Um exemplo são as lendas de São Brandão, um abade irlandês com fama de navegador, que teria vivido entre 488 e 577, e foi, supostamente, o autor de *Navigatio Sancti Brendani*. Segundo o texto, em uma de suas incursões pelo mar Tenebroso, o abade teria atingido terras paradisíacas, descritas por ele como ilhas afortunadas, batizadas de *Insulla Brazilia*. Mais tarde, não se sabe precisamente quando, passou a ser chamada simplesmente de ilha Brasil.

Existe muita discussão sobre a credibilidade desse e de outros documentos que revelariam um conhecimento anterior ao século xv da existência de terras ultramarinas. Entretanto, a discussão não invalida o fato de que lendas circulavam, mesmo que em um meio restrito, estimulando a imaginação dos europeus e seu apetite por terras a descobrir, estimulados com o fim da Idade Média.

O DESCOBRIMENTO DO BRASIL PELOS CHINESES

Recentemente, uma importante descoberta cartográfica deu ainda mais apoio à hipótese de que a existência da América era conhecida muito antes de Colombo ou Cabral por um círculo restrito formado por clérigos eruditos e reis. Não só na Europa.

Mapas chineses, cuja data de confecção comprovou-se estar em torno do ano de 1421, retratam com relativa precisão os contornos do continente americano. Naquele ano, quatro gigantescas frotas, totalizando 800 juncos, enormes navios, com até 150 metros de comprimento e 9 mastros, comandadas pelo almirante Zheng He, um eunuco da corte do imperador Zhu Di, foram encarregadas de desbravar os quatro cantos do mundo em busca de povos a serem submetidos.

Cargueiro chinês da dinastia Ming transportando cereais, em uma gravura de 1637. A tecnologia naval chinesa era mais avançada que a europeia.

A necessidade de víveres para alimentar a grande e crescente população chinesa teria estimulado o imperador Zhu Di a buscar novos produtos em terras desconhecidas e novos súditos para suprir os cofres do Estado com tributos destinados à manutenção do enorme aparato burocrático e militar chinês.

As intenções do imperador foram plenamente satisfeitas ao longo do oceano Índico. Já as expedições chinesas que descobriram a América e a Oceania passaram por inúmeros percalços. Apenas alguns navios conseguiram retornar à pátria com notíciais das novas terras descobertas, logo após o falecimento do imperador. Seu sucessor mudou a orientação política e considerou o contato com o mar algo desonroso.

Além disso, razões de ordem prática impediram o estabelecimento de rotas comerciais chinesas em direção a outros continentes. A China havia despendido uma enorme quantidade de recursos econômicos e humanos para desbravar o mundo, obtendo um retorno mínimo com a empreitada, haja vista a quantidade de navios perdidos. O Estado chinês considerou, então, impraticável investir no comércio marítimo. A prioridade passou a ser a segurança das fronteiras terrestres e costeiras. E os anos se encarregaram de relegar ao esquecimento as notícias da descoberta de novas terras. Apenas uns poucos e seletos chineses conservaram a informação.

Entretanto, podemos questionar se as informações obtidas pelos chineses não teriam sido repassadas aos portugueses por meio dos espiões enviados pela Coroa portuguesa no século xv, talvez os mesmos homens mandados ao Oriente em busca de reinos cristãos e especiarias.

Um fato conhecido e comprovado favorece essa hipótese. Depois de subir ao trono de Portugal – em 1483, momento em que o navegador Diogo Cão havia chegado à foz do rio Congo, fato considerado o maior avanço da exploração naval lusitana até então –, o rei D. João II recusou um pedido de financiamento de Cristóvão Colombo, que planejava chegar à Índia navegando pelo oeste. Isso pode indicar que os portugueses já sabiam da existência de um continente no meio do caminho, barrando o intento do genovês.

O PRIMEIRO PORTUGUÊS NO BRASIL

A despeito de os chineses poderem ser considerados os verdadeiros descobridores da América, discute-se atualmente quem teria sido o primeiro português a chegar ao Brasil. Entre os especialistas, é consenso considerar incorreta e superada a informação de que a data da chegada de Cabral, em 1500, seria a da descoberta portuguesa. Vários deles atribuem a primazia do achamento do Brasil a outros navegadores de capacidade técnica certamente maior que a de Cabral.

A real data dos primeiros contatos entre europeus e ameríndios está envolta em uma verdadeira controvérsia. Contudo, é certo que foi anterior a Cabral ou Colombo.

Em 1488, o navegador português Bartolomeu Dias dobrou o cabo das Tormentas, mais tarde rebatizado pelo rei de Portugal como cabo da Boa Esperança. Em 1497, Vasco da Gama iniciou sua viagem rumo à Índia. Entre essas duas datas, abre-se um leque de possibilidades para o ano e o nome do verdadeiro autor da descoberta lusitana do Brasil. Porém, a documentação disponível parece calar-se.

Uma explicação plausível para o fato de a documentação não fornecer um único nome de capitão ou piloto, entre 1488 e 1497, é a existência da chamada política do sigilo. Isso conduz à hipótese de o período ter sido extremamente efervescente dentro do contexto dos Descobrimentos e, exatamente por isso, a Coroa ter procurado ocultar dos registros as informações a respeito.

A recomendação dada aos navegantes rumo a Índia de realizar a operação conhecida como *volta pelo largo* para atingir o cabo da Boa Esperança, obrigava as embarcações a se aproximarem da costa brasileira. Isso pode indicar que Bartolomeu Dias avistou o Brasil em 1488, se é que não chegou mesmo a aportar. Contudo, não foi encontrado documento que corrobore a hipótese.

O fato é que, após a viagem de Bartolomeu Dias, a Coroa instituiu como regra, cujo desrespeito era passível de punição, a abolição de registros escritos sobre os avanços nas explorações marítimas. As descobertas deveriam ser relatadas oralmente e apenas ao rei e a seus assessores mais próximos.

Assim, é provável que a Coroa tenha enviado exploradores para fazer o reconhecimento das novas terras a oeste. Seus nomes, com raras exceções, foram apagados da História. Além disso, é possível que capitães e pilotos presentes na armada de Cabral já tivessem participado de viagens exploratórias anteriores.

Portugal procurou garantir a "posse do Brasil" já a partir do início da década de 1490. Portanto, anos antes da viagem de Cabral. Fez acordos com a Espanha, na tentativa de modificar o Tratado de Alcáçovas, assinado na cidade de Toledo, em 1479, pelo qual o rei Afonso v garantiu a posse lusitana sobre a ilha da Madeira e os Açores, além do direito sobre as terras descobertas ao longo da costa africana, cedendo, em contrapartida, as Canárias e a primazia sobre as terras a serem descobertas a oeste das ilhas atlânticas para a Espanha. Alcáçovas havia deixado a América de fora das garras do nascente Império Ultramarino Português. Portanto, é bem provável que a Coroa lusitana tenha tentado renegociar os termos do acordo antes de divulgar seus conhecimentos sobre a existência do continente americano.

As negociações se intensificaram a partir da descoberta de Colombo, em 1492, quando a posse das novas terras foi reivindicada pelos reis católicos espanhóis. Culminaram com o Tratado de Tordesilhas, em 1494, que repartia as novas terras a serem encontradas pelo mundo conhecido até então entre Portugal e Espanha. O negociador português que representou D. João II foi o navegador Duarte Pereira Pacheco, assinando o tratado na qualidade de cientista e testemunha.

Duarte Pereira Pacheco certamente não foi o primeiro português a pisar na Terra de Santa Cruz, mas realizou o primeiro reconhecimento, mapeando secretamente a costa e observando as potencialidades da terra. Registrou tudo, posteriormente, em um manuscrito, que permaneceria engavetado durante séculos; diferentemente, Cabral viria ao Brasil somente para oficializar a descoberta perante as outras nações europeias.

Militar e cosmógrafo de reconhecido valor, Duarte Pereira Pacheco esteve no Brasil em 1498, navegando pelo mar do Caribe, Norte e Nordeste da América do Sul. Relatou a experiência na obra *Esmeraldo de Situ Orbis*, título cuja primeira palavra forma um anagrama, a partir dos nomes do rei D. Manuel e de Duarte, e as restantes, em latim, podem ser traduzidas por "dos sítios da terra".

O manuscrito original teria sido redigido posteriormente à aventura, entre 1505 e 1508. O motivo está envolto em mistério, embora se ligue à política do sigilo. Especula-se que talvez tenha sido escrito a partir das lembranças fornecidas por material confeccionado na época em que tudo aconteceu, o qual teria sido destruído para preservar o segredo. Os exemplares que chegaram até nossos dias são meras cópias incompletas do século XVIII, uma das razões que fizeram o descobrimento do Brasil ser atribuído a Cabral.

Tudo indica que, ao contrário de Cabral, cuja missão era tomar posse oficial do Brasil antes de ir para a Índia, Duarte Pereira Pacheco preservou o segredo envolvido nas atribuições concedidas pela Coroa. Por outro lado, fez anotações geográficas que pudessem comprovar a primazia do Descobrimento e divulgou a informação somente em data oportuna, durante o breve período em que esteve repousando em Lisboa, antes de assumir a responsabilidade de caçar piratas franceses que ameaçavam a rota da Índia.

ENTRE O INFERNO E O PARAÍSO

O desconhecido sempre estimulou a imaginação do homem. Os habitantes da Europa dos Quatrocentos não foram exceção. Pelo contrário, costumavam ser bastante criativos em suas descrições das terras e povos que ainda não conheciam, mas estavam perto de encontrar. A crença, por exemplo, em ilhas míticas e em monstros de todas as espécies, enraizada no imaginário da gente do continente, influenciou a representação cartográfica até o século XVII e a cultura e a mentalidade europeias até datas posteriores.

Sob o influxo do humanismo e da inquirição da natureza, narrativas imaginárias de viagens sobrenaturais por terras desconhecidas recorriam à autoridade dos antigos – Heródoto, Plínio, Santo Agostinho, Solino e Isodoro de Sevilha, entre outros –, usando citações deslocadas ou irreais para descrever monstros de toda a sorte.

Textos como as *Coisas inacreditáveis para além de Tule*, a *Cosmographia de Éico* e as *Viagens de John Mandeville* descreviam terras desconhecidas, situadas entre o paraíso terrestre, com seus campos fertilíssimos e um clima perene de primavera, e terras inóspitas, despovoadas ou habitadas por monstruosidades, seres disformes, dotados de um olho só na testa, com uma única perna bifurcada em dois pés, que se alimentavam de carne humana.

Pautando a imaginação estava o maniqueísmo, a dicotomia entre bem e mal, entre paraíso e inferno, um modo de pensar bem conhecido dos portugueses da época. O cotidiano marcado pela cruzada contra os infiéis e a exaustiva caça às bruxas na Espanha e em outras partes da Europa parecia comprovar esse modo de enxergar o mundo. Assim, a descoberta de novas terras, primeiro, ao longo da costa da África e, depois, no século XVI, na Ásia e na América, em vez de abrir a cabeça para novas formas de ver o mundo foi rapidamente classificada nos moldes com os quais os portugueses já estavam acostumados.

Quando chegaram ao Brasil, mesmo observando que os monstros só existiam na imaginação, muitos portugueses continuavam a enxergar aquilo que esperavam ver. Pero de Magalhães Gandavo, na *História da província de Santa Cruz*, topando com um leão-marinho abatido por golpes de espada e flechas em São Vicente no ano de 1564, não conseguiu enxergar mais do que o Ipuiara, um monstro de corpo ovalado, cabeça quase humana, palmípede, dotado de seios e com órgãos genitais masculinos.

A antropofagia, por exemplo, tornou-se motivo de discussão constante. A prática foi associada aos monstros que povoavam o imaginário europeu e razão para o questionamento da verdadeira índole dos gentios – descendentes de Adão e Eva para alguns, enquanto para outros, apenas bestas ou feras. Uma polêmica que só começaria a se diluir depois da promulgação de uma bula papal, datada de 1537, explicitando a natureza humana dos ameríndios.

A beleza física dos canibais, na ótica europeia, contrariando a noção das monstruosidades, contribuiu ativamente para forjar uma imagem paradisíaca da América. Andando despidos, com suas vergonhas à mostra em uma época em que a nudez era tabu, e associada com o pecado original, os indígenas passaram a ser relacionados também aos povos da Antiguidade. Foram representados com aparência hercúlea ou apolínea, com corpos bem-proporcionados, assemelhados aos deuses gregos.

Essa concepção, em um ambiente em que imperava uma nobreza quase sempre iletrada, foi transposta para a iconografia, quadros e gravuras, mostrando as belezas do Brasil, que passaram a circular pela Europa. Um exemplo valioso é a representação da *Adoração dos Reis Magos*, datada no primeiro quartel do século XVI, pertencente ao acervo do Museu Grão Vasco, em Vizeu (Portugal), em que Baltasar não aparece com a aparência tradicional de um negro ou mouro, mas, sim, como um tupinambá.

Entretanto, nem sempre os indígenas brasileiros foram retratados com simpatia. Em muitas gravuras e ilustrações, foram pintados como demônios.

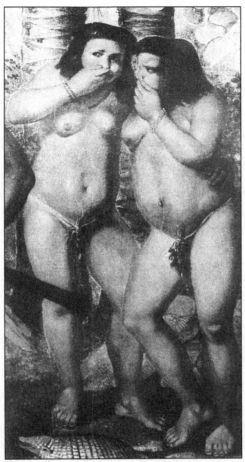

Diante da nudez das nativas, muitos portugueses sentiam-se no paraíso.

Um exemplo disso é uma pintura anônima, presente no Museu Nacional de Arte Antiga de Lisboa, datada de 1550, na qual, em meio ao inferno, grupos de condenados submetidos à tortura aparecem observados por um satanás que ostenta na cabeça um cocar ameríndio.

Da mesma forma, uma das estampas da família De Bry, cuja legenda original dizia "Magalhães penetra no Pacífico", mostra um caminho marítimo para o Novo Mundo, povoado de monstros e elementos míticos assombrando um viajante solitário, enquanto uma figura celeste parece protegê-lo e encorajá-lo. É o simbolismo da predestinação portuguesa de fazer-se campeã da cristandade, levando a fé ao Novo Mundo, que quer fazer-se visível aos súditos da Coroa.

A mensagem figurada nas estampas dos séculos XVI e XVII é clara para os homens simples da época: a América pode ser o paraíso ou o inferno, tudo depende da fé. No caso específico do Brasil, mesmo não compreendendo o outro, estranhando a flora e a fauna, o novo território era algo a ser moldado pelos europeus à semelhança da Europa e, nesse sentido, "a mais bela paisagem do mundo". Talvez por isso, em uma das estampas da mesma família De Bry, que se dispunha a retratar uma expedição inglesa ao atual território da Guiana, em 1595, e na qual figura um homem sendo devorado por um monstro, a legenda original seja exatamente essa.

Além disso, havia razões práticas a dar suas pinceladas nessa ou naquela descrição da novidade. Por exemplo, na representação cartográfica do território brasileiro, a despeito do relativo grau de evolução da composição dos mapas, os mapistas incluíam alegorias com o intuito de chamar a atenção dos navegantes para a fauna e a flora exóticas e, ao mesmo tempo, atrair uma mão de obra mais do que necessária à nova terra. Davam a entender que no Brasil havia ouro. Procuravam assim atrair a arraia-miúda para o Brasil, num momento em que todos pareciam dar preferência às promessas da carreira da Índia e do contato com o Extremo Oriente.

Porém, embora a cartografia procurasse fisgar os iletrados por meio de imagens atrativas, a relativa prosperidade das armadas da Índia e a falta de maiores informações sobre o Brasil afastavam os populares de uma terra que lhes parecia mais estranha do que a África ou a Ásia, continentes com os quais os europeus mantinham contato desde a Antiguidade. Sobre as duas, os portugueses possuíam um bom número de informações, às vezes até desencontradas, trazidas por viajantes que já haviam estado por lá.

Quando Colombo voltou da América e contou sobre o que havia visto, não conseguiu descrever coisas inéditas. Cedeu à analogia: primeiro, enxergou na fauna e na flora americanas a vegetação e os animais do Oriente; depois, descreveu o Novo Mundo como sendo o próprio paraíso na terra.

Os portugueses que chegaram ao Brasil foram mais pragmáticos. Estavam conscientes de que aquelas terras não eram e nem poderiam ser orientais. Rapidamente, consideram a América uma excelente pousada para a navegação rumo a Calecute. Nada mais prosaico. No caso português, a descrição do Novo Mundo como um paraíso, mais que um reflexo do imaginário, constituiu uma necessidade.

Cronistas se encarregaram de relatar o que viram e ouviram a respeito da Terra de Santa Cruz, chamada efetivamente de Brasil, ao menos na cartografia, a partir de 1502, conforme atesta o *Mapa de cantino*, primeira carta em que aparece o nome. Difundiram-se, em mapas e livros de alegorias, estampas destinadas a divulgar, junto ao grosso da população iletrada, a imagem de um Brasil identificado com o paraíso.

Entretanto, o antagonismo cristão não deixou de associar as novas terras também ao inferno. Das dicotomias das alegorias, que oscilavam entre retratar o Novo Mundo como o paraíso ou o inferno, nem mesmo os manuais técnicos escaparam.

Frontispício da *Historia Antipodum*, em que a América é retratada entre o paraíso e o inferno, como é possível notar pelas alegorias.

"Novo Mundo" foi uma expressão cunhada por Pietro Martire D'Anghiera, em 1510, na obra *De Orbe Novo*. Mesmo quando descrito como um local sob influência do demônio – mais especificamente, de uma espécie de Pã medieval, associado à voracidade sexual do bode –, o Novo Mundo poderia ser posto nos eixos e controlado pelos anjos celestes, cujos representantes na terra seriam os portugueses. Assim, caso fosse de fato o inferno, a América deveria ficar sob a tutela dos cristãos a fim de que o Cordeiro de Deus também lá reinasse. Estava, então, armada uma das justificativas teológicas para a exploração colonial do Brasil.

Na verdade, em Portugal, as duas imagens sobre o Novo Mundo, paraíso e inferno, estavam sobrepostas. Por um lado, a visão idílica sobre as novas terras e sua gente desnuda espalhava-se entre os europeus. Misturando-se ao indefectível sonho de uma vida melhor, servia como estímulo às viagens rumo ao Brasil. Por outro lado, a América, tida como berço do inferno, assustava as pessoas com seus monstros, perigos e perdições de toda espécie. Desse ponto de vista, o Oriente era preferível.

Na dúvida entre paraíso e inferno, a América tornava-se o purgatório. Para os que acreditavam nesse meio-termo, a Terra de Santa Cruz era tida como um lugar em que os homens podiam ter uma nova chance: redimir-se de seus pecados e livrar-se da tirania do demônio. Poderia, então, vir a ser um paraíso graças à fé. Esse raciocínio permitiu que a Coroa enviasse, plenamente justificada, levas e mais levas de degredados ao Brasil. O degredo para uma terra praticamente desconhecida, povoada por criaturas estranhas, assumia o papel de purificador do caráter moral. A colônia portuguesa era, nessa percepção, um local para se cumprir pena, de onde se poderia sair recompensado uma vez purgadas todas as culpas.

Não por acaso, quando Cabral chegou ao Brasil, apesar do fato de os portugueses batizarem as novas terras descobertas sempre com o nome do santo comemorado no dia, denominou seu território Terra de Vera Cruz, associando a cruz, símbolo da cruzada marítima contra os infiéis, mas também signo do martírio de Cristo, àquele estranho lugar entre o inferno e o paraíso.

Também não por acaso, o já citado Gandavo, em 1576, defendeu a nomenclatura Santa Cruz, quando o nome Brasil já estava popularizado, pois, a seu ver, era o símbolo mediante o qual os homens seriam redimidos e livrados do poder da tirania do demônio, sendo, portanto, apropriado a uma terra que se assemelhava ao purgatório e que poderia se tornar um paraíso através da redenção pela fé.

DEGREDADOS E NÁUFRAGOS ENTRE OS NATIVOS

Quando os portugueses chegaram à Terra de Santa Cruz, o território que seria mais tarde chamado de Brasil possuía, de acordo com estimativas, somente ao longo do litoral, nada menos que dois ou três milhões de habitantes.

Os habitantes do litoral, com quem os portugueses travaram os primeiros contatos, dividiam-se em grandes grupos étnicos. Os carijós, também chamados de guaranis, estavam fixados nas proximidades e ao sul da capitania de São Vicente. Os tupinambás ou tupis ocupavam a região do atual estado do Rio de Janeiro e a costa da região Nordeste, entre o rio São Francisco e o Rio Grande do Norte, bem como o território entre a foz do Amazonas e a ilha de São Luís. Os dois grupos, aparentados entre si, constituíam a chamada cultura tupi-guarani.

Os tupiniquins, um terceiro grupo, ocupavam de maneira dispersa o resto do litoral, com exceção da zona compreendida entre São Luís e a ilha de Itamaracá, onde hoje se localiza o Rio Grande do Norte, habitada por grupos poderosos e guerreiros designados potiguares. Outra exceção era o atual estado de Pernambuco, ocupado pelos caetés e pelos tabajaras.

Diante da existência de nativos, alguns realmente belicosos e adeptos do canibalismo, prática cultural que aterrorizava os europeus, a Coroa portuguesa adotou o envio de degredados como estratégia de penetração no Brasil e

Principais grupos silvícolas na costa do Brasil no século XVI.

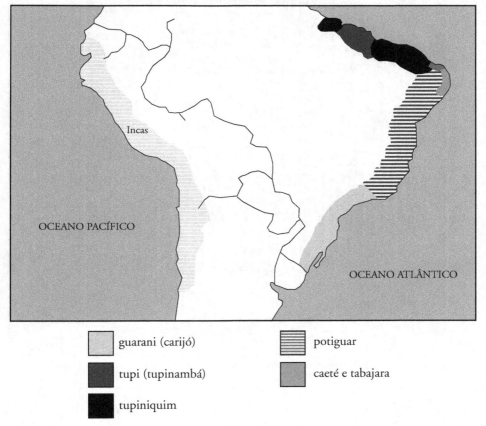

reconhecimento das potencialidades do território. Náufragos e desertores, infiltrados entre os ameríndios, também se mostraram úteis nesse sentido.

Antes do início concreto do povoamento do Brasil com colonos europeus, o Estado português adotou a mesma estratégia usada na exploração da costa africana, fazendo largo uso dos chamados *lançados*, pessoas condenadas por crimes hediondos em Portugal, que eram simplesmente abandonadas no litoral brasileiro. Caso conseguissem sobreviver por conta própria e, algum dia, fossem encontradas por navegadores lusitanos, poderiam contar sobre o que viram e viveram. Se mostrassem utilidade, seriam perdoados pela Coroa. Caso nunca mais reaparecessem, a sociedade portuguesa não seria prejudicada pela sua ausência, pelo contrário.

Antes da instalação das primeiras povoações urbanas no Brasil, para além de embarcações da carreira da Índia que aportavam buscando o reabastecimento – ocasião em que muitos marujos aproveitavam para desertar, juntando-se aos ameríndios ou sendo devorados por eles –, apenas missões de exploração e patrulhamento

Aldeamento tupinambá no Brasil retratando o aprisionamento de um europeu pelos nativos.

À esquerda, detalhe de uma cerimônia antropofágica entre os ameríndios brasileiros.
É possível observar, ao fundo, os homens dançando com chocalhos.
À direita, banquete antropofágico na Terra dos Papagaios, na Bahia.

estiveram navegando pela costa brasileira. Depois da implantação da política de povoamento, os desertores das naus da Índia se identificariam como náufragos, procurando juntar-se à contabilidade dos sobreviventes dos 12 naufrágios de caravelas lusitanas na costa brasileira, registrados entre 1500 e 1529.

Tendo os franceses no encalço das riquezas do Brasil negociando habilmente com os nativos para estabelecer feitorias para a compra de pau-brasil, o Estado português enviou uma patrulha, em 1503, seguida oficialmente de outras expedições, em 1511, 1513, 1514, 1521, 1530 e 1531, totalizando 58 navios a patrulharem a costa. Os lançados chegaram, justamente, nessas embarcações.

Muitos portugueses se infiltraram entre os nativos, embora nem sempre tenham conseguido sobreviver. Sua presença entre os índios facilitou a penetração lusitana e a expulsão dos franceses de vários pontos do litoral.

Patrulhando o litoral entre Salvador e o Rio de Janeiro, em 1530, onde se sabia estarem instaladas feitorias francesas, Martim Afonso de Souza, o capitão-mor e governador das terras do Brasil, nomeado pelo rei de Portugal, encontrou dois lançados. O primeiro foi o chamado Caramuru, um português que se dizia náufrago. O segundo, após apresar dois navios franceses e aportar na baía da Guanabara, identificou-se como Bacharel de Cananeia. Ambos os lançados ajudaram as autoridades portuguesas a organizar indígenas contra os franceses. Consta ainda que Bacharel tenha ajudado Martim Afonso de Souza no reparo de suas naus, na construção de 2 bergantins (embarcações dotadas de remos, muito usadas na Europa para fins militares), 15 bancos e 1 casa sólida na enseada da baía da Guanabara, no Rio de Janeiro, na embocadura de um rio que os ameríndios passaram a chamar de Carioca, significando "a casa do branco".

Mais tarde, quando a missão colonizadora de Martim Afonso de Souza chegou à faixa litorânea hoje pertencente a São Paulo, em 1532, cruzou com mais dois lançados, que foram fundamentais à fixação lusitana. No período que antecedeu ao sistema de capitanias hereditárias, Martim Afonso de Souza, além da missão de patrulhamento contra os franceses, tinha a incumbência de estabelecer um núcleo populacional que servisse de apoio aos navios que estavam por vir e às naus da carreira da Índia.

Nas proximidades de onde seria fundada a vila de São Vicente, vivia entre os índios o português Antônio Rodrigues e, no alto da serra, onde hoje fica a cidade de Santo André, João Ramalho. Os dois portugueses se identificaram como integrantes de uma feitoria encarregada de obter escravos nativos, de cuja existência, no entanto, o capitão-mor não tinha conhecimento.

Lançados ou desertores de expedições anteriores, o fato é que Antônio Rodrigues e João Ramalho viviam perfeitamente integrados aos nativos. O último detinha ainda imenso poder, obtido através de alianças traçadas através de casamentos com as filhas dos chefes das tribos locais. E era temido e venerado como semideus pelos índios.

Enquanto Antônio Rodrigues ajudou Martim Afonso de Souza a fundar a povoação de São Vicente, fornecendo-lhe mão de obra indígena e ajudando a firmar pactos com os nativos, João Ramalho serviu de guia para penetrar o sertão, cruzando a serra com os portugueses, recém-chegados com o governador, até o planalto de Piratininga, lançando as bases da futura de cidade de São Paulo, que seria estabelecida finalmente em 1554.

Tudo indica que Antônio Rodrigues esteve envolvido posteriormente com o fornecimento de escravos para o primeiro engenho de açúcar do Brasil, próximo à vila de Santos. Ele também abriu caminho entre os ameríndios que se mostravam desconfiados dos verdadeiros intentos dos europeus, tendo apaziguado os ânimos dos descontentes e ajudado a estabelecer arranjos com nativos, que terminaram protegendo e possibilitando a fixação lusitana.

Quando missões colonizadoras chegavam a locais onde encontravam lançados, náufragos ou desertores, podiam contar com o apoio desses homens que, em geral, ocupavam posição de destaque nas sociedades ameríndias em que haviam se infiltrado. Os europeus passavam a gozar da colaboração dos silvícolas, muitos dos quais teriam recebido com hostilidade os estranhos não fosse a intervenção dos portugueses que já viviam entre eles.

Na realidade, degredados ou não, muitos europeus, abandonados ao convívio dos nativos, terminavam habituando-se à cultura ameríndia, mostrando-se úteis como intérpretes, quase embaixadores dos interesses da Coroa em terras brasileiras. Interiorizando hábitos e costumes nativos, muitos chegavam, inclusive, a andar nus.

Vários acabavam se tornando poderosos líderes locais. Ao lembrarem de seu cotidiano na Europa, onde haviam sido homens de baixa extração social, desistiam de retornar ao reino por opção mesmo. Para eles, o Brasil foi, de fato, um paraíso na terra.

Consolidada a presença portuguesa em determinado local, dadas as características mencionadas, muitos dos lançados terminavam perdendo sua utilidade. Então, a Coroa e a Igreja católica, representada no Novo Mundo por bispos, passavam a enxergá-los como uma mau exemplo para os outros colonos.

A ideia de Portugal era europeizar os nativos, torná-los bons súditos da Coroa, cristãos exemplares, e não permitir que os colonos portugueses se reduzissem à dita selvageria dos indígenas.

O já citado João Ramalho, por exemplo, foi um dos homens a perderem rapidamente a utilidade perante os poderes estatais. Chegou a ser excomungado pelo jesuíta Simão de Lucena, em 1550, por viver amancebado com indígenas, e, embora tenha ajudado a repelir ataques nativos que teriam dizimado as povoações lusitanas, foi obrigado a se casar conforme os preceitos católicos com a índia Bartira, em 1553, para reabilitar-se aos olhos da Coroa. Mesmo assim, terminou morrendo sem obter o reconhecimento da maioria dos seus conterrâneos, recluso entre os indígenas por opção própria, já que nas cidades era discriminado. Não foi aceito socialmente pelos portugueses e se viu forçado a mudar-se de São Paulo para a vila de Santo André por ordem do terceiro governador do Brasil, Mem de Sá, em 1560. Era malvisto por seus compatriotas e citado como mau exemplo pelos padres, cotidianamente. Faleceu aos 95 anos, em 1580.

CARAMURU

Diogo Alvarez Correa de Viana é um exemplo de como portugueses, abandonados à própria sorte, conseguiam se inserir nas sociedades indígenas. Consta que o navio em que Diogo viajava ia para as Índias orientais quando foi impelido ao Ocidente por uma tempestade e foi parar no Brasil.

Náufrago ou lançado, Diogo se viu sozinho no litoral com apenas alguns objetos, que acabou usando para ganhar a amizade dos nativos. Entre seus pertences havia um velho mosquete e alguns barris de pólvora.

Passou por muitos apuros e temeu por sua vida, especialmente ao ser atacado por animais ferozes. Até que se deparou com um bando de brasileiros armados de arco e flechas, mas que não mostravam hostilidade. Tanto que, na primeira vez em que viram Diogo, resolveram se esconder. O encontro do português com os nativos se deu com grande desconfiança e estranhamento de ambas as partes. Porém, mesmo espantados, os nativos corresponderam aos sinais de paz emitidos pelo português, aproximando-se para receber os seus presentes e, finalmente, considerando-o um amigo.

Diogo foi conduzido à aldeia mais próxima e apresentado ao chefe, o cacique. Apesar de receber dele e de toda a povoação respeito e cortesia, foi feito prisioneiro. A despeito de os indígenas admirarem a sua inteligência e habilidade, tudo indica que Diogo estava sendo preparado para ser devorado, pois, segundo relatos da época, era costume entre os indígenas antropófagos incorporarem seus prisioneiros à família de seu captor, antes de servir-se deles em seu banquete cerimonial. No entanto, sem querer, Diogo acabou escapando a tal destino quando, certo dia, resolveu atirar em um pássaro com sua espingarda. As pessoas que presenciaram a cena começaram a gritar: "Caramuru, caramuru!", palavra que, em tupi, quer dizer "homem de fogo".

Observando a reação de espanto dos nativos, Diogo se voltou para os homens, disse que iria com eles à guerra e os ajudaria. Diogo Alvarez Correa passou a ser conhecido como Caramuru. Aliou-se aos tupinambás contra os tapuias, causando medo aos inimigos com sua arma de fogo e outros inventos europeus que passou a apresentar aos índios, tentando despertar sua admiração. Os brasileiros da Bahia atribuíram-lhe poderes sobrenaturais e lhe renderam homenagens. Tornou-se tão poderoso que os chefes lhe deram suas filhas como esposas.

Alvarez Correa tornou-se o soberano absoluto dos nativos locais, que, em sinal de respeito, o presentearam com uma espécie de manto de algodão, suas mais belas plumas e suas melhores armas. Ofereceram-lhe também caça e frutos, os melhores da região.

Julgando-se para sempre separado da Europa, Caramuru deu início à construção de um pequeno império, mudando o estilo de vida nômade dos nativos pela sedentária, mediante a substituição de cabanas feitas às pressas por habitações mais duráveis. Introduziu uma forma de polícia e construiu pequenas barcas, mais sólidas que as pirogas dos brasileiros. Chegou a fundar uma pequena cidade, que ficava entre o São Francisco e o rio Real. Caramuru enfrentou três rebeliões, mas conseguiu manter-se sempre no poder graças à vantagem proporcionada por seu terrível mosquete.

OS AMERÍNDIOS NO IMAGINÁRIO PORTUGUÊS

Uma imagem muito em voga na Europa com relação aos indígenas do Novo Mundo foi a difundida pela obra *Discurso sobre a origem e os fundamentos da desigualdade entre os homens*, do filósofo Rousseau, publicada na França em 1755. Ele idealizou um selvagem forte, corajoso e instintivo como um animal. Segundo sua ótica, o selvagem devia "gostar de dormir e ter sono leve, como os animais, que, pensando pouco, dormem, por assim dizer, todo tempo em que não estão pensando". Rousseau foi um dos principais responsáveis pela construção, no século XVIII, do estereótipo do *bom selvagem*, que terminou por se popularizar, definitivamente, com os autores românticos do século XIX. Mas será que, para os europeus, teria sido realmente essa a imagem do ameríndio nos séculos XVI e XVII?

Pelo contrário. Uma imagem quinhentista comum do índio era a de *mau*, conforme comprovado pela iconografia e pela literatura da época. Muitos identificavam os ameríndios como personagens pertencentes às hordas demoníacas. A própria invenção da palavra "canibal" denota a imagem negativa acerca dos ameríndios, forjada já nos primeiros contatos com os europeus. Foi Colombo que inventou o termo, a partir do original *caniba*, pertencente à língua *arawak* e derivado de *cariba*, palavra pela qual os nativos de Cuba chamavam seus inimigos, significando ousado, feroz, bárbaro e quase um sinônimo para inimigo. Colombo enxergou nos silvícolas os "homens com cabeça de cachorro", descritos no *Catálogo de raças monstruosas*, de Isidoro, um autor da Antiguidade clássica. Isso deve ser tomado não no sentido literal, mas, sim, figurado, dando a entender que os ameríndios eram "filhos do cão", o que na confusa cabeça de Colombo era confirmado por serem os nativos pertencentes ao senhorio do Grão-Cã, o imperador da China à época do domínio mongol.

Quando os portugueses chegaram ao Brasil, estava enraizada no imaginário europeu a crença em feitiçaria, bruxaria e outras manifestações de práticas mágicas.

O encontro com os ameríndios, para além das implicações econômicas e sociais, teve um grande impacto sobre esse imaginário, fornecendo-lhe novos elementos ao mesmo tempo em que os portugueses dele se serviam para interpretar o que viam. Algum tempo depois do primeiro contato, os silvícolas já foram diabolizados para justificar a dominação dos portugueses. O demônio europeu foi transposto para a América, onde também seria combatido e sobrepujado pelos bons cristãos portugueses.

A própria cosmologia indígena contribuiu para essa crença. Na Terra de Santa Cruz, os lusos encontraram homens e mulheres que viviam nus, praticavam a poligamia e, pior, consumiam carne humana em rituais sagrados.

Se na Europa "as bruxas participavam de missas negras, mantinham relações sexuais com o demônio, completamente nuas, e consumiam carne humana", é fácil perceber por que foram lembradas, quando dos contatos iniciais dos portugueses com os costumes indígenas. Os lusos, que em pleno ano de 1559 queimaram cinco bruxas em Lisboa, não tiveram dificuldades para associar os hábitos dos índios aos ritos demoníacos que "conheciam" em Portugal.

O famoso manual dos inquisidores, *Malleus Maleficarum*, publicado em 1484 e amplamente utilizado nos mais diversos países, afirmava que "entre os pagãos [...] os espíritos do mal [agem] como se tivessem um certo domínio legítimo". Ora, para os portugueses de Quinhentos, os índios nada mais eram do que pagãos, de modo que a influência do demônio sobre eles devia ser grande.

Assim, contemporânea, mas oposta à ideia de que os índios na América seriam criaturas puras, remanescentes do paraíso, desenvolveu-se com força na mentalidade europeia a convicção de que os índios eram homens prontos a satisfazer a vontade do demônio.

Os textos portugueses da época chamavam os índios de *gentios*. Esse termo, que originalmente indicava todas as nações que não eram de hebreus, para os cristãos designava todos os povos não convertidos ao cristianismo. Os ameríndios foram associados aos gentios convertidos por Paulo, conforme a Bíblia. Segundo a ótica portuguesa, os índios eram pagãos por não serem cristãos, mas não eram infiéis ou hereges, como os mouros e os judeus, porque desconheciam a existência do cristianismo.

Associar o ameríndio ao gentio implicava a tarefa de convertê-lo, o que tornava necessário considerá-lo digno de ser convertido. Ligá-lo ao demônio, nesse sentido, não era um impedimento, e sim um estímulo ao esforço de catequese. Assim, as duas ideias se somaram: para alguns, os índios não eram propriamente servidores do maléfico, mas eram iludidos por Satã; para outros, eram servidores do demônio por desconhecerem a verdadeira fé.

O padre João de Azpilcueta Navarro, escrevendo, de Porto Seguro, aos seus irmãos de fé em Coimbra, em 1550, assim narrou uma cerimônia antropofágica:

"Vi seis ou sete velhas, que apenas se podiam ter em pé, dançando pelo redor da panela e atiçando a fogueira, que pareciam demônios no inferno." A imagem do ritual não é nada mais que o estereótipo europeu da prática da bruxaria. Em outra carta, de 1555, Navarro descreveu: "Os índios andavam pintados com tintas, com os rostos, e emplumados de plumas de diversos colores, bailando, e fazendo muitos gestos, torcendo as bocas e dando latidos como cachorros".

As mulheres indígenas eram tidas como instigadoras da prática do canibalismo, um ato demoníaco. Faziam isso por andarem nuas, instigando o sexo, levando todos, inclusive os clérigos portugueses, ao pecado dos maus pensamentos e das práticas libidinosas. Essa imagem se explica pelo estereótipo feminino em voga na Europa, segundo o qual a mulher era a agente do mal ou de Satã.

Padre Ambrósio Pires, em carta escrita na Bahia, endereçada ao padre Diego Mirón, em Lisboa, de 1555, afirmava que "os meninos [...] nesta terra [estão] perdidos [...] porque as mulheres andam nuas e são tão ruins que andam atrás destes moços para se [deixarem] enganar".

Embora os homens apareçam também como participantes do canibalismo, eram as mulheres, na maior parte das vezes, as retratadas como responsáveis pelo banquete antropofágico. Entretanto, aqui elas não foram tratadas como hereges nem queimadas na fogueira, porque só poderia ser considerado herege aquele que, batizado, traísse sua fé. Quem não conhecia ainda a fé cristã tecnicamente não pecava. Assim, o consumo de carne humana pelos índios, embora fosse associado à bruxaria, não deveria ser punido, mas, sim, corrigido. Cabia aos europeus mostrar o caminho da salvação para os ameríndios através da catequização.

A FIXAÇÃO LUSITANA NO BRASIL

Quando homens estranhos vieram do mar, os nativos receberam-nos muito bem, alguns até imaginando estar diante de deuses. Os portugueses chegaram mesmo a ser reverenciados em alguns pontos do litoral brasileiro onde aportaram. As grandes embarcações, com estranhos poderes, armas de fogo e objetos úteis, contribuíram para que os europeus fossem associados aos grandes xamãs (os curandeiros nativos), benfeitores que andavam pela terra, curando pessoas, profetizando e prometendo uma vida edênica.

No entanto, depois de pouco tempo e com o processo de diabolização dos nativos, a tentativa de escravização dos silvícolas deixou clara a cobiça do homem branco, provocando reações entre os índios que iam da desconfiança ao repúdio.

Na América, os portugueses procuraram moldar a sociedade à semelhança da que conheciam na Europa. Só que aqui todos eles queriam ser senhores, proprietários de índios e, depois, de negros, que trabalhariam por e para eles. As oportunidades dadas pela vida no Novo Mundo, em que um simples plebeu português podia tornar-se senhor de terras e escravos, eram divulgadas em Portugal, alimentando o sonho das pessoas, independentemente de seu estamento social.

No entanto, no Brasil os portugueses se depararam com outros valores sociais e terminaram por assimilar alguns traços da organização social indígena. Por exemplo, a partir do contato com os indígenas, ficaram conhecendo outras possibilidades de estrutura social diferentes da que conheciam em Portugal e que pensavam até então ser imutável. Na sociedade colonial, passaram a compor uma estrutura mais flexível. Aqui, um camponês português podia se tornar um respeitável nobre da terra. Ao passo que na Índia – embora não na China ou no Japão –, a organização rígida, baseada no sistema de castas, perto da qual a organização social lusitana era muito mais flexível, acabou estimulando a reprodução do sistema de estamentos existente em Portugal.

Em 1549, aportaram na Bahia, junto com o primeiro governador-geral do Brasil, quatrocentos degredados. A partir dessa data, párias da sociedade portuguesa passaram a chegar em contingentes cada vez maiores. Eram assassinos e sediciosos, "gente da pior espécie" enviados ao "purgatório", que aqui tiveram uma nova chance, conseguiram melhorar de vida. Para os que estavam em Portugal, era como se eles tivessem de fato atingido o paraíso, tornando-se opulentos. Se criminosos conseguiram prosperar, perante o imaginário, o que não se poderia esperar dos homens honestos?

O estabelecimento do governo-geral do Brasil e o consequente incremento da colonização do território só puderam obter sucesso graças ao auxílio de lançados e náufragos, através dos quais os lusos puderam estabelecer relações amigáveis com parte dos nativos. Sem isso, jamais teria sido possível iniciar a colonização.

A partir do início do século XVII ou mesmo já no final do XVI, os voluntários para a carreira da Índia começam a escassear, enquanto abundavam os destinados à carreira do Brasil. Tudo se inverteu: na rota do Oriente, cresceu, por força da necessidade, o uso indiscriminado de degredados e a mão de obra voluntária passou a migrar em massa para o Brasil, a ponto de quase esvaziar Portugal. O próprio degredo para o Brasil passou a ser considerado uma pena leve, enquanto o degredo para a África ou a Índia passou a ser visto quase como pena de morte.

No entanto, foi somente na segunda metade do século XVII, quando o Império português já havia desmoronado no Oriente, que o Brasil foi elevado, definitivamente, à categoria de paraíso terrestre, terra das oportunidades, onde se podia enriquecer rapidamente, enquanto se gozava das delícias da terra, comida em abundância e lindas mulheres a andarem nuas por todas as partes.

No entanto, para os primeiros colonos do Brasil, a vida devia parecer-lhes um verdadeiro martírio. Diferentemente do que ocorria no longínquo Oriente, não havia nada que se assemelhasse ao padrão civilizacional europeu nas Américas. Inicialmente, os colonos portugueses estavam entregues ao resultado de seus esforços em torno de parcos recursos. Havia abundância de alimentos, água fresca por todos os lados, mas também doenças tropicais e a necessidade premente de adaptar a vida ao ritmo da natureza.

A estratégia de povoar o litoral, prioritariamente, e manter-se confinado ao interior das fortalezas dominou boa parte do século XVI, quando a importância maior do Brasil era servir de base de apoio à carreira da Índia, deixando o povoamento da América por portugueses como projeto praticamente estagnado. O medo de ataques também favoreceu o autoconfinamento em muralhas e impediu o cultivo das terras.

Nos primórdios da colonização portuguesa, a Coroa era forçada a abastecer os povoados por meio de sua frota naval. Ocorre que toda a atenção da Coroa estava voltada para suas possessões orientais e sua real intenção era obter das possessões brasileiras o alimento – necessário às embarcações da rota da Índia – e não o inverso. Assim, era frequente o desabastecimento das fortificações brasileiras. Pouco adiantou o grande número de cartas enviadas ao reino, pedindo o apoio da Coroa.

O descaso da Coroa para com seus súditos no Brasil abriu aos portugueses aqui instalados apenas dois caminhos possíveis: procurar um entendimento pacífico com os nativos ou expulsá-los de suas terras. O extermínio era um desdobramento da segunda opção, com a vantagem de abrir espaço para o domínio português. Sempre que as condições permitiram, ela foi a via escolhida.

Para os colonos, promover uma caçada aos nativos solucionava, simultaneamente, dois problemas: a necessidade de possuir uma terra que pudesse ser cultivada, sem o receio de sofrer ataques dos índios, e a de obter recursos e mão de obra com a escravização dos nativos.

A nova política adotada pelos colonos com relação aos ameríndios, implantada gradualmente ao longo da segunda metade dos Quinhentos, a despeito da legislação em contrário, terminou contribuindo para a consolidação do poder de controle dos lusos sobre a América portuguesa.

A CONQUISTA DA AMÉRICA PELA FORÇA DAS ARMAS

Já na época da colonização, alguns homens mais esclarecidos defenderam o direito dos índios de manterem viva a sua cultura, não importando o quanto ela parecesse estranha aos europeus. Porém, foram vozes tênues e sobrepujadas pela História.

Quando a imagem sanguinolenta dos nativos deixou de afugentar os portugueses – levando homens cada vez mais dispostos a optar pela rota do Brasil –, passou a servir de pretexto para justificar o extermínio dos hábitos e da cultura indígenas.

Os índios adultos, arraigados a costumes tais como nudez, poligamia, nomadismo, guerras e feitiçaria, ofereciam grande resistência ao batismo, em um esforço de manter viva e coesa a estrutura tribal diante do confronto com uma outra cultura. Para eles, na ótica portuguesa, restava a sujeição pela força das armas.

Mesmo para o padre Manuel da Nóbrega, conhecido por defender o direito de liberdade dos nativos cristianizados, se o gentio fosse *senhorado* (submetido a uma autoridade paternal) ou despejado de sua terra com pouco trabalho e gasto, a Coroa portuguesa teria grossas rendas. Para Nóbrega, seria necessário reduzir os índios à vassalagem, mesmo se isso custasse o extermínio de muitos. Só assim os nativos parariam de matar e comer cristãos, escreveu Nóbrega, na Bahia, ao Padre Miguel Torres, em Lisboa, em 1558.

Muitos índios foram atraídos pelos jesuítas catequizadores para a proximidade das aldeias e fortificações, onde estavam os portugueses. Quando os portugueses, a partir da metade do século XVI, resolveram ampliar seus espaços, sair das fortificações, fundar cidades e iniciar cultivos para sustentar as necessidades urbanas, os índios das proximidades tornaram-se empecilhos. Os moradores das povoações portuguesas no Brasil começaram, então, a expulsar os índios do entorno.

A atitude adotada pelos colonos em relação aos ameríndios, em muitos aspectos, foi contrária à legislação promulgada no reino para dar conta da questão que tentava proteger os índios, já que eram considerados gentios (e não infiéis ou hereges), súditos do rei. Entretanto, a sistemática de expulsão dos índios, implantada gradualmente ao longo da segunda metade de Quinhentos, terminou contribuindo para a consolidação do poder da Coroa portuguesa na América.

Por outro lado, ao invés de estimular o projeto de catequização dos nativos, como pensavam que ocorreria muitos religiosos, à época, terminou afugentando os ameríndios do cristianismo. Segundo o depoimento do padre António Blázquez, "deste negócio resultou um grande mal", porque o pouco crédito que os jesuítas possuíam entre os gentios foi abalado, uma vez que as promessas feitas pelos religiosos, envolvendo a proteção dos silvícolas convertidos, não podiam ser cumpridas, espalhando por várias tribos a fama de que os padres eram mentirosos. Por conseguinte, toda a doutrina cristã foi desacreditada.

A despeito de muitos índios terem tentado resistir ferozmente à invasão lusitana combatendo seus inimigos através da guerra, a maioria dos nativos optou por iniciar uma fuga em massa rumo, cada vez mais, ao interior do continente, deixando o terreno livre para a ocupação portuguesa.

Foi assim que, mesmo estando em um ambiente hostil, desconhecido, diante de uma população numericamente muito superior à de todos os homens, mulheres e crianças somados, presentes em todo o Portugal, e enfrentado inúmeras dificuldades de ordem social, econômica e logística, os lusos terminaram prosperando em sua tentativa de conquista da América, enquanto seu Império declinava no Oriente.

Apesar de muito ter sido escrito sobre a conquista do México por Cortez e uma quantidade reduzida de homens, pouco se escreveu sobre a conquista da América portuguesa. No caso espanhol, o ouro e a prata foram os principais estimuladores da conquista do território. Já no Brasil, a procura por metais preciosos mostrou-se infrutífera e o principal estimulador da penetração lusitana, ao menos no início, foi a necessidade da conquista de terras cultiváveis e da captura de índios para servirem como mão de obra. Talvez seja essa a principal diferença entre a apropriação da América feita pelos portugueses e aquela realizada pelos espanhóis, pois, de resto, em pouco difere o método empregado visando conquistar o novo território.

Muito semelhante ao que ocorreu na conquista da América espanhola, as armas de fogo possibilitaram aos lusos uma grande vantagem sobre os nativos, não só devido à dianteira tecnológica militar europeia em relação aos instrumentos rudimentares indígenas, como também pelo fato de serem consideradas instrumentos mágicos, que amedrontavam.

O armamento anulou a desvantagem numérica dos portugueses ante o grande número de ameríndios espalhados pelo interior do Brasil. Os lusos souberam aproveitar o potencial de suas escassas armas de fogo e inseri-las no campo do sagrado nativo, utilizando-as a fim de supliciar indígenas insubordinados, fazendo com que os nativos descontentes servissem de exemplo aos demais.

Escrevendo de Salvador, em 1549, ao doutor Martín de Azpilcueta Navarro, em Coimbra, o padre Manuel da Nóbrega relatou a utilização dessa técnica de intimidação pelo primeiro governador-geral do Brasil, Tomé de Souza. Segundo Navarro, depois que um nativo matou um outro índio cristão, seus próprios companheiros trouxeram o matador à presença do governador, o qual ordenou que o pusessem na boca de um canhão, fazendo-o em vários pedaços e causando muito medo entre os indígenas de toda a região.

Dispondo, ao contrário dos espanhóis, de um número limitado de armas de fogo, os portugueses obtiveram um equilíbrio de forças frente à superioridade numérica dos nativos não pelo poder de mortandade causada por sua dianteira tecnológica, mas, sim, devido ao efeito psicológico.

As armas de fogo leves, aquelas que serviam à penetração na mata e podiam ser carregadas pelos soldados em suas incursões rumo ao interior, eram, em sua totalidade, fabricadas na Alemanha ou na Itália, nunca em Portugal. Por isso, estavam restritas a umas poucas unidades, sempre a enferrujar, funcionando mal, além de serem de difícil manuseio e de não poderem ser recarregadas a tempo de evitar o contra-ataque inimigo. Exatamente por esses motivos, as armas mais utilizadas pela soldadesca lusitana eram as brancas, tais como adagas e espadas, além, claro, de bestas, também de difícil manuseio.

Assim, os arcos e flechas, dardos envenenados, lanças e outros instrumentos indígenas eram, do ponto de vista militar, muito mais eficientes que as armas de fogo lusitanas leves, tais como mosquetes e pistolas. A única vantagem efetiva na utilização de armas de fogo pelos portugueses era obtida em função do barulho produzido pelas mesmas e pelo efeito moral, dando a impressão aos nativos de serem elas instrumentos mágicos. Foram, portanto, utilizadas estrategicamente e com bastante sucesso.

A POLÍTICA DO TERROR E DA TERRA ARRASADA

A dispersão dos ameríndios por um enorme território e a rivalidade interna entre tribos vizinhas auxiliaram os portugueses, com suas armas, a conquistar o território americano.

Com base em sua experiência bem-sucedida na África, no século xv, os lusos souberam aproveitar a rivalidade interna entre os nativos a fim de costurar alianças com alguns grupos em detrimento de outros.

A estranheza dos gestos dos europeus, suas roupas, sua linguagem, suas armas conferiam a eles, pelo prisma dos índios, poderes mágicos. Isso foi amplamente explorado não só pelos jesuítas em sua tentativa de conversão dos gentios, como também pelas autoridades militares portuguesas na conquista do território brasileiro e na consequente expropriação do indígena. Características culturais portuguesas – como a ideia de que, na comunhão, bebia-se o sangue e comia-se a carne de Cristo Todo-Poderoso –, que pareciam assustadoras aos olhos indígenas, foram manipuladas para firmar pactos com certos grupos nativos e dominar os restantes.

Os ameríndios que se aliavam aos portugueses acreditavam, muitas vezes, combater ao lado de deuses e, portanto, não temiam enfrentar seus inimigos nem queriam nada em troca, apenas a honra de servir aos deuses. Para os nativos que se recusavam a obedecer-lhes, os portugueses pareciam demônios ou espíritos malignos. Com o passar do tempo, os ataques sem piedade e as traições do homem branco tornaram a imagem negativa dos portugueses ainda mais nítida e difundida.

Ao que tudo indica, para os lusitanos parecia que a única forma de vencer o entrave proporcionado pela desvantagem numérica era alimentar a confusão dos índios, mantendo-se no universo do sagrado, procurando corresponder às crenças nativas que lhes atribuíam tantos poderes. Faziam isso disseminando o medo entre eles.

No entanto, a tática nem sempre funcionava. Franceses "invadiram" a baía da Guanabara com o apoio dos nativos, contrariando os interesses de Portugal. E a Confederação dos Tamoios, união de indígenas em torno do cacique Cunhambebe, pretendeu destruir todas as povoações portuguesas entre São Vicente e o Espírito Santo – intento só não concretizado devido à ação de Anchieta e Nóbrega, que conseguiram fazer um acordo de paz provisório com os revoltosos, a chamada Paz de Iperoig.

Depois do fracasso do sistema de capitanias donatárias – com exceção da de Pernambuco, bem-sucedida –, foi adotado no Brasil o sistema de governo-geral. A partir de então, os governadores Tomé de Souza (governador entre 1549 e 1554), Duarte da Costa (governador entre 1554 e 1557) e Mem de Sá (governador entre 1557 e 1572) adotaram oficialmente a política "do terror e da terra arrasada".

De acordo com o relato do padre Francisco Pires, os portugueses invadiam as aldeias sem motivo algum, para fazer mal aos nativos: destruíam casas e lavouras, deixando-os sem ter como sobreviver. Com isso, os nativos "padecem muito e emagrecem e morrem, eles e seus filhos".

Uma outra estratégia de dominação e extermínio adotada pelos portugueses foi a da chamada guerra bacteriológica, que consistia na contaminação dos indígenas por doenças trazidas da Europa, contra as quais seus organismos não tinham defesa. A contaminação proposital aniquilou aldeias inteiras e tratou de reduzir os ameríndios a números cada vez menores, equilibrando, com o tempo, a proporção verificada entre portugueses e índios no litoral brasileiro.

RESISTÊNCIA NATIVA

A exemplo do que ocorreu na África e na Ásia, na Terra de Santa Cruz a penetração lusitana não foi concretizada sem que houvesse uma forte resistência por parte dos nativos. Desde o início, do mesmo modo que os portugueses procuraram tirar vantagem da inimizade entre tribos, os indígenas, percebendo a existência de divisões entre os europeus, buscaram aliar-se aos franceses, principalmente para combater os lusos. Contra os estranhos "deuses" hostis, chegados do mar, que tencionavam expulsá-los de suas terras, os índios se aliaram a outros homens brancos – também, inicialmente, identificados como deuses.

Tão logo Pedro Álvares Cabral tomou posse do território brasileiro em nome da Coroa, os franceses rumaram à Terra de Santa Cruz. Não representavam grande perigo para os navios da rota do Brasil, mas causavam grandes transtornos aos portugueses em terra e prejudicavam a navegação de cabotagem em determinados períodos.

Em 1511, por exemplo, Portugal reclamava os seus 222 navios empregados na navegação de cabotagem, tomados ou destruídos no confronto com os franceses aliados aos ameríndios. Graças à aliança com os nativos, os franceses conseguiram estabelecer a França Antártica (1555-1567), bem como a França Equinocial (1612-1615), colônias francesas, respectivamente, no Rio de Janeiro e no Maranhão.

Todavia, a resistência nativa esteve sempre atrelada a determinados locais e períodos específicos, porque os portugueses foram tratados com respeito até revelarem seus verdadeiros interesses.

Em São Vicente, por exemplo, o convívio entre portugueses e índios locais foi pacífico até 1534, graças ao temor dos nativos diante daqueles que tinham como deuses. No entanto, os carijós resolveram fugir do domínio português e, para isso, aliaram-se aos espanhóis, também tidos como deuses. Com isso, instalaram-se em uma região próxima e resistiram, até 1536, aos contingentes de colonos e seus aliados indígenas, e de piratas franceses que queriam capturá-los ou expulsá-los. Foi a chamada Guerra de Iguape, em que os ameríndios revoltosos terminaram derrotados por habitantes portugueses de São Vicente, aliados a índios "da serra acima", que viviam depois da serra do Mar. Os carijós sobreviventes retiraram-se, então, para a ilha de Santa Catarina, de onde, pouco depois, migrariam para Buenos Aires.

A resistência dos ameríndios na capitania de São Vicente foi sempre mais intensa do que no resto do Brasil. De fato, desde o início da ocupação portuguesa, diversas tribos locais receberam os estranhos com desconfiança e procuraram expulsá-los. Em 1561, a Câmara de São Paulo assim descreveu a atitude dos nativos:

> Saberá Vossa Alteza como há muitos anos que a gente desta Capitania está muito preocupada por causa das guerras e aprisionamentos que lhe dão os contrários nossos vizinhos e fronteiros e pelos perigos de se alevantarem os nossos índios, o que muitas vezes tentaram e tentam cada dia, matando cada dia cristãos, e fazendo cada dia muitos males, o que tudo é porque desde o tempo que com eles temos guerra, que é pouco menos dez anos que se esta Capitania se povoou, não deixam de vir há nós e têm morto muitos cristãos e levadas suas mulheres e filhos e muitos escravos.

Índios, antes desconhecidos dos portugueses, chegavam abrindo "caminhos novos por serras e matos bravos", para atacar os colonos nas povoações e fazendas. Atacavam e faziam prisioneiros também entre os pescadores que voltavam do mar.

Ao que tudo indica, os ataques e as ameaças constantes aos colonos em São Vicente mantiveram-se devido à insistência dos paulistas de escravizar os índios e convertê-los à força. Os colonos assim agiam por se encontrarem em uma província mais afastada e relegada a segundo plano em relação às capitanias mais relevantes, localizadas na região Nordeste. A escravidão de índios era seu ganha-pão.

O fato é que, desde o início das primeiras povoações, as tentativas de escravização geraram a resistência nativa, que, por sua vez, passou a servir de pretexto para a escravização, num círculo vicioso. Um relato da época informa que os nativos "faziam mal" aos portugueses, "por mar e por terra". Em represália, os lusos procuravam atacar as aldeias que recusavam subjugar-se. Enganavam caciques com tratados de paz para, depois, atacar de surpresa.

A resistência ameríndia à penetração lusitana não se concentrou apenas na capitania de São Vicente. Entre 1556 e 1558, os caetés empreenderam uma grande campanha contra os portugueses estabelecidos em Alagoas e devoraram, um a um, mais de uma centena de náufragos de um navio lusitano. Como desforra, o capitão-donatário de Alagoas, Jerônimo de Albuquerque, comandou uma tropa que "varreu a tiro e a fogo" o território caeté, desde o rio São Francisco até o cabo de Santo Agostinho.

Embora, a longo prazo, tenha sido derrotada, a resistência nativa foi um dos principais fatores responsáveis pelo fracasso inicial da instalação de várias das capitanias donatárias no Brasil. A oposição indígena foi capaz de desarticular, em 1554, inclusive, o comércio de açúcar promovido pela única capitania com relativo sucesso, a de Pernambuco.

Os paulistas insistiam em aprisionar os índios. A reação foi a resistência nativa, que passou a servir de pretexto para a escravização.

Os indígenas sabiam que não poderiam vencer os portugueses em um confronto direto. Assim, ao contrário do verificado na América espanhola, o uso de táticas de guerrilha foi generalizado na portuguesa. Os aimorés, fixados ao redor de Porto Seguro, por exemplo, evitavam o confronto direto com os invasores, só atacando quando em superioridade e nunca lutando "de rosto a rosto". Ocultavam-se pelos matos e desciam à praia, em campo aberto, somente quando iam atacar. Agiam sempre rapidamente, o que lhes valeu a fama de grandes corredores entre os portugueses.

Eram capazes de ações ousadas, que causavam grande prejuízo aos lusos. Por exemplo, em 1559, na Bahia, os indígenas queimaram quatro engenhos de açúcar e saquearam uma vila próxima.

Ao que tudo indica, a vida nômade de grande parte dos nativos do Brasil garantiu-lhes uma certa vantagem estratégica no combate aos invasores europeus, por ter favorecido o desenvolvimento de táticas de guerrilha. Estas se mostraram muito mais eficazes na luta contra o estrangeiro que a tradição de confronto direto, em campo aberto, com o inimigo, feito dentro de regras rígidas e forjada na vida sedentária dos povos pertencentes aos Impérios asteca, maia e inca.

A resistência nativa se fez sentir por todo o território brasileiro. E os maus-tratos dos lusos para com os índios não fez senão gerar mais ódio nos nativos.

Há registro de diversos momentos significativos de reação indígena, como, por exemplo, a Confederação dos Cairis, em que vários grupos se uniram em uma guerra contra os lusos e seus descendentes no Ceará e no Rio Grande do Norte, que durou de 1683 a 1713. Embora tenham sido derrotados ao final, serviram de exemplo a diversas outras tribos, como a dos paiaguás, que lutaram contra os colonizadores entre 1725 e 1744, e os caiapós e tapirapés, em sua campanha contra os portugueses em Goiás entre 1740 e 1741.

A FUGA PARA A TERRA SEM MAL

Os ataques dos ameríndios serviriam de pretexto para uma guerra de extermínio movida pelos representantes da Coroa portuguesa no Brasil.

Os sucessivos governadores-gerais empreenderam uma campanha sistemática contra algumas tribos e etnias, em especial as que colaboravam com os franceses. Entre 1584 e 1587, uma intensa campanha militar combateu os índios aliados a estes na Paraíba, e entre 1586 e 1589 contra os nativos, também aliados aos franceses, no Sergipe. Em 1597, foi a vez de perseguir os pontegis e os potiguares, no Rio Grande do Norte. E entre 1603 e 1604, de caçar os índios, aliados aos franceses, no Ceará. A política de extermínio chegou ao requinte de perseguir aqueles que haviam fugido para o interior do Amazonas, em 1663 e 1664, e os que haviam escapado para o interior de Goiás, em 1671.

Os ameríndios resistiam como e enquanto podiam. Contra a força massacrante das armas europeias, homens a cavalo, canhões e bactérias nocivas, lutavam em grande desvantagem. Quando o desequilíbrio de forças ficava notório e não havia mais nenhuma esperança, os sobreviventes optavam pela fuga para o interior do território.

Vários, diante do que viam, ouviam e sabiam sobre os colonizadores, escolheram migrar sem nem esperar pelos combates.

Para compreender e encarar a violência de todo tipo que os vitimava, muitos índios recorreram às explicações religiosas: interpretaram os acontecimentos como um sinal do fim do mundo. E procederam a danças ininterruptas e jejuns rigorosos para tentar minimizar seu sofrimento. Ao fugir rumo ao interior, seguiam as instruções do *caraí*, o pajé, que os conduzia espiritualmente para uma idealizada "terra sem mal", a saída viável, a única forma de escapar da conquista lusitana. Essa crença foi tão forte entre alguns grupos de nativos que os pajés que os inspiravam adquiriram grande reputação e respeito, passando a ser designados como *pajé-uaçu* ou *caraíba* (*cara* quer dizer habilidade, destreza e perseverança).

Os pajés, portanto, emergiram como articuladores dessa forma de resistência pacífica, a migração. Pretendiam transmitir a todos a palavra dos antepassados, encarnando a memória e a tradição da tribo, atuando como guardiões da cultura nativa. Com a vinda dos jesuítas para o Brasil, esses homens se tornaram os maiores opositores ao batismo que os missionários tiveram de enfrentar. Pregaram com afinco o abandono da terra e a fuga rumo ao interior para escapar do contato com os lusos.

Todavia, mesmo aqueles que optaram por uma resistência pacífica não escaparam das perseguições, dos massacres ou das tentativas de escravização empreendidos pelos portugueses em terras brasileiras.

ESCRAVIZAÇÃO DOS AMERÍNDIOS

Logo após o Descobrimento do Brasil, os ameríndios passaram a ser escravizados pelos portugueses. Já em 1511, por exemplo, trinta índios foram aprisionados e levados a Portugal como escravos na nau Bretoa, dividindo o espaço destinado à carga com cinco mil toras de pau-brasil, animais e pássaros.

Desde cedo, também, houve quem defendesse a "liberdade dos gentis". Intelectuais lusitanos e religiosos da ordem jesuíta argumentaram contra sua escravização. Foram vozes dissonantes, porque, após a criação das capitanias donatárias, a legislação portuguesa não só permitia como tendia a estimular a escravização dos ameríndios. Martim Afonso de Souza foi autorizado a vender anualmente para os portugueses que queriam escravos 48 índios. Os demais donatários, 24.

A situação só se alterou um pouco a partir de um édito do papa Paulo III, de 1537, seguido de uma bula de Urbano VIII, de 1539, que consideravam os nativos americanos como "verdadeiros homens capazes da fé cristã", ou seja, com direito à liberdade e ao domínio dos seus bens, mesmo que ainda não estivessem convertidos. As ordens papais prometiam punir com a excomunhão aqueles que tentassem escravizar gentios.

Entretanto, a proibição de Roma não impediu a escravização dos indígenas. A própria política da Coroa mostrava-se ambígua com relação ao assunto e não punia nem escravizadores, nem donos de escravos indígenas no Brasil.

Poucos anos depois de os dois papas externarem sua preocupação com a liberdade dos ameríndios, o próprio governador-geral do Brasil organizou uma expedição contra os índios carijós, em 1547, sob a justificativa de que eles precisavam sujeitar-se às leis da Coroa. Nessa ocasião, muitos índios acabaram aprisionados e vendidos como escravos em várias capitanias.

Tomé de Souza tentou, sempre que possível, respeitar o direito de liberdade dos ameríndios. Porém, seu sucessor, Duarte da Costa, sob o pretexto de vingar a morte do primeiro bispo do Brasil, D. Fernandes Sardinha, nas mãos dos caetés, iniciou em 1557 uma guerra contra os nativos. Não fez distinção de sexo ou idade, escravizou e exterminou um número nunca antes visto de índios.

O vaivém na política da Coroa, ao permitir a escravização parcial ou total dos ameríndios, ajudou a produção de açúcar em Pernambuco no século XVI,

Vista de Olinda, em Pernambuco, a primeira região do Brasil a oferecer lucratividade com o cultivo da cana-de-açúcar.

mais especificamente nos anos 40 e 50. As campanhas esporádicas, promovidas por Tomé de Souza contra os nativos e a campanha levada a cabo por Duarte da Costa foram responsáveis por fornecer a mão de obra que incrementou o desenvolvimento dos engenhos e, consequentemente, do comércio. O movimento de embarcações atingiu um total de 417 navios na década de 1540.

Segundo reconhecem os relatos da época, a capitania de Pernambuco devia seu sucesso não só ao fato de possuir uma das melhores terras do Brasil, como também ao de ter sido favorecida pela ampla utilização de mão de obra escrava indígena nas lavouras de açúcar. Ocorre que a mesma política despertou a resistência dos ameríndios, que, em contrapartida, destruíram grande número de engenhos de açúcar durante a década de 1560, fazendo com que o movimento de navios caísse a números novamente insignificantes.

Depois que Mem de Sá assumiu o governo-geral do Brasil em 1557, a tendência de escravização e extermínio dos nativos foi abrandada em favor de uma intensa campanha de conversão pacífica, levada a cabo pelos jesuítas. Não obstante, a escravização não foi totalmente abandonada, tampouco existiu um consenso entre as autoridades portuguesas quanto a respeitar a liberdade do gentio.

Desde então a questão da escravidão indígena passou a ser o cerne das disputas entre jesuítas e colonos. Os crescentes conflitos gerados culminaram na expulsão definitiva dos padres da Companhia de Jesus no ano de 1759.

A diferença de opinião não se resumia apenas ao antagonismo entre jesuítas e leigos. Mesmo entre os colonos portugueses, havia tanto aqueles que se opunham à escravização como aqueles que a apoiavam. A opinião oficial da Coroa portuguesa ditava que a liberdade devia ser garantida, desde que os indígenas aceitassem as leis fixadas pelo Estado. Aqueles que não se sujeitassem às normas deveriam ser escravizados como forma de doutrinação na fé cristã. Não é difícil imaginar como era simples conseguir um pretexto que legitimasse um ataque aos índios.

Igualmente, entre os religiosos das mais diversas ordens, as opiniões variavam. Alguns consideravam que a liberdade de todo e qualquer nativo devia ser garantida, independentemente de sua conversão. Outros defendiam a escravização como forma de catequização forçada e, portanto, perfeitamente justificável.

Mesmo entre os jesuítas não existia um consenso sobre se a conversão deveria ser feita através da persuasão ou da força. Segundo a opinião do padre Manuel da Nóbrega, tido, então, como defensor dos ameríndios, a Coroa portuguesa devia conquistar a terra e repartir os índios pelos moradores. Eles seriam, então, doutrinados compulsoriamente e os rebeldes, castigados.

Diante das múltiplas opiniões e reivindicações quanto à liberdade ou à escravização dos ameríndios, a Coroa decretou uma lei, em 20 de março de 1570, um tanto contraditória, proibindo o aprisionamento dos nativos, com a ressalva de que os índios que cometessem assaltos ou desobedecessem às autoridades poderiam ser escravizados através de "guerra justa".

A partir de então, a resistência nativa à penetração portuguesa mais do que nunca passou a servir de pretexto ao aprisionamento e à escravização dos ameríndios. Os usos e abusos dessa desculpa por parte dos colonos persistiram até que uma provisão, datada de 5 de julho de 1605, estabeleceu que em nenhuma hipótese o gentio deveria ficar cativo. Complementando a lei, foi promulgado um decreto em 30 de junho de 1609, determinando que os índios fossem tratados como pessoas livres, que não podiam ser constrangidas a executar serviços contra a vontade e, ao mesmo tempo, designando-lhes um juiz privativo e um curador. Entretanto, devido a uma enxurrada de protestos, uma nova lei foi expedida em 10 de setembro de 1611, beneficiando os colonos. A despeito de falar na liberdade dos índios, a nova lei voltava a considerar legítima a escravidão dos aprisionados em "guerra justa" e dos resgatados em cativeiros de outras tribos.

Depois da Restauração da Independência Portuguesa, um alvará de 17 de outubro de 1653 tratou de restringir o direito dos colonos de escravizar índios, determinando como legítimo o cativeiro somente nos casos de índios presos em "guerra justa", que ameaçassem vidas e fazendas dos vassalos da Coroa, que fossem aliados de inimigos do reino, assaltantes ou ladrões, que desrespeitassem as obrigações, que não obedecessem quando chamados para os serviços reais ou para pelejar contra os inimigos do rei, antropófagos que se alimentaram de súditos portugueses, e prisioneiros de outras tribos que estivessem prestes a ser devorados ou que já fossem escravos no próprio meio.

Como era de se esperar, a nova lei deu ampla margem à justificativa de escravização dos ameríndios. Isso representou um enorme incentivo ao aumento da produção de açúcar em todo o Nordeste brasileiro, proporcionando uma mão de obra mais do que bem-vinda.

Entretanto, com isso, os índios começaram a rarear cada vez mais nas terras ocupadas pelos portugueses. Escasseavam por conta das "guerras justas", das doenças transmitidas pelos homens brancos ou das fugas para o interior do Brasil.

Por conseguinte, tornou-se necessário gradualmente importar um crescente número de africanos, visando suprir a carência de mãos ao cultivo da cana-de-açúcar.

Na verdade, a importação de negros da Guiné começou em 1551, segundo relatos da época, com a chegada de três escravos machos para servirem nas ferrarias da Bahia. Ao longo da segunda metade do século XVI, a importação de africanos foi intensificada, alcançando tal êxito que, até 1576, já havia sido importado um total de cerca de 12 mil deles.

E isso não foi quase nada, se comparado com a extraordinária quantidade de negros trazidos da África ao longo da primeira metade de Seiscentos. O momento de transição entre a queda da primazia da carreira da Índia e da pimenta como produto econômico relevante – substituída pelo açúcar transportado nos navios da rota do Brasil, entre 1600 e 1639 – foi também o período de substituição gradual da mão de obra silvícola pela africana, principalmente no Nordeste do Brasil.

Todavia, nas capitanias mais pobres, os nativos da América continuaram a ser empregados em larga escala como escravos. Por esse motivo, em 1653, o padre Antônio Vieira, em carta dirigida ao rei, apresentou como sugestão retirar dos governadores e capitães-mores a jurisdição sobre os índios.

Até então, mesmo quando a mão de obra escrava africana estava presente, as autoridades portuguesas ainda utilizavam índios para trabalhos forçados em obras públicas, mantendo muitos homens afastados de suas aldeias por mais de quatro meses. Vieira não pretendia acabar totalmente com a prática, mas propunha que fosse permitido aos índios mais tempo para cuidar de suas próprias lavouras.

Respondendo ao apelo de Viera, a Coroa baixou uma lei em 9 de abril de 1655, retirando a competência pelas aldeias livres dos governadores e ministros, passando sua direção a religiosos e distribuindo os índios resgatados entre capitães, aos quais deveriam servir como escravos por um período máximo de cinco anos, tempo que deveria ser gasto na sua doutrinação na fé cristã.

Apesar do avanço, as múltiplas queixas dos colonos quanto à perda dos direitos de escravizar nativos surtiram efeito em poucos anos. Em 12 de setembro de 1663, os jesuítas e outros religiosos foram afastados da jurisdição temporal sobre os índios, sendo autorizados a reconduzir os nativos livres às aldeias e missões, somente em 1º de abril de 1680.

Sob a jurisdição dos colonos ou dos religiosos, o fato é que pouca diferença existia para os nativos. Eles eram expropriados de sua terra, forçados a trabalhar e servir aos brancos como escravos ou semiescravos e destituídos até mesmo de sua cultura, obrigados que eram a abandonar suas crenças em favor dos preceitos cristãos.

Independentemente de sob quem estivessem, os ameríndios foram sempre considerados seres inferiores, passíveis, portanto, de servir como escravos ou servos. Uma lei de 1688, por exemplo, chegou a proibir a escravização dos índios. No entanto, ao mesmo tempo, autorizou que fossem reduzidos à servidão no caso de se oporem à penetração lusitana rumo ao interior do Brasil, cabendo ao governador ou às Câmaras distribuí-los pelas fazendas dos colonos.

Mesmo no século XVIII, os indígenas ainda eram considerados incapazes de responder por eles próprios, ficando sob a tutela do grêmio da Igreja.

Não satisfeita com a expropriação da terra, a Coroa intentou até mesmo possuir o mais absoluto controle sobre o cotidiano dos indígenas. Por um decreto régio, os nativos só tinham direito ao matrimônio com uma única mulher, o que por si já constituía uma violência contra os hábitos poligâmicos silvícolas. Marido e mulher podiam unir-se apenas em dias certos, determinados pelo bispo. Para os casos de adultério, estava prevista como punição a pena de degredo de dez anos para Angola.

Para além do extermínio e da escravização dos ameríndios, a Coroa, desde o início da colonização do Brasil, procurou estimular a miscigenação entre brancos e índios sob a justificativa de integrar os nativos como súditos do Estado. No entanto, cabe perguntar se integrar os silvícolas à cultura europeia não foi apenas mais uma maneira de exterminá-los a fim de tomar posse da terra que antes lhes pertencia.

MISCIGENAÇÃO: INTEGRAÇÃO OU EXTERMÍNIO?

A política de miscigenação foi amplamente aplicada por todo o território brasileiro como forma de povoá-lo. Com a intensificação da colonização no final do Quinhentos, gradualmente a miscigenação passou a ser encarada como forma de integração dos ameríndios, garantindo a posse lusitana do território brasileiro.

Na lógica colonial, uma vez que o grosso da migração espontânea ainda estava voltado para a Índia, não dispondo Portugal de uma demografia que pudesse dar conta do controle da terra oriental e ao mesmo tempo do Brasil, e sendo insuficiente o número de degredados enviados à Terra de Santa Cruz para ocupar de forma eficiente ao menos o litoral uma vez que mulheres eram raras, estimular o amancebamento entre portugueses e indígenas seria a maneira mais eficiente de conseguir reunir o potencial humano necessário ao incremento da lucratividade do Brasil.

Para os lusos instalados na Terra de Santa Cruz, amancebar-se com as nativas não constituía nenhum sacrifício. Elas eram consideradas como possuidoras de grande beleza e instigavam a sexualidade dos europeus com sua nudez, como comprovado por inúmeros relatos e também pela iconografia – que, diga-se de passagem, procurou pintar as indígenas com ares de Eva no paraíso e traços típicos da pintura renascentista, sem semelhança quase com a realidade observada.

A miscigenação, em vez de representar uma integração de culturas, foi responsável pela descaracterização da silvícola, considerada, então, inferior. Algumas ordens religiosas buscaram conhecer e valorizar as tradições nativas, mas na maior parte dos casos isso não passou de uma estratégia de conversão do gentio.

Em 1552, o bispo D. Pedro Fernandes ficou horrorizado ao saber que o padre Nóbrega confessava mulheres mestiças através de intérpretes, pois, segundo sua ótica, era um sacrilégio usar a língua dos gentios ou valer-se de um intérprete para realizar ritos sagrados. Esta foi, pouco a pouco, suplantada pela portuguesa.

Os maridos lusitanos foram compelidos a ensinar suas mulheres a falar o idioma do colonizador. A língua dos ameríndios que tinham contato com os colonos praticamente desapareceu, ficando confinada a umas poucas localidades. Do mesmo modo, sua cultura foi sendo exterminada através da miscigenação, embora alguns traços dela tenham sido assimilados, involuntariamente, pelos conquistadores.

A integração dos silvícolas à cultura europeia terminou desintegrando etnias inteiras e empurrando os teimosos remanescentes para o interior do Brasil, de onde também seriam expulsos, mais tarde, ao longo dos séculos XVII, XVIII, XIX e mesmo XX.

AS PRIMEIRAS VILAS E CIDADES

Dado o fato de que o mar era a grande via de transporte de mercadorias e pessoas, espaços urbanas foram fundados no Brasil em torno dos portos, que além de representarem pontos de entrada e saída de seres humanos e produtos sediavam o aparato burocrático e administrativo da Coroa portuguesa e concentravam o escoamento dos produtos da terra.

Nos primórdios da colonização, quando o Brasil ainda não havia adquirido grande importância como zona geradora de dividendos para o Estado lusitano, foram fundados núcleos populacionais que, além de garantir a posse das novas terras encontradas na América, davam conta de prestar apoio logístico às embarcações da carreira da Índia.

Visando expulsar os franceses, que infestavam o litoral brasileiro e exploravam, através de feitorias, o comércio de pau-brasil, a Coroa decidiu implementar uma política de ocupação da Terra de Santa Cruz, já que as esporádicas missões de patrulhamento não se mostravam eficientes contra os invasores.

A missão colonizadora de Martim Afonso de Souza fundou o primeiro centro urbano no Brasil, em 1532: a cidade de São Vicente. Em seguida, 1535, foi fundada a vila do Pereira, no sul da capitania da Bahia, por Francisco Pereira Coutinho, que chegou com outros colonos e sua própria família, em sete navios.

Os habitantes do Pereira tiveram, entretanto, poucos momentos de tranquilidade. Passaram a sofrer constantes ataques de tupinambás, até que foram todos exterminados. Quando retornava ao reino para dar conta ao rei do que havia acontecido, Martim Afonso de Souza topou com franceses pela altura de Pernambuco e acabou aprisionando a nau La Pelerine. Isso provou mais uma vez a necessidade de estabelecer, no Brasil, centros urbanos controlados por portugueses, para impedir a invasão dos inimigos de Portugal.

Em 1536, Pero Lopes fundou Igarassu, em uma localidade das mais promissoras ao cultivo de cana-de-açúcar.

A partir da implantação do sistema de capitanias donatárias, o processo de formação de vilas e cidades foi intensificado. A despeito de muitos dos agraciados nem chegarem a usufruir de suas terras, cada donatário recebeu uma carta que garantia a possessão de uma faixa de terra, sendo-lhe outorgados o governo e o título de capitão-mor, com direitos e deveres semelhantes aos dos tempos medievais.

O capitão-donatário não se tornava o proprietário das terras, mas, ao assumir sua posse, passava a ter o direito de transmiti-la hereditariamente aos filhos homens. Podiam exercer a justiça em seus domínios, inclusive condenando à morte, além de nomear funcionários e repartir as terras destinadas ao cultivo, estabelecendo laços de suserania e vassalagem com outros colonos.

Além disso, o capitão-mor podia exercer em suas terras poderes que em Portugal só eram permitidos ao rei, como fundar vilas e cidades, mandar açoitar réus condenados e cobrar impostos. Estava autorizado a cunhar moeda em nome da Coroa, desde que reservasse o quinto (20%) dos metais e pedras preciosas ao Estado lusitano. Suas obrigações se resumiam, além do quinto devido ao rei, a pagar a dízima das colheitas (10%) e a vintena do pescado (5%). O comercio do pau-brasil era um monopólio da Coroa, sobre o qual o capitão-mor podia cobrar um imposto de 5%, devendo arrecadar mais 1% a ser revertido para o reino.

A ideia era sedutora, mas a realidade mostrou-se outra. Alguns donatários se perderam em naufrágios. Outros não lograram êxito em seus intentos de alcançar lucros com os frutos da terra. Poucos tiveram a sorte de Duarte Coelho, a quem coube Pernambuco. Coelho foi responsável pela fundação da vila de Olinda, em 1535, e pela vila do Recife, dois anos depois.

Embora Pernambuco tenha mais tarde se tornado a capitania mais lucrativa do século XVI, o primeiro engenho de açúcar do Brasil – o engenho São Jorge de Erasmo – nasceu pelas mãos de dois estrangeiros: Adorno de Gênova e Schetz da Holanda, estabelecidos na capitania de São Vicente, depois da fundação por Braz Cubas da vila de Santos, em 1535.

A cidade de Salvador, que se tornaria a capital do governo-geral, seria fundada em um sítio elevado na frente dos destroços da vila do Pereira, em 1549, por Tomé de Souza, primeiro governador do Brasil.

Acima, gravura do século XVII retratando o litoral do Brasil. As fortalezas costeiras cumpriam a dupla função de proteger os colonos portugueses de ataques de nativos e aqueles promovidos pela cobiça dos piratas. Abaixo, tela de 1637 com a vista da cidade de Recife, em Pernambuco. Apesar de o cerimonial adotado pelos portugueses, visando identificar os inimigos, ter dado conta de repelir piratas no século XVI, não conseguiu impedir a invasão holandesa de Pernambuco no século XVII.

A fundação de Salvador foi um marco do incremento da política de povoamento da Terra de Santa Cruz.

As primeiras vilas e cidades eram construídas com o trabalho compulsório de indígenas escravizados, usados nas obras públicas pelos donatários e seus vassalos. Desde seu nascimento, seguiam traçado irregular. Cresciam de forma desordenada e caótica. Muitas eram apenas extensão das fortalezas costeiras, em geral matrizes da fundação, obedecendo à necessidade de defender as populações de ataques que viessem tanto do mar como da terra. A preocupação central era a segurança interna contra possíveis rebeliões nativas e a defesa externa contra os inimigos de Portugal, utilizando-se, então, largamente da guerra de corso.

Ordinariamente, os piratas estrangeiros costumavam atacar a costa do Brasil de dezembro a março, justamente devido ao regime de ventos e correntes marítimas que, nesse período, permitia o assalto à costa, seguido da fuga rápida para o local de origem ou base dos piratas, no Caribe. Nessa época do ano, as populações litorâneas, sobretudo as mais desprotegidas, ficavam de prontidão, colocando homens de vigia e deixando exposta a menor quantidade de mercadorias possível.

Quando navios não identificados eram avistados (as embarcações lusitanas desenvolviam todo um ritual de baixar e levantar bandeiras para serem identificadas pelos colonos), soavam-se os sinos da igreja local. Em resposta ao aviso, a população se retirava para a mata, levando consigo o máximo de víveres e munição, na expectativa de sofrer algum ataque e buscando uma oportunidade para contra-atacar.

Se o povoado era ocupado por piratas, por exemplo, os moradores que haviam se retirado cercavam os invasores até que eles fossem vencidos pela fome e pela sede, o que costumava ocorrer em um curto espaço de tempo, pois os víveres começavam a escassear.

Quanto a estes, embora não tenham faltado pedidos de auxílio e mercê à Coroa por parte dos habitantes do Brasil quinhentista, as cidades e vilas brasileiras, ao contrário do verificado no Oriente, eram praticamente autossuficientes no que diz respeito ao abastecimento de alimentos. E tinham mesmo que ser assim, já que a vinda de navios do reino era bastante irregular.

Segundo D. Cristóvão de Moura, vice-rei de Portugal no período filipino, a cidade de Salvador, em meados de 1570, era rica em plantações de frutas e hortaliças, possuindo muitas quintas que garantiam um farto abastecimento de mantimentos, muita caça e saborosos pescados.

Mesmo em pontos da costa onde havia fortalezas em pleno início do século XVII, era praxe colocar de dezembro a março alguns homens de vigia, os quais, quando surgiam inimigos, disparavam uma peça de rebate (um tiro de canhão), que se ouvia muito bem na cidade, a fim de que todos pudessem conhecer por ela que havia inimigos na barra. Então, outra peça de rebate, que se tinha na cidade,

As numerosas quintas em torno das cidades nascentes garantiam o abastecimento com mantimentos frescos, realidade totalmente diversa da vivenciada a bordo dos navios portugueses.

era disparada, para que os moradores de engenhos que estavam a 4 km ou 7 km de distância viessem acudir os citadinos. Se os inimigos conseguissem chegar em terra, todos se recolhiam nos arvoredos, cercando os invasores e voltando a atacar com mosquetes e apoio da artilharia das fortalezas.

Desde 1548, visando garantir a capacidade de autossuficiência na defesa contra piratas, cada centro urbano era obrigado a ter, quando pouco, dois falcões, seis berços,[1] vinte arcabuzes ou espingardas com a pólvora necessária, além de vinte bestas, vinte lanças, quarenta espadas e quarenta corpos de armas de algodão.

Os senhores de engenhos e fazendas, por força de lei, eram obrigados a construir casas-fortes, devendo possuir ao menos quatro espingardas, vinte espadas, dez lanças e vinte corpos de algodão. Todo morador de vila ou cidade, sendo proprietário de casa, terras ou navios, tinha que ter em seu poder, no mínimo, uma besta ou espingarda, espada e lança.

Estava prevista por decreto régio a pena de pagar em dobro a valia das armas àqueles que não as tivessem por questão de desobediência. Esse decreto favoreceu a defesa dos portugueses no Brasil, no século XVI e em boa parte do XVII.

Graças às táticas de guerrilha, à abundância de alimentos da terra, à superioridade naval lusitana ante embarcações piratas e ao armamento que todo particular era obrigado a manter em terra, os portugueses foram capazes de dar conta das investidas quinhentistas de franceses e ingleses, gerando um clima de segurança que atraiu um número crescente de voluntários dispostos a migrar para o Novo Mundo a partir de Seiscentos, multiplicando gradualmente os centros urbanos.

Garantida a segurança de pontos-chave do litoral, novos núcleos populacionais foram se estabelecendo não mais apenas em torno de fortalezas, mas também a partir de missões religiosas – caso de São Paulo de Piratininga, fundada em 1554 – e de postos de abastecimento e distribuição de mercadorias, prestando valioso apoio aos desbravadores do sertão e à propagação da cultura de cana-de-açúcar e de outras atividades, que se mostrariam imensamente lucrativas para a Coroa portuguesa e seus súditos.

O COTIDIANO NOS CENTROS URBANOS

Para além da fortaleza, matriz do núcleo populacional, outros edifícios eram necessários ao cotidiano dos colonos. Com traçados irregulares, herdados da tradição medieval – ao menos até que o barroco passasse a inspirar a planta das redes urbanas no século XVII –, as vilas e cidades tinham como um de seus principais edifícios as igrejas, os conventos e os colégios jesuítas. A espiritualidade individual, considerada essencial para um bom cristão, precisava ser reforçada através de práticas coletivas, em ambientes apropriados e sob as vistas da Igreja.

Sem contarem com saneamento básico, os portugueses no Brasil optaram por criar seus povoados urbanos em locais cujo relevo se dividia entre uma parte alta e outra baixa, para que a gravidade e a chuva dessem conta da limpeza das ruas. Salvador era assim, mas nem todos os locais tinham a mesma sorte com a geografia.

Ao lado de edifícios públicos e administrativos, conviviam, nas regiões portuárias (a grande maioria das primeiras cidades foram fundadas em regiões litorâneas), armazéns e mercados de escravos. Apenas as cidades maiores, como Salvador, possuíam hospitais e misericórdias para socorrer os doentes que vinham embarcados nas naus da Coroa.

A Câmara Municipal era um dos poucos edifícios públicos que realmente expressavam a gestão administrativa local. Depois de breve período em que foram nomeados pelos donatários, os vereadores passaram a ser eleitos localmente entre os súditos de cada cidade, acumulando as atribuições executiva, legislativa e judiciária.

O cargo de prefeito ainda não existia. Era o presidente da Câmara que tomava as decisões, que precisavam depois ser referendadas pelos demais vereadores. Ao redor da Câmara, gravitava uma série de funcionários públicos, ouvidores, membros da junta, escrivães, provedores, fiscais e intendentes, nomeados "por dedicação ao reino" e raramente por capacidade de trabalho.

As casas dos particulares, por sua vez, disputavam espaço com comércios, que, a cada dia, iam se instalando para dar conta da distribuição de produtos importados da Europa e mercadorias da terra.

A maioria dos senhores de engenho mantinha uma casa na cidade mais próxima, a despeito de raramente a frequentarem, preferindo ficar a maior parte do tempo na sua casa-grande.

Inicialmente, os edifícios eram construídos com madeira e barro, de maneira muito semelhante à das casas de pau a pique existentes ainda hoje no interior do Nordeste, sempre térreas, com linhas rústicas e poucas divisões internas.

Conforme o material foi sendo gradualmente substituído pela alvenaria de pedra, as casas ganhavam pavimento superior e um maior número de cômodos, tentando manter-se sempre o ambiente arejado em meio ao clima quente.

Fossem de barro ou pedra, a maioria das casas possuía terreiros, quintais e alpendres, os locais prediletos para "ver o dia passar", observando o vaivém de pessoas e mercadorias pelas ruas.

A pouca inclinação ao trabalho duro por parte dos primeiros colonos que chegaram ao Brasil, somada à fartura de mão de obra escrava, primeiro indígena e depois africana, e à incorporação do hábito cultural de obtenção do mínimo necessário com a maior facilidade possível, forjou uma sociedade que valorizava o ócio. Aqui, o trabalho era considerado coisa de escravo.

A maior parte da população não dispunha de recursos econômicos para mandar fazer móveis de madeira, tampouco sentia necessidade disso. No interior das casas, sendo os móveis escassos, grandes cômodos deixavam amplos espaços livres para que se sentasse no chão, sobre esteiras ou tapetes, um hábito corrente. A rede de dormir fazia as vezes de cama, enquanto caixas e canastras serviam para guardar as roupas, ficando alojadas em suportes e mesas, tipo cavalete. Mesas baixas, condizentes com a posição de sentar-se no chão, eram comuns.

Os cupins invadiam constantemente as casas para atacar móveis e madeiramento, estragando tudo pelo caminho, um motivo a mais para que bancos e catres fossem considerados objetos de luxo e distinção, presentes apenas nas casas dos mais ricos, que podiam substituí-los sempre que necessário.

Os colonos portugueses, nos primeiros tempos, comiam como os índios, em vasilhas de barro, usando uma técnica até hoje presente em muitos lugares Brasil afora conhecida como "comer de arremesso", a qual consiste em utilizar quatro dedos para pegar o alimento e levá-lo à boca, com enorme destreza, fazendo inveja aos franceses, que, quando tentavam imitá-los, acabavam sujando rosto, bochechas e barbas.

A mandioca era o principal alimento, por isso mesmo chamada pelos lusos de "pão da terra". A farinha de mandioca era consumida pura ou com carne, legumes e caldos, sendo transformada em pão, biscoito e mingau. Este último especialmente reservado a doentes e crianças. A mistura da mandioca ralada e espremida com um punhado de carimã, uma vez torrada em panelas de ferro, fornecia a chamada "farinha de guerra", mais um hábito da culinária indígena incorporado pelos lusos. Era usada nas viagens e expedições guerreiras, tornando-se, posteriormente, a principal ração dos bandeirantes.

Antes da introdução do feijão e do arroz no Brasil pelos portugueses, outros grãos acompanhavam a mandioca à mesa. Um deles era o amendoim, cozido com casca ou torrado sem ela. Era também aproveitado em doces e confeitos, substituindo as nozes e as castanhas das receitas europeias.

A caça ajudava igualmente a compor uma mesa farta, com capivaras, porcos-do-mato, veados, tatus, pacas, cotias e aves silvestres, além, é claro, da apreciada carne de anta. Juntava-se ao banquete a carne de peixe, como em Portugal, um dos alimentos mais populares entre os pobres. Pescados do mar e de água doce eram complementados por siris, mariscos, mexilhões e pelos caranguejos encontrados nos mangues.

A enorme variedade de frutas de sabores considerados, então, exóticos também compunha o cardápio dos colonos portugueses: o caju, a banana, o mamão, a jaca, a jabuticaba, a laranja, o limão, o umbu e a predileta da época, o abacaxi, chamado de "ananás" pelos portugueses.

Ricas em vitaminas B e C, cuja carência, em Portugal e a bordo dos navios, fazia-se sentir intensamente, as frutas garantiam uma saúde em muitos aspectos melhor do que aquela observada entre a população do reino e de outras colônias.

Mesmo não possuindo saneamento básico, o fato de os moradores das cidades terem por hábito separar a latrina da casa contribuía para a não difusão de doenças.

Para além de algumas doenças tropicais, uma das maiores preocupações no quesito saúde entre os lusos era o bicho-de-pé. Classificado pelos colonos como o inseto mais curioso, traiçoeiro e perigoso, o bicho-de-pé era muito temido. Desenvolvia-se nas casas térreas e quintais empoeirados, segundo os cronistas, atacando as pessoas pouco habituadas ao banho e à limpeza, podendo chegar ao extremo de provocar a amputação do pé a partir de sua infecção.

Mas o bicho-de-pé não era o único perigo a rondar os portugueses recém-chegados. Provocavam terror os vários tipos de cobra a rastejarem pelos matos, muitas das quais inadvertidamente invadiam as ruas das vilas. Eram sucuris, boiunas e jiboias. Um perigo superdimensionado, já que raramente atacavam o homem.

Um foco real de temor eram as diversas espécies de onças negras, ruivas ou pintadas que atacavam desprevenidos, pulando das árvores e invadindo as casas em busca de alimentos. Só se detinham diante da manutenção constante de fogo acesso.

Muito mais perigosas que as formigas convencionais – que também invadiam as casas atrás de açúcar, mordendo as pessoas e causando queimaduras –, as saúvas não estavam presentes nas cidades, mas terminavam interferindo em seu cotidiano ao destruírem as roças de milho e mandioca e as árvores frutíferas que abasteciam as vilas e cidades. Gabriel Soares de Souza chamava as saúvas de "a praga do Brasil".

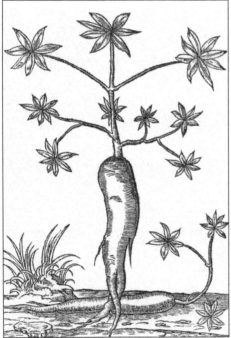

Acima, frutas tropicais e legumes. Abaixo, a mandioca e o amendoim. Frutas exóticas e alimentos típicos das terras brasileiras e da alimentação dos índios foram incorporados à dieta alimentar dos colonos portugueses.

Quanto ao lazer, no início, as vilas e cidades não possuíam muitas opções, nada que ultrapassasse os festejos dos santos, os jogos de azar, a bebedeira e a fornicação com as indígenas ou negras escravizadas.

O fumo se propagou entre os colonos, a princípio, por seu poder curativo sobre feridas e bicheiras. Tornou-se vício, mas também um lazer, combinado com o espreguiçar em uma rede, ambos hábitos copiados dos indígenas.

Uma outra forma comum de divertimento era a atração exercida pelos gestos e sons dos papagaios, araras e macacos, animais que se tornaram bichos de estimação dos portugueses no Brasil.

Desembarcados em meio a esse ambiente idílico – que contava ainda com a tentação oferecida pela nudez inocente das indígenas –, quando o contrapunham à dura rotina no mar e ao difícil cotidiano no reino, muitos marujos se sentiam tentados a desertar. Queriam se juntar aos colonos e viver no Brasil.

Outros optaram por cumprir seu tempo de serviço e juntar recursos para tentar a sorte nas novas terras, onde se vivia com simplicidade, mas com a possibilidade de ser mais feliz do que na Europa.

A divulgação das pujanças da Terra de Santa Cruz entre os portugueses na África e na Índia contribuiu ativamente para virar o jogo e transformar o Brasil na nova menina dos olhos da Coroa e em lugar idealizado para onde se voltavam os sonhos das pessoas comuns.

NOTA

[1] Berços e falcões eram peças de artilharia semelhantes, ambas de calibre três. As primeiras, porém, eram mais curtas e, consequentemente, com menor alcance de tiro.

CRUZANDO MARES E FRONTEIRAS

Em busca de cristãos e especiarias, os portugueses partiram por mares nunca dantes navegados e viveram a aventura dos Descobrimentos.

A expansão portuguesa começou pela África. Continuou com o achamento das ilhas atlânticas e, depois, a partir desses pontos de apoio, com o desenvolvimento das carreiras da Índia e do Brasil.

Cada dificuldade serviu de lição para a próxima etapa e os lusos chegaram a ser os senhores dos oceanos, do Índico ao Atlântico.

Ao atingir a Índia, os portugueses encontraram uma rede comercial estabelecida. Como não tinham recursos para penetrar pacificamente no comércio das especiarias, enfrentaram mercadores guzarates, soldados do samorim, turcos otomanos e egípcios, com a artilharia de suas naus. Conquistaram Goa e estabeleceram fortalezas em muitos pontos do continente asiático. Todavia, embora patrulhassem o estreito e a entrada do mar Vermelho, nunca conseguiram interromper totalmente o trânsito marítimo de navios otomanos e egípcios.

Prosseguiram explorando o Índico. Atingiram a costa do Malabar, que se tornou responsável por mais da metade da produção total de pimenta, e centralizaram seus esforços no controle desse centro produtor.

Procurando evitar que o produto chegasse à Europa pelas mãos de outros, os portugueses acabaram alcançando Malaca e, de lá, China e Japão.

Criaram uma relação de interdependência comercial entre Malaca, Japão e Índia que lhes possibilitou sustentar a economia portuguesa com base nos lucros obtidos com as especiarias indianas, a seda chinesa e a prata japonesa.

A ganância, entretanto, superlotou barcos, atraiu piratas e desafetos e provocou naufrágios: de navios e, posteriormente, com a fuga dos investidores e o desestímulo dos mareantes, da própria carreira da Índia.

Incapazes de controlar a cotação da pimenta na Europa, ineficazes na manutenção de pontos de apoio em terra, temerosos diante da crescente oposição dos nativos e ameaçados pelos concorrentes ingleses e holandeses, os portugueses abandonaram paulatinamente o cenário asiático em função de um produto, o açúcar, e de uma terra, o Brasil, mais promissores.

A virada do interesse econômico lusitano do Índico para o Atlântico ocorreu nas primeiras décadas do século XVII.

Os portugueses investiram em terras brasileiras e elas se tornaram sua mais próspera colônia. As maiores facilidades no cotidiano, tanto da nova carreira quanto da vida no Novo Mundo, mostraram-se decisivas ao despertar do interesse português.

Na rota do Brasil, diferentemente do que ocorria na da Índia em que as monções eram decisivas, a época do ano tinha peso quase nulo para bem navegar, tanto na ida como na volta. Se as escalas eram indispensáveis para as armadas da Índia, elas eram bem menos importantes para o desempenho dos navios destinados ao Brasil. Os comandantes de embarcações do Atlântico eram mais qualificados para conduzir os navios a bom termo que os das naus da Índia. Assim, o incremento no movimento de embarcações na rota do Brasil e o nascimento de uma carreira entre Salvador e Portugal foram uma consequência óbvia.

No Brasil, os poderosos encontraram outros meios de lucrar sem colocar as naus em perigo: descaminhos da fazenda Real (desvios de verbas destinadas à Coroa), contrabando de produtos de estanco (monopólio do Estado), venda de favores, superfaturamento e emprego de funcionários fantasmas. Senhores, colonos, comerciantes e administradores exploraram os nativos e os escravos africanos em benefício próprio. Foram responsáveis por destruições e extermínios. Também fundaram vilas e cidades e instituíram nessas terras uma nova cultura, que seguiu, com o tempo, rumos próprios.

BIBLIOGRAFIA

ALBUQUERQUE, Luís de. *Escalas da carreira da Índia*. Lisboa: Junta de Investigações do Ultramar/Separata da Biblioteca da Marinha Portuguesa, 1978.

_____. *Curso de história náutica*. Lisboa: Alfa, 1989.

_____. *Portugal no mundo*. Lisboa: Alfa, 1989.

_____. *Dicionário de história dos descobrimentos portugueses*. Lisboa: Caminho, 1994.

ALBUQUERQUE, Luís Mendonça de. *Notas sobre as navegações de descobrimento e a navegação corsária no século XV*. Coimbra: s.n., 1961.

ALQUIÉ, Ferdinand et al. *Galileu, Descartes e o mecanismo*. Trad. Germiniano Cascais Franco. Lisboa: Gradiva, 1987.

ARAÚJO, Carlos; CLANDEIGNE, Michel. *Lisboa e os descobrimentos, 1415-1580:* a invenção do mundo pelos navegadores portugueses. Lisboa: Terramar, 1990.

ARNOLD, David. *A época dos descobrimentos*. Trad. Luís Felipe Barreto. Lisboa: Gradiva, 1983.

ARRIGHI, Giovanni. *O longo século XX*. Trad. Vera Ribeiro. São Paulo: Unesp, 1996.

ARRUDA, José Jobson de Andrade. *O Brasil no comércio colonial*. São Paulo: Ática, 1980.

AZEVEDO, J. Lúcio de. *Épocas de Portugal econômico*. 4. ed. Lisboa: Clássica, 1988.

BARATA, João da Gama Pimentel. *Estudos de arqueologia naval*. Lisboa: Casa da Moeda/Imprensa Nacional, 1989.

BAROJA, Julio Caro. *Vidas mágicas e inquisición*. Madrid: s.n., 1967.

BARRETO, Luís Felipe. *Os navios dos descobrimentos*. Lisboa: Correios de Portugal, 1991.

BOXER, Charles Ralph. *O império marítimo português*. Trad. Inês Silva Duarte. Lisboa: Edições 70, 1969.

_____. *A mulher na expansão ultramarina ibérica*. Lisboa: Livros Horizonte, 1977.

_____. *A Índia portuguesa em meados do séc. XVII*. Trad. Luís Manuel Nunes Barão. Lisboa: Edições 70, 1980.

BRAUDEL, Fernand. *O Mediterrâneo e o mundo mediterrânico na época de Felipe II*. Trad. Ministério da Cultura (França). Lisboa: Martins Fontes, 1983.

BRITO, Nogueira de. *Caravelas, naus e galés de Portugal*. Porto: Livraria Lello, s.d.

CARNEIRO, Maria Luiza Tucci. *Preconceito racial:* Portugal e Brasil-Colônia. São Paulo: Brasiliense, 1988.

CARREIRA, António. *As companhias pombalinas:* de Grão-Pará e Maranhão e Pernambuco e Paraíba. Lisboa: Presença, 1982.

CASTELO BRANCO, Fernando. *Presença de Portugal no mundo*. Lisboa: Academia de História, 1982.

COATES, Timothy J. *Degredados e órfãs: colonização dirigida pela coroa no império português. 1550-1755*. Lisboa: Comissão Nacional para as Comemorações dos Descobrimentos Portugueses, 1998.

COENELL, Tim; MATTHEWS, John. *Roma:* legado de um império. Rio de Janeiro: Edições Del Prado, 1982.

CORTESÃO, Jaime. *A política de sigilo nos descobrimentos*. Lisboa: Imprensa Nacional/Casa da Moeda, 1997.

_____. *Os descobrimentos pré-colombinos dos portugueses*. Lisboa: Imprensa Nacional/Casa da Moeda, 1997.

CUNHA, Manuela Carneiro. *História dos índios no Brasil*. São Paulo: Companhia das Letras, 1998.

DAVIDSON, Basil. *A descoberta do passado de África*. Lisboa: Sá da Costa, 1978.

DEL PRIORE, Mary. *Religião e religiosidade no Brasil colonial*. São Paulo: Ática, 1995.

_____. *Esquecidos por Deus:* monstros no mundo europeu e ibero-americano (séculos XVI-XVIII). São Paulo: Companhia das Letras, 2000.

DELAMARRE, Catherine; SALLARD, Bertrand. *La Femme au temps des conquistadores*. Paris: Stock/Pernoud, 1992.

DELUMEAU, Jean. *O medo no Ocidente 1300-1800:* uma cidade sitiada. Trad. Maria Lucia Machado. São Paulo: Companhia das Letras, 1989.

DIEGUES, Antonio Carlos. *Ilhas e mares, simbolismo e imaginário*. São Paulo: Hucitec, 1998.

DISNEY, A. R. *A decadência do império da pimenta:* comércio português na Índia no início do séc. XVII. Trad. Pedro Jordão. Lisboa: Edições 70, 1981.

DOMINGUES, Francisco Contente. *A carreira da Índia*. Lisboa: Correios de Portugal, 1998.

DREYER-EIMBCKE, Oswald. *O descobrimento da Terra:* história e histórias da aventura cartográfica. Trad. Alfred Josef Keller. São Paulo: Melhoramentos/Edusp, 1992.

FAORO, Raymundo. *Os donos do poder:* formação do patronato político brasileiro. São Paulo: Globo/Publifolha, 2000.

FERRO, Gaetano. *As navegações portuguesas no Índico*. Lisboa: Teorema, 1984.

FERRO, Marc. *História das colonizações:* das conquistas às independências – séculos XIII a XX. São Paulo: Companhia das Letras, 1996.

FERRONHA, António Luís. *O confronto do olhar:* o encontro dos povos na época das navegações portuguesas (séculos XV e XVI). Lisboa: Caminho, 1991.

FONSECA, Quirino da. *A caravela portuguesa:* a prioridade técnica das navegações henriquinas. Coimbra: Imprensa da Universidade, 1934.

FREITAS, Marcos Cezar de. *Historiografia brasileira em perspectiva*. São Paulo: Contexto, 2001.

FREITAS, Gustavo. *A Companhia Geral do Comércio do Brasil (1649-1720)*. São Paulo: Coleção da Revista de História, 1951.

FURTADO, Celso. *Formação econômica do Brasil*. São Paulo: Companhia Editora Nacional/Publifolha, 2000.

GODINHO, Vitorino Magalhães. *A economia dos descobrimentos henriquinos*. Lisboa: Sá da Costa, 1962.

_____. *Os descobrimentos e a economia mundial*. 2. ed. rev. e amp. Lisboa: Presença, 1984.

GUERREIRO, Luís R. *O grande livro da pirataria e do corso*. Lisboa: Temas e Debates, 1997.

HOLANDA, Sérgio Buarque de. *Visão do paraíso:* os motivos edênicos no descobrimento e colonização do Brasil. 2. ed. rev. e amp. São Paulo: Companhia Editora Nacional/Editora da Universidade de São Paulo, 1969.

LANCIANI, Giulia. *Sucessos e naufrágios das naus portuguesas*. Lisboa: Caminho, 1997.

LAPA, José Roberto do Amaral. *A Bahia e a carreira da Índia*. São Paulo: Companhia Editora Nacional, 1968.

_____. *Economia colonial*. São Paulo: Perspectiva, 1973.

_____. *O sistema colonial*. São Paulo: Ática, 1994.

LESTRINGANT, Frank. *O canibal:* grandeza e decadência. Trad. Mary Del Priore. Brasília: Editora Universidade de Brasília, 1997.

LIMA, Francisco Ferreira. *O outro livro das maravilhas:* a peregrinação de Fernão Mendes Pinto. Rio de Janeiro: Relume-Dumará, 1998.

LOURENÇO, Carlos R. *A 5ª volta pelo largo*. Lisboa: Academia da Marinha, 1989.

MATOS, Artur Teodoro de; THOMAZ, Luís Felipe F. Reis. *A carreira da Índia e as rotas dos estreitos*. Angra do Heroísmo: Actas do VIII Seminário Internacional de História Indo-Portuguesa, 1998.

MATOS, Raimundo José da Cunha. *Compêndio histórico das possessões de Portugal na África*. Rio de Janeiro: Ministério da Justiça e Negócios Interiores/Arquivo Nacional, 1963.

MAURO, Frédéric. *Portugal, o Brasil e o Atlântico:* 1570-1670. Lisboa: Estampa, 1988.

MELLO, Evaldo Cabral de. *O negócio do Brasil-Portugal, os Países Baixos e o Nordeste, 1641-1669*. São Paulo: Topbooks, 1999.

MERRIEN, Jean. *A vida quotidiana dos marinheiros no tempo do Rei-Sol*. Trad. Virgínia Motta. Lisboa: Livros do Brasil, s.d.

MESGRAVIS, Laima; PINSKY, Carla Bassanezi. *O Brasil que os europeus encontraram*. São Paulo: Contexto, 2002.

MICELI, Paulo. *O ponto onde estamos*. São Paulo: Scritta, 1994.

MORENO, Humberto Baquero. *História de Portugal medievo*. Lisboa: Universidade Aberta, 1995.

MARQUES, A. H. de Oliveira. *A sociedade medieval portuguesa*. 5. ed. Lisboa: Sá da Costa, 1987.

MOURÃO, Ronaldo Rogério de Freitas. *A astronomia na época dos descobrimentos:* a importância dos árabes e dos judeus nas descobertas. Rio de Janeiro: Lacerda, 2000.

MURRAY, Jocelyn. *África:* o despertar de um continente. Madri: Edições Del Prado, 1997.

OLIVEIRA, Aurélio de; et al. *História dos descobrimentos e expansão portuguesa*. Lisboa: Universidade Aberta, 1990.

PAULINO, Francisco Faria. *Portugal:* a formação de um país. Lisboa: Comissão Nacional para as Comemorações dos Descobrimentos Portugueses, s.d.

_____. *Portugal e os descobrimentos*. Lisboa: Comissão Nacional para as Comemorações dos Descobrimentos Portugueses, s.d.

PIMENTA, José de Mélo. *De Sagres a Índia portuguesa*. São Paulo: Biblos, 1960.

PINTO, Maria Helena Mendes. *Biombos Namban*. Lisboa: Correios de Portugal/Museu de Arte Antiga, 1993.

RAMINELLI, Ronald. *Imagens da colonização: a representação do índio de Caminha a Vieira*. Rio de Janeiro: Zahar, 1996.

BIBLIOGRAFIA   211

Ramos, Fábio Pestana. Os problemas enfrentados no cotidiano das navegações portuguesas da carreira da Índia: fator de abandono gradual da rota das especiarias. *Revista de História*. São Paulo, fflch/usp, v. 137, n. 2, 1997, pp. 75-94.

_____. A história trágico-marítima das crianças nas embarcações portuguesas do século xvi. In: Del Priore, Mary (org.). *História das crianças no Brasil*. São Paulo: Contexto, 1999, pp. 19-54.

_____. A superação de obstáculos puramente técnicos nas navegações portuguesas da carreira da Índia. *Pós-História*. Assis, Unesp, v. 7, 1999. pp. 135-56.

_____. O Brasil entre a fronteira do real e do imaginário: o confronto cultural e militar entre índios e portugueses. *Estudos Ibero-Americanos*. Porto Alegre, puc/rs, v. 1, 2000, pp. 139-47.

_____. *Naufrágios e obstáculos enfrentados pelas armadas da Índia Portuguesa:* 1497-1653. São Paulo: Editora Humanitas/Departamento de História-fflch/usp, 2000.

_____. O cotidiano feminino a bordo das embarcações portuguesas (século xvi e xvii). *Gênero em pesquisa*. Uberlândia, ufu, v. 15, 2000, pp. 06-09.

_____. O festejo dos santos a bordo das embarcações portuguesas do século xvi e xvii: sociabilização ou controle social? In: Jancsó, István. *Festa:* cultura e sociabilidade na América portuguesa. São Paulo: Hucitec/Edusp/Fapesp/Imprensa Oficial sp, 2001.

_____. *O apogeu e declínio do ciclo das especiarias:* uma análise comparativa das navegações portuguesas da carreira da Índia e da carreira do Brasil. 1500-1700. São Paulo, 2002. Dissertação (Mestrado) – Departamento de História, fflch/usp.

_____. História e literatura: ficção e veracidade. *Domínios de Linguagem ii:* literatura em perspectiva. São Paulo: Edição dos Autores, 2003, pp. 25-39.

_____. A constituição afetiva da infância e da família no período colonial: o nascimento da profissão docente no Brasil. *Profissão Docente e Cultura Escolar*. São Paulo: Intersubjetiva, 2004, pp. 13-40.

_____. A construção da imagem do ameríndio brasileiro. *Domínios de linguagem iv:* subsídios à formação linguística. São Paulo: Edição dos Autores, 2004, pp. 31-44.

_____. *No tempo das especiarias:* o império da pimenta e do açúcar. São Paulo: Contexto, 2004.

Rediker, Marcus. *Between the Devil and the Deep Blue Sea*. Cambridge: Cambridge University Press, 1987.

Rodger, N. A. M. *The Wooden World:* an anatomy of the Georgian navy. New York/London: W. W. Norton, 1986.

_____. *The Safeguard of the Sea:* a naval history of Britain 660-1649. New York/London: W. W. Norton, 1998.

Rossiaud, Jacques. *La prostituición en el Medievo*. Barcelona: Ariel, 1986.

Santos, José Assis. *As primeiras navegações oceânicas*. Mortágua: s.n., 1960.

Saraiva, José Hermano. *História concisa de Portugal*. 17. ed. Lisboa: Europa-América, 1995.

Sérgio, Antônio. *Naufrágios e combates no mar*. Lisboa: Livros Horizontes, 1958.

Simas Filho, Américo. *Estudos baianos:* evolução física de Salvador, nº 12. Salvador: Universidade Federal da Bahia, 1980.

Souza, Laura de Mello e. *Inferno atlântico:* demonologia e colonização (séculos xv-xviii). São Paulo: Companhia das Letras, 1993.

_____. *O diabo e a Terra de Santa Cruz:* feitiçaria e religiosidade popular no Brasil colonial. São Paulo: Companhia das Letras, 1994.

Themudo, M. Rosário; Barata, A. Cruz. *O sistema de distribuição das cargas nas armadas da Índia*. Lisboa: Instituto de Investigação Científica/Separata da Biblioteca Central da Marinha Portuguesa, 1988.

Todorov, Tzvetan. *A conquista da América:* a questão do outro. São Paulo: Martins Fontes, 1983.

Vasconcelos, Frazão de. *Pilotos das navegações portuguesas nos séculos xvi e xvii*. Lisboa: Instituto para a Alta Cultura, 1942.

Vieira, Alberto. *As ilhas atlânticas*. Lisboa: Correios de Portugal, 1995.

Vigarello, Georges. *O limpo e o sujo:* uma história da higiene corporal. Trad. Monica Stahel. São Paulo: Martins Fontes, 1996.

Vincent, Mary; Stradling, R. A. *Espanha e Portugal: história e cultura da península ibérica*. Madri: Edições Del Prado, 1997.

FONTES

Para sustentar as afirmações contidas neste livro, além da bibliografia pertinente e de documentos publicados, pertencentes aos acervos da Biblioteca Nacional do Rio de Janeiro e da Biblioteca Central da Marinha Portuguesa, foram consultadas fontes primárias, manuscritas e impressas, datadas dos séculos xv, xvi e xvii, a saber:

212 POR MARES NUNCA DANTES NAVEGADOS

1. Pertencentes ao acervo do Arquivo Nacional da Torre do Tombo, em Lisboa: Manuscritos do Brasil, livros 27, 28, 44, 48, 49 e 50; Assumptos do Brasil, livro 1104; Cartas dos Governadores de África e de outras pessoas para el-Rei, Núcleo Antigo 877, documento n. 1, 5, 35, 63. 134 e 271; Corpo Cronológico, maço 9, documento n. 87 e 88; Corpo Cronológico, maço 10, documento n. 113; Corpo Cronológico, maço 11, documento n. 50; Corpo Cronológico, maço 13, documento n. 17; Corpo Cronológico, maço 14, documento n. 6 e 9; Corpo Cronológico, maço 16, documento n. 61; Corpo Cronológico, maço 17, documento n. 23.

2. Pertencentes ao acervo do Arquivo Histórico Ultramarino de Lisboa: Códice 32; catalogados pela arquivista Luiza Fonseca, em 1950, referentes à Bahia no século xvii, n. 13, 15, 32, 42, 43, 49, 55, 213, 308, 309, 310, 360, 391, 429, 457, 503, 509, 535, 537, 546, 547, 557, 561, 565, 566, 566', 568, 569, 594, 595, 603, 613, 614, 636, 659, 660, 661, 667, 669, 697, 702, 719, 724, 743, 762, 777, 778, 779, 788, 795, 796, 797, 844, 847, 849, 865, 870, 871, 875, 879, 883, 884, 885, 887, 891, 910, 912, 913, 931, 944, 953, 956, 958, 982, 983, 985, 987, 989, 993, 1004, 1016, 1045, 1056, 1059, 1074, 1080, 1099, 1100, 1107, 1121, 1125, 1144, 1145, 1160, 1173, 1184, 1185, 1186, 1195, 1211, 1257, 1266, 1279, 1283, 1284, 1292, 1297, 1309, 1313, 1323, 1329, 1333, 1339, 1344, 1350, 1351, 1353, 1361, 1369, 1370, 1371, 1376, 1378, 1380, 1381, 1383, 1384, 1408, 1463, 1467, 1476, 1482, 1485, 1500, 1512, 1514, 1529, 1530, 1539, 1544, 1558, 1565, 1566, 1573, 1591, 1596, 1599, 1615, 1643, 1661, 1672, 1706, 1717, 1756, 1768, 1775, 1781, 1782, 1825, 1833, 1849, 1854, 1869, 1870, 1875, 1905, 1920, 1922, 1931, 1934, 1949, 1957, 1960, 2001, 2002, 2018, 2025, 2039, 2042, 2052, 2105, 2146, 2166, 2175, 2218, 2226, 2253, 2254, 2279, 2285, 2286, 2287, 2290, 2311, 2315, 2343, 2359, 2360, 2383, 2389, 2391, 2392, 2403, 2406, 2413, 2423, 2426, 2443, 2488, 2499, 2518, 2543, 2544, 2552, 2554, 2558, 2587, 2588, 2613, 2614, 2617, 2621, 2673, 2692, 2725, 2728, 2759, 2760, 2783, 2785, 2791, 2809, 2826, 2893, 2935, 2965, 3029, 3030, 3039, 3040, 3088, 3113, 3157, 3354, 3355, 3356, 3367, 3381, 3499, 3530, 3598, 3605, 3624, 3633, 3658, 3659, 3662, 3696, 3710, 3726, 3735, 3781, 3912, 3980, 3982, 3999, 4004, 4030, 4057, 4063, 4068, 4215, 4237, 4333; catalogados por Castro e Almeida, em 1917, referentes ao Rio de Janeiro, n. 181, 183, 196, 219, 242, 265, 497, 498, 499, 500, 671, 674, 693, 717, 718, 724, 725, 727, 730, 766, 788, 850, 1016, 1022, 1202, 1234, 1249, 1330, 1331, 1414, 1415, 1437, 1448, 1449, 1563, 1578, 1656, 1658, 1828, 2020, 2118, 2206, 2207, 2208, 2209, 2211, 2212, 2307, 2308, 2309 e 2310; catalogados pelo Sr. Prof. Dr. José António Gonçalves de Mello Neto, da Universidade do Recife, quando Leitor do Arquivo Histórico Ultramarino, em 1952, referentes a Pernambuco, caixa 3 – doc. 91, caixa 4 – doc. 199 – doc. 206 – doc. 208, caixa 9 – doc. 488, caixa 10 – doc. 467.

3. Pertencentes ao acervo da Biblioteca Nacional de Lisboa: Manuscritos MSS 206, documento n. 144; cota RES 411V, RES 1315P, 5044P e F6005; Códice 1507.

4. Pertencentes ao acervo do Arquivo Público do Estado da Bahia: Fundo de Leis, Decretos e Cartas Régias, Regimentos dos Armazéns da Bahia n. 627; Fundo de Leis, Decretos e Cartas Régias Colonial e Provincial n. 632-2.

ICONOGRAFIA

CAPÍTULO "NAVEGAR ERA PRECISO"

P. 13: litogravura de James Bulwer, Casa-Museu Frederico de Freitas, 1827.
p. 14: à esquerda, desenho de James Bulwer, Funchal, Casa-Museu Frederico de Freitas, 1827; à direita, quadro de Pierre Pomet, 1694. **p. 15:** imagem superior, iluminura, Ms. Douce, 208, fol.120v, Oxford, The Bodleian Library, século xv; imagem inferior, iluminura, in *Livre des Merveilles*, de Marco Polo, Paris, Bibliothèque Nationale de France, 1410. **p. 18:** iluminura, in *Breviário da condessa de Bertiandos*, século xv, Academia da Ciências de Lisboa. **p. 19:** frontispício de *Verdadeira informação das terras de Prestes João*, de Padre Francisco Álvares, Lisboa, Luís Rodrigues, 1540, Biblioteca Nacional, Lisboa. **p. 21:** Detalhe de *Veneração de São Vicente*, Museu Nacional de Arte Antiga, Lisboa, século xv. **p. 22:** Gravura, Theodor de Bry, século xvi. **p. 23:** Gravura, in *História geral angolana*, Lisboa, Academia das Ciências de Lisboa, Ms. Vermelho 77, 1681. **p. 28:** Gravura, Theodor De Bry in *India Orientalis*, Lisboa, Academia das Ciências de Lisboa, 1628.

CAPÍTULO "A VIDA EM PORTUGAL"

P. 32: Frontispício da *Crônica de D. Afonso Henriques*, de Duarte Galvão, Cascais, Museu-Biblioteca Conde Castro Guimarães, século xvi. **p. 33:** *Genealogia do infante D. Fernando*, Bugres, Londres, Britisn Libray, c. 1530-1534. **p. 37:** imagem superior, gravura presente nas *Ordenações Manuelinas*, livro ii, Lisboa, 1514; imagem inferior, Pormenor de óleo sobre tela, autor holandês, século xvii. **p. 38:** Linschoten, Haia, Biblioteca Real, século xvii. **p. 40:** imagem superior, "Combat du Currier et du Hasard in *Histoire Maritime de France* por Leon Guerin, Paris, Abel Ledoux, 1843; imagem inferior, "Attaque de Carthagène" in *Histoire Maritime de France* por Leon Guerin, Paris, Abel Ledoux, 1843. **p. 43:** Gravura in *Civitates orbis terrarum* de Georges Braunio, Lisboa, Museu da

Cidade, 1593. **p. 44:** Gravura, autor desconhecido, século XVII. **p. 46:** Gravura inglesa, autor desconhecido,coleção da família de Fernando Rau, século XVIII, Lisboa. **p. 47:** à esquerda, gravura alegórica alemã, Lisboa, Museu da Cidade, 1755; à direita, gravura alegórica alemã,Lisboa, Museu da Cidade, 1755. **p. 48:** "A rapariga e a sua dueña", Bartolomé Esteban Murillo, óleo sobre tela, 1670. **p. 49:** imagem superior, Linschoten, Haia, Biblioteca Real, século XVII; imagem inferior, Linschoten, Haia, Biblioteca Real, século XVII. **p. 51:** Linschoten, Haia, Biblioteca Real, século XVII. **p. 53:** Linschoten, Haia, Biblioteca Real, século XVII. **p. 54:** Linschoten, Haia, Biblioteca Real, século XVII. **p. 56:** Xilogravura alemã, autor desconhecido, Lisboa, Museu da Cidade, 1756. **p. 57:** Detalhe de óleo sobre tela, autor holandês desconhecido, século XVII. **p. 58:** "Banquete dos monarcas", Sanchez Coelho, óleo sobre tela, 1596. **p. 59:** imagem superior, gravura francesa, 1756; imagem inferior, gravura alemã, século XVIII. **p. 63:** Gravura, Theodor de Bry, século XVI.

CAPÍTULO "OS PREPARATIVOS DA VIAGEM"

p. 65: Gravura, autor desconhecido, século XVI. **p. 67:** *Martírio das onze mil virgens*, Escola Portuguesa, Lisboa, Museu Nacional de Arte Antiga, século XVI. **p. 69:** Iluminura, *Schwarz'sches Trachtenbuch,* Braunchweig, Herzog Anton Ulrich-Museum, 1520. **p. 73:** Manuel Fernandes, *Livro de traças de carpintaria*, Lisboa, Biblioteca da Ajuda, 52-XIV-21, 1616. **p. 78:** Gravura, autor desconhecido, século XVII. **p. 83:** Reprodução in *Livro de traças de carpintaria*. [Manuel Fernandes, Lisboa, Biblioteca da Ajuda, 52-XIV-21, 1616].

CAPÍTULO "O COTIDIANO NOS NAVIOS"

p. 92: Gravura britânica, autor desconhecido, século XVIII. **p. 93:** Reprodução in *Livro de toda a fazenda*, de Luís de Figueiredo Falcão, século XVIII. **p. 94:** Gravura inglesa, autor desconhecido, início do século XVIII. **p. 95:** Vinheta humorística, Powlandson, século XIX. **p. 99:** Ilustração, Roque Carneiro, reconstituição do interior de uma nau do final do século XV, *c.* 1925. **p. 101:** Linschoten, Haia, Biblioteca Real, século XVII. **p. 103:** *Luttrell Psalter*, ms. ADD 42130, fl. 61, Londres, British Libray, 1340.

CAPÍTULO "PERCALÇOS E PERIGOS"

P. 114: Gravura britânica, autor desconhecido, século XVIII. **p. 116:** Gravura, Theodor de Bry, século XVI. **p. 117:** Gravura in *Histoire Maritime de France* por Leon Guerin, Paris, Abel Ledoux, 1843. **p. 118:** Gravura in *Histoire Maritime de France* por Leon Guerin, Paris, Abel Ledoux, 1843. **p. 124:** Gravura, Theodor de Bry, século XVI. **p. 125:** Gravura, Theodor de Bry, século XVI. **p. 126:** Gravura, Theodor de Bry, século XVI.

ICONOGRAFIA 215

CAPÍTULO "ENCONTROS E DESENCONTROS NA ÁFRICA E NA ÁSIA"

p. 128: Autor desconhecido, óleo sobre tela, c. século XVIII. **p. 129:** Linschoten, Haia, Biblioteca Real, século XVII. **p. 130:** imagem superior, Linschoten, Haia, Biblioteca Real, século XVII; imagem inferior, Linschoten, Haia, Biblioteca Real, século. XVII. **p. 131:** Linschoten, Haia, Biblioteca Real, século XVII. **p. 133:** Linschoten, Haia, Biblioteca Real, século XVII. **p. 136:** Gravura de um códice português anônimo, século XVI, Roma, Biblioteca Casanatense. **p. 137:** Gravura de um códice português anônimo, século XVI, Roma, Biblioteca Casanatense. **p. 140:** Linschoten, Haia, Biblioteca Real, século XVII. **p. 141:** Gravura, autor desconhecido, século XVIII. **p. 145:** Gravura de um códice anônimo português, autor desconhecido, século XVI, Roma, Biblioteca Casanatense. **p. 149:** Biombo Namban, século XVII. **p. 150:** Biombo Namban, século XVII. **p. 152:** Biombo Namban, século XVII. **p. 155:** Biombo Namban, século XVII.

CAPÍTULO "NO BRASIL"

p. 160: Gravura, Theodor de Bry, século XVI. **p. 161:** Gravura in *Memória das armadas*, Lisboa, Academia das Ciências de Lisboa, 1568. **p. 163:** Carta de Pero Vaz de Caminha, Lisboa, Arquivo Nacional da Torre do Tombo, gaveta 8, mº. 2, nº. 8, 1500. **p. 164:** Detalhe de "A elevação da cruz em Porto Seguro em 1500", Pedro Pires, óleo sobre tela, 1879. **p. 166:** "O emprego das forças da natureza", in *Thien Kung Kaiwv*, c. 1637. **p. 167:** Gravura, Theodor de Bry, século XVI. **p. 171:** "A dança dos Tarairus", Albert Eckhout, óleo sobre tela, 1641. **p. 173:** Frontispício da *Historia Antipodum*, gravura de Theodor de Bry, século XVI. **p. 176:** imagem superior, gravura, Theodor de Bry, século XVI; imagem inferior à esquerda, gravura, Theodor de Bry, século XVI; imagem inferior à direita, gravura, Theodore de Bry, século XVI. **p. 193:** Gravura, Theodor de Bry, século XVI. **p. 199:** imagem superior, detalhe de "Forte Ceulen no Rio Grande", Frans Post, óleo sobre tela, século XVII; imagem inferior, detalhe de "Vista do Recife", Gillis Peeters, coleção de Beatriz e Mario Pimenta Camargo, óleo sobre tela, 1637. **p. 201:** Gravura em cobre, Frans Post, "Alagoa ad Austrum" in *Rerum per Octennium in Brasilia et alibi nuper gestarum*, de Gaspar Barléu, 1647. **p. 205:** imagem superior, "Frutas tropicais", Albert Eckhout, óleo sobre tela, 1640; imagem inferior à esquerda, "Mandioca", André Thevet, xilogravura, 1558; imagem inferior à direita, "Amendoim", Jean-Baptiste Debret, aquarela sobre papel, c. 1816-1831.

O AUTOR

Fábio Pestana Ramos é doutor em História Social pela Universidade de São Paulo (USP). Foi professor de História na Pontifícia Universidade Católica de Campinas (Puccamp). Na Universidade Bandeirante de São Paulo (Uniban), lecionou nos cursos de História, Pedagogia e Administração de Empresas, entre outros; coordenou os cursos de Letras e Pedagogia; e fez parte do corpo docente do mestrado em Educação. Foi também professor em diversas outras faculdades particulares e pesquisador da Fundação de Amparo à Pesquisa do Estado de São Paulo (Fapesp). Seu currículo registra intensa atividade de pesquisa e passagens por arquivos históricos do Brasil e de Portugal, como a Biblioteca Nacional do Rio de Janeiro, o Arquivo Público do Estado da Bahia, o Arquivo Nacional da Torre do Tombo, o Arquivo Histórico Ultramarino, a Biblioteca Nacional de Lisboa e a Biblioteca Central da Marinha Portuguesa. Por sua destacada produção acadêmica, recebeu menção honrosa da USP e o prêmio Jabuti. Pela Editora Contexto, publicou *No tempo das especiarias* e, como coautor, *História das crianças no Brasil*, obra agraciada com o prêmio Casa-Grande & Senzala. Colabora com publicações acadêmicas, revistas e jornais brasileiros de grande circulação, como *Superinteressante, Aventuras na História, Jornal do Brasil* e *Folha de S.Paulo*.

AGRADECIMENTOS

A conclusão desta aventura só foi possível graças ao incentivo de Elisabete e o apoio de Mônica Cristina.

Cabe ainda um agradecimento especial ao prof. Jaime Pinsky e, pela revisão atenta e sugestões, à profa. Carla Bassanezi Pinsky. Sem eles, teríamos naufragado ainda no início da jornada.

HISTÓRIA DAS GUERRAS
Demétrio Magnoli (org.)

Algumas guerras mudaram o curso da História. Este livro, encomendado a historiadores, sociólogos, geógrafos e jornalistas brasileiros, dá conta de quinze momentos-chave em que as armas substituíram a política (ou foram sua extensão, como queria Clausewitz) e decidiram o futuro da humanidade. Textos elucidativos, cuidadosamente pesquisados e escritos com clareza farão com que este se torne um livro de leitura obrigatória, obra de referência na área.

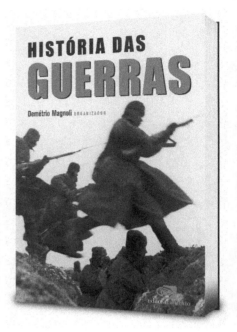

HISTÓRIA DO CAFÉ
Ana Luiza Martins

Este delicioso livro narra a trajetória de aventura e ousadia da mais saborosa e conhecida bebida negra em todo o mundo: o café. Com charme, elegância e bom humor, a historiadora Ana Luiza Martins conta a trajetória do café, das origens como planta exótica no Oriente à transformação em produto de consumo internacional. A autora analisa também como o café no Brasil transformou-se na semente que veio para ficar e marcar a nossa história.

CADASTRE-SE

EM NOSSO SITE,
FIQUE POR DENTRO DAS NOVIDADES
E APROVEITE OS MELHORES DESCONTOS

LIVROS NAS ÁREAS DE:

História | Língua Portuguesa
Educação | Geografia | Comunicação
Relações Internacionais | Ciências Sociais
Formação de professor | Interesse geral

ou
editoracontexto.com.br/newscontexto

Siga a Contexto
nas Redes Sociais:
@editoracontexto